Uni-Taschenbücher 1796

Eine Arbeitsgemeinschaft der Verlage

Wilhelm Fink Verlag München
Gustav Fischer Verlag Jena und Stuttgart
Francke Verlag Tübingen und Basel
Paul Haupt Verlag Bern · Stuttgart · Wien
Hüthig Verlagsgemeinschaft
Decker & Müller GmbH Heidelberg
Leske Verlag + Budrich GmbH Opladen
J. C. B. Mohr (Paul Siebeck) Tübingen
Quelle & Meyer Heidelberg · Wiesbaden
Ernst Reinhardt Verlag München und Basel
Schäffer-Poeschel Verlag · Stuttgart
Ferdinand Schöningh Verlag Paderborn · München · Wien · Zürich
Eugen Ulmer Verlag Stuttgart
Vandenhoeck & Ruprecht in Göttingen und Zürich

Wolfgang Sommer
Detlef Klahr

Kirchengeschichtliches Repetitorium

Zwanzig Grundkapitel der Kirchen-,
Dogmen- und Theologiegeschichte

Vandenhoeck & Ruprecht Göttingen

WOLFGANG SOMMER, geb. 1939 in Berlin. Professor für Kirchen- und Dogmengeschichte an der Augustana-Hochschule in Neuendettelsau. Hauptarbeitsgebiete: Kirchen- und Theologiegeschichte der frühen Neuzeit, Schleiermacherforschung.

DETLEF KLAHR, geb. 1957 in Bergen/Celle. Theologischer Assistent im Fachgebiet Kirchen- und Dogmengeschichte an der Augustana-Hochschule in Neuendettelsau.

Die Deutsche Bibliothek – CIP-Einheitsaufnahme

Sommer, Wolfgang:
Kirchengeschichtliches Repetitorium: zwanzig Grundkapitel
der Kirchen-, Dogmen- und Theologiegeschichte/
Wolfgang Sommer; Detlef Klahr. –
Göttingen: Vandenhoeck und Ruprecht, 1994
  (UTB für Wissenschaft: Uni-Taschenbücher; 1796)
  ISBN 3-8252-1796-5 (UTB)
  ISBN 3-525-03284-6 (Vandenhoeck und Ruprecht)
NE: Klahr, Detlef:; UTB für Wissenschaft / Uni-Taschenbücher

Das Werk einschließlich aller seiner Teile ist urheberrechtlich geschützt. Jede Verwertung außerhalb der engen Grenzen des Urheberrechtsgesetzes ist ohne Zustimmung des Verlages unzulässig und strafbar. Das gilt insbesondere für Vervielfältigungen, Übersetzungen, Mikroverfilmungen und die Einspeicherung und Verarbeitung in elektronischen Systemen.

© 1994 Vandenhoeck & Ruprecht, Göttingen
ISBN 3-525-03284-6
Printed in Germany
Einbandgestaltung: A. Krugmann, Stuttgart
Druck und Bindung: Hubert & Co., Göttingen

ISBN 3-8252-1796-5 **(UTB-Bestellnummer)**

Inhaltsverzeichnis

Vorwort 7

I. Das Zeitalter der Apostolischen Väter 9

II. Geistige Strömungen und theologische Entwürfe im Christentum des 2. Jahrhunderts 15

III. Die Entstehung der frühkatholischen Kirche und ihre Theologie 25

IV. Das Christentum des 3. Jahrhunderts 34

V. Die Konstantinische Wende und die Entstehung des Mönchtums 39

VI. Überblick über die altkirchliche Dogmengeschichte 50

VII. Augustin 62

VIII. Die Entstehung des Papsttums und Überblick über die byzantinische Reichskirche ... 73

IX. Die Christianisierung der Germanen - Germanisierung des Christentums 80

X. Papsttum und Kaisertum im Früh- und Hochmittelalter 89

XI. Scholastische Theologie, Mystik und Frömmigkeit im Mittelalter 103

XII. Das Spätmittelalter 112

XIII. Martin Luthers Werdegang und die Anfänge der Reformation 123

XIV. Reformationsgeschichte vom Wormser Reichstag 1521 bis zum Augsburger Reichstag 1530 132

XV.	Reformationsgeschichte von Augsburg 1530 bis zum Religionsfrieden 1555	146
XVI.	Überblick über das konfessionelle Zeitalter	155
XVII.	Pietismus und Aufklärung	173
XVIII.	Die Situation der Kirchen in der Gesellschaft seit der Französischen Revolution	198
XIX.	Frömmigkeits- und Theologiegeschichte im 19. Jahrhundert	218
XX.	Kirchen- und Theologiegeschichte seit dem Ersten Weltkrieg	245

Schwerpunktfragen zur Wiederholung 267

Personen- und Sachregister 276

Vorwort

Die Repetitorien zur Examensvorbereitung fordern Studierende wie Lehrende dazu heraus, die Fülle des kirchengeschichtlichen Stoffes in sinnvoller Kürze zu wiederholen.

Hier wird der Versuch unternommen, in thematischer Auswahl wichtige Daten, Ereignisse und Zusammenhänge für ein Lernen im Überblick zusammenzustellen. Die Hauptschwierigkeit bestand freilich darin, eine sinnvolle Auswahl und Entscheidung für ein kirchen- und theologiegeschichtliches Grundwissen vorzunehmen. Der Blick auf die Anforderungen im Examen stand dabei natürlich im Vordergrund. Dieses Repetitorium ersetzt nicht die gründliche Lektüre eines Grundrisses der Kirchengeschichte, die Arbeit mit einem Kompendium bzw. die Lektüre detaillierter Gesamtdarstellungen. Auf die Darstellung des Urchristentums wurde verzichtet, da diese Zusammenhänge im Kontext der Umwelt des Neuen Testaments ausführlich bedacht werden.

Ein nur additiv gesammelter »Paukstoff« kann den gewünschten Lernzweck nicht erfüllen. Es wurde deshalb besonders darauf geachtet, bei aller Knappheit der Darstellung den problemgeschichtlichen Zusammenhang der Ereignisse erkennen zu lassen. Ein kurzer Einstieg in das jeweilige Kapitel ist als Hinführung zu den Grundaspekten zu verstehen, die dann lernorientiert, nach inhaltlichen Gesichtspunkten untergliedert, das Grundwissen entfalten.

Die kurze Auswahl der Literatur am Ende eines jeden Kapitels ist ein Vorschlag zur begleitenden Lektüre. Die Überblicksfragen zu den Epochen der Kirchengeschichte am Ende des Buches wollen eine Handreichung sein, das erlernte Wissen zu überprüfen.

Das hier vorgelegte Repetitorium möchte somit bei der Erarbeitung des kirchengeschichtlichen Grundwissens eine Lernhilfe und hoffentlich auch eine Verstehenshilfe sein. Der verbreiteten Resignation angesichts der zu bewältigenden Stofffülle in der Kirchengeschichte soll mit diesen »Schneisen« ein wenig entgegengewirkt werden.

Aus der Zusammenarbeit mit Studierenden der Theologie an der Augustana-Hochschule in Neuendettelsau ging die Anregung zu diesem Buch hervor. Den Studierenden der Theologie, aber auch allen, die darüber hinaus ein Interesse an der Kirchengeschichte haben, geben wir dieses Buch zum regen Gebrauch an die Hand.

An dieser Stelle danken wir Frau Brigitte Kanzok und Frau Andrea Siebert für die Erstellung der Druckvorlage.

Wolfgang Sommer / Detlef Klahr

Neuendettelsau, März 1994

I. Das Zeitalter der Apostolischen Väter

Einstieg

In diesem Zeitalter (vom Ende des 1. bis zur Mitte des 2. Jhs.) tritt das junge Christentum vollends in die griechische Welt ein. Es beginnt die eigentliche Geschichte des Christentums in der griechisch-römischen Antike.

Die sog. Apostolischen Väter stellen eine frühchristlich-nachapostolische Schriftengruppe dar, die mit dem neutestamentlichen Kanon in mancherlei Weise verbunden ist, aber selbst nicht in den Kanon aufgenommen wurde. Im Kanon sind etwa gleichzeitig das Johannesevangelium, der Hebräerbrief, der Jakobusbrief und vor allem die Pastoralbriefe. Es ist eine Periode frühchristlicher Theologie, die noch keine Norm kennt, an der echt und falsch entschieden werden könnte. Diese Schriften stammen fast alle aus dem Heidenchristentum und stellen größtenteils Gelegenheitsschriften, Briefe, Homilien dar, die für uns einen besonderen Wert dadurch haben, weil sie die ältesten Zeugnisse des christlichen Glaubens, neben dem NT enthalten. Die Bedeutung der Apostolischen Väter liegt weniger in der dargebotenen Lehre als in dem Lebensbild, das wir durch sie von den ersten christlichen Gemeinden haben. Über Glauben, Leben und kirchliche Sitte der frühen Christenheit geben sie uns aufschlußreiche Kunde. Zur Zeit der Apostolischen Väter, auch nachapostolisches Zeitalter genannt, wird die Richtung der weiteren kirchengeschichtlichen Entwicklung entscheidend bestimmt.

Die wichtigste geschichtliche Zäsur zwischen Paulus und den Apostolischen Vätern stellt der gescheiterte jüdische Aufstand gegen die Römer im Jahre 70 dar. Für das Verhältnis zwischen Juden und Christen hatten die Ereignisse um 70 und die Zerschlagung des darauf folgenden Widerstandes gegen die Römer unter Bar Kochba schwerwiegende Folgen. Die politische Niederlage gegenüber den Römern führte zu einer religiösen Konzentration im Judentum, während für das junge Christentum der geschichtliche und räumliche Hintergrund des Judentums immer mehr verblaßte. Nach dem Fall Jerusalems unter Titus im Jahre 70 wanderte die dortige judenchristliche Gemeinde ins Ostjordanland ab, wo sich ihre geschichtlichen Spuren immer mehr verlieren. Der Schwerpunkt der christlichen Entwicklung lag nun ganz im hellenistischen Bereich.

Die stärker werdende christliche Mission bedingt ein Abgrenzungsverhältnis zwischen Juden und Christen. Das Werben um die Juden hat freilich die christliche Mission im 2. Jh. und teilweise auch im 3. Jh. noch weithin begleitet. Aber das christliche Selbstbewußtsein war von nun an oft mit einem Antijudaismus verbunden, der in unterschiedlicher Intensität seit der Zeit der Apostolischen Väter eine Begleiterscheinung der Kirchengeschichte bleibt. Die religiöse Konzentration im Judentum hatte die Ausgrenzung der Randgruppierungen, also auch des Christentums, zur Folge.

Die Ausbreitung des Christentums vollzog sich spontan, weithin durch das Beispiel der Christen in den Gemeinden. Mit dem sittlichen Ernst ihrer Lebensführung traten sie aus dem gewohnten Rahmen der spätantiken Gesellschaft heraus. In der Theologie und im Amtsverständnis der Apostolischen Väter macht sich der Wandel vom Urchristentum in die neue Zeit besonders bemerkbar. Gegenüber dem Urchristentum zeigen die Schriften der Apostolischen Väter ein immer stärkeres Dringen auf die sittliche Bewährung des Glaubens.

In vielerlei Hinsicht haben auch äußere, geistig-politische Ursachen die Ausbreitung des Christentums in dieser Zeit begünstigt. Die Weite des Reiches, der lebhafte Verkehr zwischen den Provinzen, die hellenistische Kultur und damit die sprachliche Einheit, verbunden mit einer toleranten Religionspolitik der römischen Herrscher - all dies war dem jungen Christentum wie jeder anderen Religion entgegengekommen. Vor allem in den Städten, konzentriert auf Griechen und Römer, weniger auf dem Lande, breitete sich das junge Christentum aus.

Allerdings gehören zur geschichtlichen Situation der Apostolischen Väter auch die ersten »Christenverfolgungen«.

Grundaspekte

Die wichtigsten Schriften der Apostolischen Väter

- Der erste Clemensbrief, um 95 in Rom geschrieben.

- Die sog. Ignatianen, 7 Briefe des Bischofs Ignatius von Antiochien an verschiedene Empfänger, um 115 auf seiner Reise nach Rom geschrieben, wo ihn der Märtyrertod erwartete.

- Der Polycarpbrief, um 110 in Smyrna geschrieben.

- Der Barnabasbrief, um 130, möglicherweise aus Ägypten stammend.

- Der zweite Clemensbrief, um 140 in Rom oder Korinth geschrieben.

- Der Hirt des Hermas, um 150 in Rom abgefaßt.

- Die Papiasfragmente, um 150 überliefert bei Irenäus und Euseb.

- Die sog. Zwölf-Apostel-Lehre (Didache), aus der ersten Hälfte des 2. Jhs. stammend, wahrscheinlich in Syrien verfaßt.

Wichtige geschichtliche Ereignisse und ihre Folgen

- Der gescheiterte jüdische Aufstand gegen die Römer im Jahre 70. Die Unterdrückung der Widerstände unter Trajan und die Zerschlagung des letzten Widerstandes gegen die Römer unter Bar Kochba um 135.

- Für das Verhältnis zwischen Juden und Christen hatten diese Ereignisse schwerwiegende Folgen: Im Judentum eine religiöse Konzentration mit Ausgrenzung der Randgruppierungen einschließlich des Judenchristentums. Für das junge Christentum verblaßt der geschichtliche und räumliche Hintergrund des Judentums; Beschneidung und Festhalten an bestimmten jüdischen Speisegeboten verlieren ihre Bedeutung. Der Übergang des frühen Christentums aus dem jüdischen in den griechischen Bereich ist praktisch zum Abschluß gekommen.

- Aufstieg der christlichen Mission. Im christlichen Selbstbewußtsein werden antijudaistische Stimmen laut.

Ausbreitung des Christentums

- Rasche und gleichmäßige Ausbreitung des Christentums im ganzen römischen Reich. Im Unterschied zu den Missionsreisen des Apostels Paulus vollzog sich die christliche Mission spontan, weithin durch das Beispiel der Christen in den Gemeinden. Für die rasche Ausbreitung des Christentums im nachapostolischen Zeitalter gibt es verschiedene Gründe.

- Innere Gründe:
Mit dem sittlichen Ernst ihrer Lebensführung traten die Christen aus dem gewohnten Rahmen der spätantiken Gesellschaft heraus. Übereinstimmung von Glaube und Tat.
Die christliche Hilfe gegenüber dem Nächsten hob sich von der antiken Wohltätigkeit ab. Der Umgang mit Frauen und Sklaven

als gleichberechtigten Mitgliedern in den christlichen Gemeinden hatte gegenüber den Gepflogenheiten der antiken Gesellschaft Aufsehen erregt.

- Äußere Gründe:
Das Friedenswerk des Kaisers Augustus, der lebhafte Verkehr zwischen den Provinzen.
Die hellenistische Kultur und damit die sprachliche Einheit.
Tolerante Religionspolitik der römischen Herrscher.

Christenverfolgungen in dieser Zeit

- In den 60er Jahren fand in Rom unter Nero ein Pogrom statt, bei dem Petrus und Paulus den Märtyrertod erlitten.

- Einzelne Verfolgungen in der 1. Hälfte des 2. Jhs., meist als örtliche Maßnahmen. Seit Kaiser Trajan (98-117) war den römischen Behörden die Nachforschung nach Christen untersagt, nur auf Anzeigen sollten sie reagieren (Rescript des Kaisers Trajan an Plinius, 111/13).

- Hauptmotive für die Verfolgungen: tiefer Gegensatz zwischen der römischen Gesellschaft und dem christlichen Selbstverständnis. Der christliche Glaube hat die bestehenden Verhältnisse in Staat und Gesellschaft nicht einfach überhöht, sondern kritisch in Frage gestellt. Die Christen wurden daher in der römischen Gesellschaft als Fremdkörper empfunden. Ihre Heilsgewißheit, ihr enges gemeinschaftliches Leben (Vereinsverbot unter Trajan!) und ihre Ferne von den gesellschaftlichen Sitten sowie ihre strenge Lebensführung bis zur Todesbereitschaft wirkten abstoßend.

- Der Ablehnung geht die Anziehungskraft des Christentums parallel. Das nachapostolische Zeitalter stellt sich uns als eine Konsolidierung der Kirche im Gebiet des römischen Reiches dar.

Zur Theologie der Apostolischen Väter

- Die Aneignung des Evangeliums durch das Heidenchristentum ist ein theologischer Prozeß in Kontinuität und Wandlung gegenüber dem Urchristentum. Gott ist in erster Linie der Gott der Schöpfung, der Erlösung und der sittlichen Gerechtigkeit. Betonung der Transzendenz Gottes und des Unterschiedes zwischen Gott und Mensch.

- In der Christusanschauung Akzentverlagerung vom Sohn Davids zum Sohn Gottes. Durch die Auferstehung ist Christus als der Kyrios erwiesen. Die Gleichung Gott = Logos steht in enger Beziehung zur Präexistenzvorstellung. Als Offenbarer und Richter der Welt, als Begründer einer neuen Hoffnung und Geber der neuen Gesetze ist er vor allem der Herr des sittlichen Lebens. Der fehlende Zusammenhang mit der urchristlichen »Leben-Jesu-Überlieferung« wirkt sich christologisch aus.

- Die Kirche ist der Leib Christi. Nicht nur Christus, sondern auch die Kirche ist präexistent. Sie ist eine Schöpfung des Geistes; die erfahrenen Geist- und Kraftwirkungen beweisen, daß man die Gemeinde der Endzeit ist. Dazu gehört auch das Martyrium.

- In der Ethik der Apostolischen Väter zeigt sich besonders der Weg vom NT zum kirchlichen Christentum. Christus bringt das neue Gesetz. Die Freiheit dieses neuen Gesetzes versteht man auf heidenchristlichem Boden weithin als Freiheit vom jüdischen Zeremonialgesetz. Damit wird die Tiefe des paulinischen Gesetzesverständnisses nicht erreicht, sondern man fällt in die Gesetzlichkeit zurück. Der Moralismus ist ein deutlicher Wesenszug bei den Apostolischen Vätern.

Die Konsolidierung der kirchlichen Ordnung

- Das Bischofsamt wächst als besonderes Aufsichtsamt aus dem Presbyterkollegium heraus.

- Der sog. monarchische Episkopat tritt zuerst in Kleinasien in Erscheinung und wird in den Ignatius-Briefen deutlich bezeugt. Auch der erste Clemens-Brief betont stark die Bedeutung des kirchlichen Amtes und macht den Amtsträger zum Nachfolger der Apostel.

- Der Gedanke der apostolischen Sukzession entwickelt sich nach jüdischem Vorbild. Zwei Bedeutungen kann dieser Gedanke beinhalten:
1. Die Träger des Amtes haben die rechte Lehrtradition von den Aposteln übernommen.
2. In ununterbrochener Folge sind sie von den Aposteln und deren Nachfolgern eingesetzt worden.

Inhaltliche Aspekte einzelner Schriften

- Der erste **Clemens-Brief** ist ein Mahnschreiben des römischen Presbyters Clemens an die Gemeinde von Korinth. Unruhestifter in der Gemeinde von Korinth sollen zur Ordnung gerufen werden. Gott ist ein Gott der Ordnung in Natur und Geschichte. Im Mittelpunkt dieses Briefes steht eine Theologie der Schöpfung. Aus ihr resultiert die positive Stellung zur Welt und zum Staat. Der christliche Glaube ist wesentlich Gehorsam gegenüber dem neuen Gesetz in Christus.

- In den **Ignatius-Briefen** kommen die erfahrenen Geistwirkungen z.Zt. der Apostolischen Väter zum Ausdruck. Es sind charismatische Schriften, die vom griechischen Denken beeinflußt sind. Zur Abwehr der Häresien wird der Gehorsam gegenüber dem Bischof als Gehorsam gegenüber Gott betont. Im Abendmahlsverständnis vollzieht sich ein wichtiger Wandel: Es Wird als phármakon athanasías (als Medizin zur Unsterblichkeit) verstanden. Nicht die universale Erwartung des Reiches Gottes steht im Zentrum der christlichen Hoffnung, sondern die individuelle Unsterblichkeit.

- Im **Hirt des Hermas** wird die Tauf- und Bußauffassung z.Zt. der Apostolischen Väter deutlich. Der Christ ist verpflichtet, nach der Taufe rein und heilig zu leben. Einmal nur ist in der Taufe Vergebung gewährt und die Kraft zum Guten geschenkt, eine zweite Buße ist unmöglich. Diese Gedanken stehen unter der eschatologischen Erwartung des nahen Weltendes und der Wiederkunft Christi. Die Parusieverzögerung führt zur Milderung der ethischen Forderung:
1. Der Begriff des göttlichen Gebotes wird ausgedehnt. In der Askese gibt es Abstufungen (2. Clemens-Brief). Besser ist Fasten als Gebet, Almosen besser als beides.
2. Auch im Begriff der Sünde werden Abstufungen vorgenommen. Es gibt bewußte und unbewußte Sünde. Die Sünde wird wesentlich beschrieben als Verderben, böse Begierde, Gefangenschaft in der Gewalt des Todes, als Irrtum und Unkenntnis. Der Gedanke der Schuld tritt weniger in Erscheinung.
Im Hirt des Hermas wird die Nähe der Parusie verkündigt als ein Gericht, das über die Kirche und jeden einzelnen hereinbricht. Dennoch ist die Lage nicht zum Verzweifeln. Hermas verkündet auf Grund einer Vision, daß noch ein einziges Mal

die Möglichkeit der Buße gegeben sei. Die Einmaligkeit dieser zweiten Buße wird scharf betont.

- Bei **Papias** und **Barnabas** zeigt sich die Eschatologie der Apostolischen Väter, die Vorstellung von einem tausendjährigen irdischen Reich vor der Wiederkunft Christi. Nach jüdischem Vorbild wird der Weltenablauf in sechs Jahrtausenden gedacht, analog der sechs Schöpfungstage. Dann folgt das siebte Jahrtausend, wenn Christus mit seinen Gläubigen auf Erden sichtbar regieren wird. Erst danach tritt der achte Tag ein, die Ewigkeit. Diese Anschauung eines irdischen tausendjährigen Reiches (Millennium) wird als Chiliasmus oder Millenarismus bezeichnet. Dieser Gedanke zieht sich seitdem durch die ganze Kirchengeschichte.

Literaturhinweise

ANDRESEN, C. / RITTER, A.M., Geschichte des Christentums I/1, Altertum (ThW 6,1), Stuttgart 1993, 7-18.

MOELLER, B., Geschichte des Christentums in Grundzügen, Göttingen ^{5}1992, 35-42.

JACOBS, M., Das Christentum in der antiken Welt (Zugänge zur Kirchengeschichte 2), Göttingen 1987, 13-35.

FRANK, K.S., Grundzüge der Geschichte der Alten Kirche (Grundzüge Bd. 35), Darmstadt ^{2}1993, 1-14.

HÄGGLUND, B., Geschichte der Theologie. Ein Abriß, München ^{2}1993, 13-19.

II. Geistige Strömungen und theologische Entwürfe im Christentum des 2. Jahrhunderts

Einstieg

Auf das Zeitalter der Apostolischen Väter folgt in der zweiten Hälfte des 2. Jhs. kirchen- und theologiegeschichtlich eine geistig höchst angespannte Zeit. Die Hauptfrage lautete nun: Welche geistige Relevanz hat das Christentum in bezug auf die nichtchristliche Welt zu beanspruchen? In der Kirchengeschichte nennt man die Zeit zwischen 150 und 200 das Zeitalter der Apologeten. Aber nicht nur diese Verteidiger des Christentums sind in dieser Zeit auf den Plan getreten. Zeitgleich mit ihnen verläuft die große gnostische Krise des 2. Jhs., der christliche Gnostizismus, und schließlich wurde Marcion zu dieser Zeit der große Ketzer der Alten Kirche und begründete Montanus die prophetisch-apokalyptische Reformbewegung des Montanismus. Wir haben es also mit einer Vielzahl von geistigen Strömungen und theologischen Entwürfen zu tun, die sich z.T. konkurrierend gegenüberstehen. Das ist ein Hauptwesenszug dieses geistigen Umbruchs seit der Mitte des 2. Jhs.

Unter den Apologeten des 2. Jhs. versteht man diejenigen christlichen Schriftsteller, die sich gegen die verschiedenen Anfeindungen des Christentums erstmals literarisch zur Wehr setzten. Ihre geschichtliche Bedeutung liegt nicht in ihrer Wirkung nach außen, sondern vielmehr in ihrer innerkirchlichen Rückwirkung. Die Apologeten sind in gewisser Weise die Väter der kirchlichen Theologie. Mit Hilfe der zeitgenössischen Philosophie reflektieren sie über die Wahrheit der christlichen Offenbarung.

Unter Gnosis versteht man ein religiöses Lebensgefühl, das bereits in die Anfänge des Christentums hineingewirkt hatte, eine synkretistische religiöse Bewegung des Späthellenismus. Gnostizismus dagegen ist der gemeinsame Name verschiedener Richtungen, die dieses allgemeine religiöse Lebensgefühl in das System einer Weltdeutung erhoben haben. Als religiöse Strömung und spekulative Erlösungslehre wandert die Gnosis vom Orient Richtung Westen und macht dabei Anleihen bei der babylonischen und persischen Religion. Dann kommt diese Strömung über Syrien auch auf jüdisches Gebiet, insbesondere nach Samarien, und nimmt hier jüdische Elemente auf. Schließlich macht diese synkretistische Bewegung den Versuch, das junge Christentum in seinen Strudel hineinzuziehen. Was man in der Kirchengeschichte unter Gnostizismus versteht und was im 2. Jh. die große Krise des Christentums brachte, gibt sich selbst als christliche Theologie.

In Marcion beggenen wir einer der interessantesten Gestalten der Alten Kirche, die höchst unterschiedliche Deutungen erfahren hat. Er hat inmitten eines Christentums, das sich auf den bloßen Schöpfungsglauben und eine christianisierte Moral zu beschränken drohte, das paulinische Grundproblem von Gesetz und Evangelium wiederentdeckt. Doch dieses Verhältnis von Gesetz und Evangelium bricht bei ihm in einen radikalen Dualismus auseinander.

Der Montanismus ist eine prophetisch-apokalyptische Bewegung nach der Mitte des 2. Jhs. in Kleinasien. Er ist die älteste schismatische Bewegung der Kirchengeschichte von ökumenischem Ausmaß. Es handelt sich bei ihm nicht um eine Häresie, denn eine eigentliche Theologie hat diese Bewegung nicht hervorgebracht. Wenn auch nicht lehrhaft formuliert, so sind doch die Aussagen der Montanisten gegen die werdende Großkirche gerichtet. Indem der Montanismus an die pneumatische Linie des Urchristentums anknüpft, will er eine Reaktion gegen die Theologie der Apostolischen Väter und der Apologeten sein.

Grundaspekte

Die Literaturgattung der Apologeten

- Die sog. Apologeten sind christliche Schriftsteller in der zweiten Hälfte des 2. Jhs., die sich literarisch zur Wehr setzen gegen: Verleumdungen durch die heidnische Umwelt, Repressalien durch die römische Staatsgewalt und Abgrenzungen von seiten des Judentums. Adressaten sind meistens die römischen Kaiser bzw. deren staatliche Vollzugsbeamte.

- Die heidnische Polemik gegenüber dem Christentum ist weithin unliterarisch als allgemeine Volksstimmung vorhanden. Tertullian hat sie in seiner Apologie charakterisiert. Den Christen wird Atheismus vorgeworfen, da bei ihnen der Götterglaube keine Bedeutung mehr hat.

- Greifbar wird die heidnische Polemik gegenüber dem Christentum bei Celsus, der um 180 sein »*Wahres Wort*« gegen die Christen gerichtet hat. Ein religiöser Idealismus und Humanismus begegnet uns in dieser antichristlichen Schrift des Celsus, dem die Ausschließlichkeit des christlichen Monotheismus höchst zuwider ist.

Die wichtigsten Apologeten

- Justin der Märtyrer (Martyrium unter Marc Aurel 165). Von ihm sind zwei Apologien überliefert an die Kaiser Antoninus Pius und Marc Aurel, weiterhin der »*Dialog mit dem Juden Tryphon*« (eine Verteidigung des AT in christlicher Sicht).

- Aristides, Apologie an den Kaiser Hadrian.

- Athenagoras von Athen, Bittschrift für die Christen an Kaiser Marc Aurel.
- Bischof Melito von Sardes, Apologie an Kaiser Marc Aurel.
- Weitere apologetische Verfasser: Theophilus von Antiochien, Quadratus und Tatian.

Zum theologischen Beweisverfahren der Apologeten

- Die Apologeten wollen das Christentum als die wahre Philosophie erweisen. Es ist ein vollkommener Ersatz für die griechische Philosophie und die jüdische Religion. Unter Philosophie versteht Justin vor allem wahre Gotteserkenntnis. Allein das Christentum kann geben, was die Philosophen suchen, jedoch nicht finden können. Für diese These stellen die Apologeten vier Beweisverfahren auf:
1. Der Wunderbeweis. Die Austreibung der Dämonen und die Heilung der Besessenen durch Christus und in seinem Namen durch die späteren Apostel erweisen Christus als Gott.
2. Der Weissagungsbeweis. Mit Hilfe der allegorischen Exegese möchten die Apologeten den Juden beweisen, daß das AT voller Weissagungen hin auf Christus ist. In der Entsprechung von Weissagung und Erfüllung tritt ein göttlicher Plan zutage, der alles so gefügt hat und sich in Christus offenbarte.
3. Der Altersbeweis. Mose ist älter als Homer und alle griechische Weisheit. Alles, was Philosophen und Dichter sagten, hat seinen Ursprung bei den Propheten. Damit ist gesagt, daß die griechische Philosophie nicht nur abhängig ist vom Christentum, sondern das Christentum ist die vernünftige Religion, die schon seit Beginn der Schöpfung bestand und überall da zum Durchbruch kommt, wo man vernünftig zu denken und zu leben versucht. Das Christentum ist die natürliche Religion. Naturgemäß und vernunftgemäß ist gleichbedeutend. Damit ist der stoische Ursprung des Altersbeweises der Apologeten offensichtlich.
4. Der praktische Beweis. Erst die Christen haben die erkannte Wahrheit nicht nur gelehrt, sondern wirklich in die Praxis umgesetzt. Erst das christliche Leben befähigt zu wahrhaft philosophischem Leben, das nicht nur bei wenigen Gebildeten, sondern auch bei den einfachen Leuten möglich ist.

Zur Logos-Christologie der Apologeten

- Die Logos-Lehre hat ihren Ursprung im Stoizismus, der im Kosmos, in der Ordnung der Natur, als höchstes die Vernunft kannte. Dieser Logos war von Ewigkeit her Gott immanent (lógos endiáthetos) und tritt zur Weltschöpfung aus Gott heraus (lógos prophorikòs). Als Weltvernunft war der Logos schon vor Christus in der griechischen Philosophie wirksam, freilich unvollkommen (lógos spermatikòs).

- In Christus ist der Logos Fleisch geworden. Der Logos-Christus ist der Gott, der sich den Menschen zu erkennen gibt. Die Kluft zwischen dem transzendenten Gott und der irdischen Welt ist damit ausgefüllt. Mit diesem Logos-Begriff der Apologeten wird die Möglichkeit geschaffen, das außerchristliche Erkennen mit dem christlichen zu vereinen.

- Die Apologeten setzen die Präexistenz des Logos voraus. Bei der Schöpfung tritt der Sohn aus Gott heraus. Ihre Christologie wird darum subordinatianisch genannt (der Sohn ist dem Vater untergeordnet).

Zur Ethik und Eschatologie der Apologeten

- Die Logos-Christologie versteht Christus vor allem als Lehrer. Er schenkt die rechte Erkenntnis von Gott und lehrt das neue Gesetz, das den Weg zum Leben weist. Das Heil wird mit Hilfe intellektueller und moralischer Kategorien interpretiert. Die Freiheit der menschlichen Entscheidung ist Voraussetzung für die Ethik der Apologeten. Eine Erbsünde kennen sie nicht. Die Vernunft ist verdunkelt durch die Dämonen, die mit dem Irrtum auch die Sünde gebracht haben. Sünde ist vor allem Mangel an Wissen des Guten.

- Auch in der Eschatologie zeigt sich die moralistische und rationalistische Tendenz. Eine Naherwartung finden wir hier nicht mehr.

Würdigung

- Die Bedeutung der Apologeten liegt vor allem in ihrer innerkirchlichen Wirkung. Sie sind die Väter der kirchlichen Theologie.

- Zur Rechtfertigungstheologie des Paulus vergrößert sich jedoch der Abstand.

- Für die weitere dogmengeschichtliche Entwicklung ist vor allem ihr Versuch wichtig geworden, das Christentum mit der griechischen Bildung zu vereinen.

- Die Logos-Christologie ist eine Grundlage für die Ausbildung des Trinitätsdogmas.

Der christliche Gnostizismus: Definition und Quellen

- Gnosis bezeichnet in der Religionsgeschichte eine synkretistische religiöse Bewegung des Späthellenismus. Gnostizismus dagegen ist der gemeinsame Name verschiedener Richtungen, die dieses allgemeine religiöse Lebensgefühl in das System einer Weltdeutung erhoben haben. Der christliche Gnostizismus des 2. Jhs. hat das Christentum in ein allgemeines religionsphilosophisches System einzufügen versucht. Er versteht sich selbst als christliche Theologie (A. v. Harnack: die Gnostiker seien die ersten christlichen Theologen).

- Die Literatur des christlichen Gnostizismus ist seit 400 weithin vernichtet worden bzw. verlorengegangen. Eine kleine Anzahl von Schriften in koptischer Übersetzung hat sich in Ägypten erhalten: »*Pistis Sophia*«, das »*Thomasevangelium*« und das »*Evangelium der Wahrheit*«. Sie wurden 1946 in der Nähe des Dorfes Nag Hammadi in Oberägypten gefunden. Bis zu den Funden von Nag Hammadi stellten die antignostischen Schriften der Kirchenväter Irenäus, Tertullian und Hippolyt die Hauptquelle für den christlichen Gnostizismus dar.

Denkstrukturen des christlichen Gnostizismus

- Die Erlösungsbedürftigkeit der Seele ist Ausgangspunkt der mythologischen und kosmologischen Spekulationen. Inmitten der materiellen Welt gefangen, sehnt sie sich nach ihrem geistig-göttlichen Ursprung zurück. Durch Erkenntnis über ihren Ursprung und ihr Ziel findet sie Erlösung.

- Ein schroffer Dualismus zwischen Geist und Materie, Gut und Böse, Gott und Welt durchzieht alle Systeme des christlichen Gnostizismus. Mit diesem Dualismus hängt es zusammen, daß der Gnostizismus zwischen dem höchsten Gott und einem niederen Gott, der die Welt geschaffen hat, unterscheidet (Demiurg).

- Der höchste Gott sendet den himmlischen Erlöser in die

materielle Welt, wo er nur äußerlich sich mit dem Leib des irdischen Jesus verbindet, bis er sich vor der Passion wieder von ihm trennt (doketische Christologie). Im Werk Christi haben Leiden und Tod keine Bedeutung, sondern alles Gewicht wird auf die Erkenntnis und Erleuchtung gelegt, die Christus für die Seele bringt.

Anthropologie und Ethik im christlichen Gnostizismus

- Die Menschen werden in Pneumatiker, Psychiker bzw. Pistiker und Hyliker eingeteilt.

- Nur die sog. Pneumatiker mit ihrer Fähigkeit zur Erkenntnis können erlöst werden. Die anderen Menschen, die Psychiker oder Pistiker und Hyliker, sind letztlich von dieser Erkenntnis ausgeschlossen.

- Wenn die Erlösung die Befreiung des Geistes von der Materie bedeutet, dann muß das ethische Ideal asketisch sein. Aber die ethische Anschauung kann auch ins Gegenteil umschlagen, da ja der Geist nichts mit der Materie zu tun hat. Askese und Libertinismus sind darum die beiden ethischen Grundhaltungen im christlichen Gnostizismus.

Einige Richtungen des christlichen Gnostizismus

- Simon Magus (Apg 8) ist im Judentum verwurzelt, sucht aber Anschluß an das Christentum und bezeichnet sich als »Gottes große Kraft«.

- In Kleinasien ist um 100 Kerinth aufgetreten.

- Wichtig für den christlichen Gnostizismus sind vor allem drei Systeme: Die sog. Ophiten mit orientalischem Charakter, Basilides und Valentin.

1. Die ophitische Gnosis hat ihren Namen von der Schlange im Paradies (Gen 3). Im Unterschied zum biblischen Bericht erscheint die Schlange hier nicht als Ursprung des Falles, sondern als die von Gott gesandte Vermittlerin der wahren Gnosis, durch die der Mensch gerettet werden soll. Hier herrscht die orientalische Spekulation vor (Naassenerpsalm).

2. Die Schule des Basilides. Basilides ist christlicher Führer, um 125 in Alexandrien geboren. Das Christentum ist in Ägypten ursprünglich gnostisch gewesen. Der älteste ntl. Kommentar zum Johannesevangelium stammt aus der Feder eines Gno-

stikers. Basilides begnügt sich nicht mit einem mythologischen Drama, sondern will das Weltgeschehen auf eine Entwicklung geistiger Art in der Gottheit selbst zurückführen. Aus dem höchsten, unbekannten Gott gehen durch Emanation verschiedene Äonen aus, die philosophisch-ethische Begriffe tragen. Die Äonenspekulation wird vergeistigt! Christus führt die menschliche Seele durch die verschiedenen Äonen wieder in die geistige Welt zurück.
3. Valentin kommt aus Alexandrien als Schüler des Basilides und wirkte um 150 in Rom. In Syrien ist das Zentrum der Schule der Valentinianer. Neben die Valentinianer des Ostens tritt die römische Schule: Herakleon und Ptolemäus (Brief des Ptolemäus an die sog. Flora).
Bei Valentin erreicht der christliche Gnostizismus seinen gedanklichen Höhepunkt. Die Kosmogonie kommt bei ihm nicht aus der Spekulation, sondern hat ihre Wurzeln in der Philosophie. Er fragt, wie es zu dieser elenden Welt gekommen ist und woher die Erlösungsbedürftigkeit der Seele stammt. Sie geht doch zurück auf den guten Gott! Die Frage der Weltentstehung, der Kosmogonie, wird so für dieses Denken zur Frage nach der Theodizee, nach der Gerechtigkeit Gottes. In dieses Denken ist der sog. Sophia-Mythos eingeordnet, der von dem Schicksal der menschlichen Seele berichtet.

Biblisches Christentum und christlicher Gnostizismus

- Der christliche Gnostizismus wollte ein tieferes, philosophischeres Verständnis des Christentums vermitteln. Christus ist die Mitte und der Wendepunkt des ganzen Weltendramas. Auch findet sich im christlichen Gnostizismus oft tiefe Christusfrömmigkeit.
Dennoch bedeutet der christliche Gnostizismus des 2. Jhs. eine große Krise. Sie besteht vor allem in drei fundamentalen Gegensätzen zum biblischen Evangelium:
1. Der Gnostizismus lehnt den Schöpfungsglauben ab. Der Weltenschöpfer ist ein anderer als der höchste Gott. Das Materielle ist das schlechthin Gottwidrige. Das AT mit seiner Lehre von der Schöpfung wird verworfen. Die Kirchenväter sprechen von *»blasphemia creatoris«*.
2. Im christlichen Gnostizismus wird der Mensch nicht von seiner Schuld, sondern von seinem schicksalhaften Verstricktsein in die Materie erlöst.

3. Die doketische Christologie hebt die geschichtliche Einmaligkeit der Inkarnation Gottes in Christus auf. Der himmlische Christus wird zu einer der vielen Erlösergestalten der damaligen religiösen Sehnsucht.

Marcion: Gestalt und Wirken

- Er stammt aus Sinope, einer kleinasiatischen Stadt an der Südküste des Schwarzen Meeres, wo sein Vater Bischof der christlichen Gemeinde war. Sein Beruf: Schiffsreeder.

- Unter Kaiser Antoninus Pius (138-161) taucht er in Rom auf und sucht in der Gemeinde für seine Ideen zu werben, anfangs auch mit Erfolg.

- Im Jahre 144 führte sein Wirken in Rom zur Trennung von der dortigen Gemeinde und von der gesamten Großkirche. Es kam zur Gründung eigener marcionitischer Gemeinschaften. Rasche Verbreitung über das ganze damalige Kirchengebiet. Anfangs hielt sich Marcion an den Glauben der Kirche, später trägt er eine eigenständige Theologie vor, die offenbar unter dem Einfluß eines syrischen Gnostikers namens Cerdo gestanden hat.

- Marcion verstand sich als Reformator der Kirche, indem er die christliche Verkündigung seiner Zeit von allen sog. judaistischen Verfälschungen reinigen und zum wahren Paulinismus zurückführen wollte.

- Marcion hat als erster eine geschlossene ntl. Schrifteneinheit der atl. Schrift gegenübergestellt: ein von allen atl. Zitaten gereinigtes Lukasevangelium und zehn Paulusbriefe. Die schon vorher einsetzende Kanonbildung bekommt erst unter Marcion einen klaren theologischen, wenn auch unbiblisch-ideologischen (verfälschenden) Grundsatz: Verhinderung des Wiedereindringens jüdischer Denkweisen in das Evangelium Jesu Christi.

Theologische Grundgedanken Marcions

- Marcion ist der erste Theologe in der Kirchengeschichte, der das AT kosequent disqualifiziert. Er versteht es nicht mehr allegorisch und im Schema von Verheißung und Erfüllung im NT, sondern wörtlich. Damit kommt er zum Ergebnis: Der atl. Schöpfergott ist ein völlig anderer als der Vater Jesu Christi. Die paulinische Dialektik von Gesetz und Evangelium wird bei

Marcion zu einer Alternative: Gesetz oder Evangelium. Das Evangelium Jesu Christi hat das Gesetz endgültig aufgehoben.

- Die Erfahrung der Schlechtigkeit der Welt und die Ablehnung des atl. Schöpfungsglaubens führt Marcion zu einer scharfen Askese, die in der geschlechtlichen Enthaltsamkeit gipfelt.

- Mit seiner Zwei-Götter-Lehre hängt auch seine Christologie zusammen. Sie ist modalistisch und doketisch. Christus hat nur einen Scheinleib angenommen.

Zur Bedeutung Marcions

- Er hat das Urvertrauen des christlichen Glaubens zu seiner Überlieferung aufs schwerste erschüttert und dagegen eine eigene Überlieferung gesetzt. Damit hat er die Kirche zur Reflexion über ihr Verhältnis zum Urchristentum gezwungen: die Kanonbildung bekommt prinzipiellen Charakter.

- Durch Marcion ist die Frage des Gottesbegriffes klar gestellt. Gegen seinen Dualismus und gegenüber dem Dualismus des christlichen Gnostizismus behauptet die Kirche die Identität von Schöpfung und Erlösung, von Schöpfer und Erlöser.

- Das Problem der doketischen Christologie wirft die Frage auf: welchen Sinn für die Erlösung hat die menschliche Seite an Christus?

- Marcions Ablehnung des AT, die Entleerung des Gottesbegriffes, die Verfälschung des Evangeliums, die Auflösung der Geschichtlichkeit Christi sind Beispiele dafür, wohin man kommt, wenn man das AT aus dem christlichen Glauben elemeniert und den geschichtlichen Zusammenhang zwischen dem alten und neuen Bund auflösen will.

- Marcions Verhältnis zum christlichen Gnostizismus zeigt Zusammenhänge wie Unterschiede: Übereinstimmung besteht in der Ablehnung des AT, im Doketismus und in der Leugnung der Auferstehung des Fleisches. Unterschiede: Marcion ist kein Synkretist; es fehlen die gnostische Systematik und mythologische Spekulationen. Er wollte einen schlichten Gemeindeglauben verkündigen. Die Lehre von verschiedenen Menschenklassen kennt er nicht. Bei Marcion haben wir es mit einem vom christlichen Gnostizismus beeinflußten, aber dennoch eigenständigen Denker zu tun.

Der Montanismus

- Eine prophetisch-apokalyptische Bewegung nach der Mitte des 2. Jhs. in der kleinasiatischen Provinz Phrygien.

- Sie geht zurück auf Montanus, der sich als der in Joh 14-16 verheißene Paraklet verstand. Er verkündete das bevorstehende Weltende und die Herabkunft des himmlischen Jerusalems.

- Diese Bewegung war eine Gegenreaktion auf die Kompromißhaftigkeit der Großkirche vor allem in ethischer Hinsicht. Der Montanismus nimmt die pneumatische Linie des Urchristentums auf: Geisterfüllte Prophetie, Enthusiasmus, strenge Askese und der Drang zum Martyrium charakterisieren die Anhänger dieser Bewegung in Kleinasien und später auch im Abendland. Da die Naherwartung im Mittelpunkt stand, mußte ihr Ausbleiben das baldige Ende dieser Bewegung bedeuten.

Literaturhinweise

ANDRESEN, C. / RITTER, A.M., Geschichte des Christentums, 18-31.
CHADWICK, H., Die Kirche in der antiken Welt, Berlin, New York 1972, 32-40.
FRANK, K.S., Grundzüge der Geschichte der Alten Kirche, 47-76.
HÄGGLUND, B., Geschichte der Theologie, 20-32.
MOELLER, B., Geschichte des Christentums, 42-48.

III. Die Entstehung der frühkatholischen Kirche und ihre Theologie

Einstieg

Die christlichen Gemeinden befanden sich seit der Mitte des 2. Jhs. in einer schweren Existenzkrise. Der zunehmende christliche Pluralismus schien die noch äußerlich festgehaltene Einheit der christlichen Gemeinden in synkretistische Auflösungserscheinungen zu verwandeln. In dieser Situation ist es verständlich, wenn nach Maßstäben für die Wahrheit des christlichen Glaubens gesucht wurde. Es galt, die geschichtliche Identität der Offenbarung sicherzustellen und das Fundament des Christlichen zu bestimmen. Der vielschichtige Prozeß der Entstehung der frühkatholischen Kirche fällt mit der Überwindung des christlichen Gnostizismus, des Marcionitismus und des Montanismus zusammen. Zu anderen Formen des christlichen Glaubens wird ein deutliches Nein gesprochen. Der Anspruch des Christentums wird exklusiv.

Die Richtung dieses Prozesses wurde schon im nachapostolischen Zeitalter erkennbar. Aber seit der Mitte des 2. Jhs. werden die grundlegenden Auseinandersetzungen vollzogen, die dann den weiteren Gang der kirchlichen Entwicklung bestimmen. Das Ergebnis dieser Auseinandersetzung ist die Entstehung der frühkatholischen Kirche, ein geschichtlicher Prozeß der Normierung des Christlichen mit Hilfe der sog. katholischen Normen.

Es sind vor allem drei Normen, die die werdende katholische Kirche herausstellte und deren Gültigkeit ihr Wesen in Abgrenzung gegen die Häresie bestimmt: Kanon, Glaubensregel und Bischofsamt.

Mit diesen drei katholischen Normen ist die frühkatholische Kirche um 200 im wesentlichen ausgebildet. Ohne diese Fundamente wäre die Kirche gewiß im Strudel der vielfältigen religiösen Bewegungen des 2. Jhs. untergegangen. Freilich ist auch die andere Seite dieses notwendigen geschichtlichen Vorgangs nicht zu übersehen: die urchristliche, vom freien Walten des Geistes bestimmte Vielfalt konnte sich nun in rechtliche und gesetzliche Formen verengen.

Der Entstehungsprozeß der frühkatholischen Kirche mit den drei theologischen Normen hat für die Theologie um 200 eine besondere Bedeutung. Wenn der christliche Glaube in der Glaubensregel gültig fixiert ist, dann besteht die theologische Aufgabe vor allem darin, dieses Glaubensgut (depositum fidei) zu entfalten. Die Bindung an die Tradition ist nun eine wesentliche Aufgabe der Theologie. Daß dies keine Einschränkung der theologischen Arbeit bedeutet, zeigen die ersten bedeutenden Kirchenväter der Alten Kirche: Irenäus, Tertullian, Clemens von Alexandrien und Origenes. In welcher Weise sich die Theologie entfaltet, hängt wesentlich von dem Selbstbewußtsein der einzelnen Theologen ab, das vor allem auch durch ihre Herkunft bestimmt wird. Der erstaunliche Reichtum der Theologie um 200 entfaltet sich im Osten und Westen des römischen Reiches unter verschiedenen Gesichtspunkten.

Da die Theologie der altkatholischen Väter vor allem durch den Kampf gegen den Gnostizismus geprägt ist, steht im Mittelpunkt die Gottes- und Schöpfungslehre, die Inkarnation und die Auferstehung des Fleisches.

Grundaspekte

Die sog. katholischen Normen

- Der Entstehungsprozeß der frühkatholischen Kirche fällt mit der Abwehr und Überwindung des christlichen Gnostizismus, des Marcionitismus und des Montanismus zusammen. Mit Hilfe der sog. katholischen Normen wird zu anderen Formen des christlichen Glaubens ein deutliches Nein gesprochen. Der Anspruch des Christentums wird exklusiv.

- Unter den sog. katholischen Normen versteht man die Kanonbildung, die Bekenntnisformulierung als regula fidei und das Herauswachsen des monarchischen Bischofsamtes aus dem Presbyterkollegium. Mit diesen drei Normen ist die frühkatholische Kirche um 200 im wesentlichen ausgebildet.

- Die ältere Forschung (A. v. Harnack) hob die Verrechtlichung und Formalisierung des christlichen Glaubens gegenüber der urchristlichen Freiheit hervor. Heute werden die Tendenzen zur frühkatholischen Kirche bereits im nachapostolischen Zeitalter gesehen.

Zur Entstehung des neutestamentlichen Kanons

- Neben das AT in griechischer Übersetzung traten von Anfang an verschiedene frühchristliche Schriften, die im Gottesdienst verlesen wurden.

- Seit der Mitte des 2. Jhs. bildet sich wahrscheinlich in Kleinasien anstelle der bisherigen mündlich-schriftlichen Herrenüberlieferung die komplexe Einheit der Vier-Evangelien-Gruppe heraus.

- Um 100 existierte wahrscheinlich bereits eine Sammlung von Paulusbriefen, die im Gottesdienst auch außerhalb der ursprünglichen Empfängergemeinden verlesen wurden.

- Zwischen 150 und 180 kam es zu der entscheidenden Zusammenfügung der Vier-Evangelien-Gruppe mit 13 Paulusbriefen, der Apostelgeschichte, dem 1. Petrusbrief, dem 1. bis 3. Johannesbrief und der Apokalypse. Aus diesen ntl. Schriften führt Irenäus gegen die christlichen Gnostiker den Schriftbeweis.

- Der sog. »Kanon Muratori« ist das älteste Verzeichnis ntl. Bücher, entstanden vermutlich in Rom um 200, entdeckt durch L. Muratori 1740.

- Marcion gab die entscheidenden Impulse im Prozeß der Kanonbildung. Maßstab für die Auswahl der Schriften wurde die Apostolizität. Umstritten waren z.B. die Apostelgeschichte, die Johannesapokalypse und der Hirt des Hermas.

- Der Begriff »Kanon« kommt erst im 4. Jh. auf, am Ende dieses Jhs. stand der Umfang der Sammlung fest.

- Die Sammlung der Schriften des NT ermöglichte den Nachweis, daß der gegenwärtige christliche Glaube mit der eigentlichen Urkunde der Christusbotschaft übereinstimmt.

- Die Kanonbildung bedeutet sowohl historischen Abstand zum Urchristentum wie den bleibenden Maßstab der frühchristlichen Schriften für die ganze weitere Kirchengeschichte. Ohne Kanonbildung hätte dem Christentum der Untergang im Synkretismus gedroht.

Zur Entstehung der Glaubensregel

- Der christliche Glaube verschaffte sich von Anfang an bekenntnishafte Ausdrucksformen. Zuerst eingliedrige, später zwei- bis dreigliedrige Bekenntnisformulierungen (Mt 28,19; 2Kor 13,13).

- Die älteste Bekenntnisformulierung außerhalb des NT ist das römische Taufsymbol aus der Mitte des 2. Jhs. Es ist ein dreimal dreigliedriges Symbol mit folgendem Wortlaut: *»Ich glaube an Gott, den Vater, den Allmächtigen und an Jesus Christus, seinen eingeborenen Sohn, den Herrn, den Heiligen Geist, die Kirche und die Auferstehung.«*

- Im späteren 2. Jh. wurde das Symbolum Romanum theologisiert. Es entstehen Zusätze besonders zum 2. Artikel, weil hier die Inkarnation Gottes in Jesus Christus gegenüber dem gnostischen Doketismus hervorgehoben werden mußte. So entsteht das sog. Apostolische Glaubensbekenntnis, es enthält die Glaubensvorstellungen der apostolischen Zeit. Im Unterschied zu den älteren Bekenntnissen ist das Apostolicum durch seine Zweckbestimmung charakterisiert: es geht um die Zusammenfassung des rechten christlichen Glaubens gegenüber den Häretikern, nicht mehr nur um eine persönliche Selbstaussage der Glaubenden.

- Die regula fidei ist nicht primär Glaubensvorschrift, sondern Ausdruck und Rahmen der ganzen apostolischen Botschaft. Sie verbürgt die Übereinstimmung der ntl. Schriftensammlung des Kanons mit der mündlichen Tradition. So ist die Glaubensregel und die doppelteilige Schrift als Einheit zu verstehen.

- Zuweilen hat die Glaubensregel auch schon eine Autorität erlangt, die über der Schrift stand (Tertullian). Es war gegen die Gnostiker leichter mit der Regel zu kämpfen als mit der gesamten Bibel. Insgesamt hat aber die Glaubensregel in der Alten Kirche eine orientierende und dann auch notwendig normierende Kraft entfaltet.

Zur Entstehung des monarchischen Bischofsamtes

- Die Autorität des Bischofsamtes muß im Zusammenhang mit der Kanon- und Bekenntnisbildung gesehen werden. Es geht um die Beglaubigung der gegenwärtigen christlichen Verkündigung mit der urchristlichen Wahrheit.

- Um 160 erstellte Hegesipp die erste römische Bischofsliste. Auch Irenäus hat eine solche römische Bischofsliste mitgeteilt (um 185).

- Mit diesen Listen sollte das Glaubensgut des Christentums (1Tim 6,20) bewahrt bleiben. Aber mit der Bewahrung des Glaubensgutes wurde auch die Überlieferungskette (Sukzession) herausgestellt, die sich in den Bischöfen als Hüter der apostolischen Tradition dokumentierte.

- Der monarchische Episkopat entwickelte sich aus dem Presbyterkollegium zuerst in Kleinasien. Der einzelne Amtsträger konnte die christliche Wahrheit gegenüber den Häretikern besser verbürgen als ein Kreis von Klerikern.

Irenäus

- Er stammt aus Kleinasien und wurde 177 Nachfolger des Bischofs von Lyon.

- Um 190 griff Irenäus in den sog. Ostertermistreit zwischen Viktor von Rom und den kleinasiatischen Gemeinden ein. Der Forderung Viktors zur Übernahme des römischen Ostertermins (der Sonntag nach dem 14. Nisan) auch in Kleinasien widersprach Irenäus. Der römische Bischof habe kein Recht, über die Differenzen bei der Osterfeier das kirchliche Band zu zerschneiden.

- Zwei Werke sind uns von Irenäus überliefert: *»Entlarvung und Widerlegung der fälschlich sog. Erkenntnis«* (adversus haereses) und die *»Darstellung der apostolischen Verkündigung«*.

- In seinem Kampf gegen den christlichen Gnostizismus findet Irenäus den Hauptgedanken seiner Theologie: Die Zusammengehörigkeit von Schöpfung und Erlösung.

- Grundlage seiner Theologie ist die sich bildende zweiteilige Bibel. Irenäus ist der erste bedeutende Schrifttheologe der Alten Kirche. Anhand der Schrift entwickelt er seine Theologie als eine Heilsordnung Gottes von der Schöpfung bis zur Vollendung (oikonomia salutis). Irenäus steht damit am Beginn einer heilsgeschichtlichen Theologie.

- Die Mitte des Heilswerkes, die Erlösung durch Christus, umschreibt Irenäus verschiedenartig. Charakteristisch für seine Theologie: das ewige Leben ist Anteil an Gottes Unvergänglichkeit, Vergottung der menschlichen Natur. Die Erlösung schließt die Gabe der Unsterblichkeit ein.

- In dem Begriff der »anakephalaiosis« oder »recapitulatio« (Eph 1,10) faßt Irenäus die Erlösung durch Christus zusammen: sie ist eine Wiederherstellung der Schöpfung und eine Zusammenfassung des ganzen Schöpfungswerkes. Christus stellt als der neue Adam die durch den Sündenfall verlorene Ebenbildlichkeit des Menschen mit Gott wieder her. Die Bestimmung des Menschen ist: Christus gleich zu werden.

- Gott ist wahrhaftig in Christus Mensch geworden. Die Betonung der vollen Menschlichkeit Jesu stellt Irenäus gegen den gnostischen Doketismus.

- Im Gegenüber zu den Apologeten zeigt sich bei Irenäus ein wesentlicher Unterschied: hier war die Erlösung die Wiederherstellung der Schöpfung. Bei Irenäus ist die Erlösung nicht nur Wiederherstellung, sondern Vollendung der Schöpfung. Damit überbietet Christus die Geschöpflichkeit Adams vor dem Fall. Es zeigt sich: das Christentum ist nicht die natürliche Religion und die wahre Philosophie, sondern neue göttliche Offenbarung.

Tertullian

- Als Römer ist Tertullian eine sehr anders geprägte Persönlichkeit als Irenäus. Er ist ein typischer Theologe des lateinischen Westens.

- Nach 150 als Sohn eines Offiziers in Karthago geboren, wirkt er dort und in Rom als Jurist. Wann und unter welchen Umständen er Christ wurde, ist nicht bekannt. Zwischen 195 und 220 sind seine zahlreichen Schriften entstanden. Etwa 207 schloß sich Tertullian dem Montanismus an. Um 220 ist er gestorben.

- Wie Irenäus ist auch Tertullian vor allem Bibelexeget. Aber dem erbaulichen Stil des Irenäus steht die geschliffene Rhetorik und Dialektik Tertullians gegenüber.

- Neben katechetischen Abhandlungen (Traktat über Gebet, Vater Unser, Taufe und Buße) verfaßt Tertullian vor allem apologetische Schriften. (Hauptgegner: der christliche Gnostizismus und Marcion).

- Die wichtigsten Werke: *»Apologeticum«*, *»Adversus Marcionem«*, *»De praescriptione haereticorum«* und *»Adversus Praxeam«*.

- Das *»Apologeticum«* ist in Form einer Gerichtsrede aufgebaut und stellt ein Meisterwerk der frühchristlichen Apologetik dar. Die Christenverfolgungen werden als Wahnsinn gebrandmarkt, da sie gegen die vertrauenswürdigsten Bürger im Reich gerichtet sind. Die Verfolgung der Christen dient aber nur ihrer Ausbreitung (*»semen est sanguis Christianorum«*).

- Bei Tertullian zeigt sich ein neuer Staats- und Gehorsamsbegriff: der Staat verliert seine religiöse Verklärung.

- Für Tertullian ist die Philosophie Quelle der gnostischen Häresie. Glaubenserkenntnis steht gegen spekulative Vernunft. Positiv wertet er die natürliche Gotteserkenntnis mit dem Satz: *»anima naturaliter Christiana«*.

- Gegen den transzendenten *»Gott der Philosophen«* stellt Tertullian scharf die Inkarnation Gottes in Jesus Christus heraus.

- In seinem Kirchenverständnis ist er ein strenger Hüter der apostolischen Tradition, der das apostolische Glaubensbekenntnis gegen die Gnostiker und Marcion erstmals im normativen Sinn gebraucht.

- Tertullians Formulierungen bilden die Grundlage für die spätere Trinitätslehre und Christologie: Vater, Sohn und Heiliger Geist sind drei Personen in der Einheit Gottes (tres personae - una substantia). Der Sohn ist als selbständige Person aus dem Vater hervorgegangen, er ist ihm deshalb untergeordnet (Subordination). Wie Irenäus versteht Tertullian die Trinität heilsgeschichtlich.

In der Christologie unterscheidet Tertullian streng zwischen göttlichen und menschlichen Eigenschaften Christi. Sie sind in einer Person vereint, aber nicht vermischt. Der Logos ist ins Fleisch gekommen, ist aber nicht in Fleisch verwandelt worden.

- Christus ist vor allem der Lehrer, der das neue Gesetz verkündigt. Ziel der Erlösung ist der Wandel nach Gottes Geboten.

- Die Gnade nimmt das Verderben weg, das der Natur des Menschen vom Sündenfall her anhaftet. Das naturhafte Verderben wird durch die Geburt vererbt: Ursprung der späteren Erbsündenlehre. Die Gnade gibt dem Menschen Kraft zum neuen Leben und ermöglicht ein verdienstvolles Handeln. Damit legt Tertullian den Grund zur abendländischen katholischen Heilslehre.

Zur alexandrinischen Theologie

- Die antignostischen Väter Irenäus und Tertullian wirkten beide im Westen. Im Osten stehen ihnen die beiden großen Alexandriner Clemens und Origenes gegenüber. In der alexandrinischen Theologie kämpfte man ebenfalls gegen die Gnostiker, jedoch auf andere Weise.

- Die theologische Arbeit geschah in Alexandrien im Rahmen der sog. Katechetenschule, an der Clemens und Origenes wirkten. Hier wurde zum ersten Mal eine wirkliche Synthese zwischen Christentum und griechischer Philosophie erzielt. Die Bibel wurde mit Hilfe der allegorischen Methode ausgelegt. Die Philosphie ist der sog. mittlere Platonismus, eine Weiterführung der alten platonischen Akademie.

- In der alexandrinischen Theologie wollte man den bloßen Autoritätsglauben (Pistis) zu einer begründeten Erkenntnis erheben (Gnosis). Während Irenäus unter Gnosis nur verführerische Spekulation versteht, ist sie bei Clemens und Origenes die vollkommene Stufe des Christseins.

Clemens von Alexandrien

- Geboren um die Mitte des 2. Jhs. wahrscheinlich in Athen. Nach verschiedenen Reisen kommt er nach Alexandrien, wo er an der Schule tätig ist. Am Anfang des 3. Jhs. verläßt er Alexandrien aufgrund einer Verfolgung, um 215 ist Clemens in Kappadozien gestorben.

- Auch Clemens ist Bibeltheologe und bejaht voll das AT.

- Griechische Philosophie und biblische Erkenntnis will er zusammenbringen. Der göttliche Logos ist in Christus Mensch geworden. Dies wird bei aller Offenheit für die spätantike Weisheit betont.
1. Der »*Protreptikos*«, eine Werbe- und Verteidigungsschrift des Christentums für gebildete Griechen.
2. Der »*Paidagogos*«. Er stellt eine Art Ehtik dar. Das Motiv für das rechte christliche Handeln kommt aus dem Inneren des Herzens. Der göttliche Logos erzieht die Menschen in einem geistig-sittlichen Prozeß.
3. »*Stromateis*« (Teppiche). Wie in einem Teppich sind hier die verschiedensten Lebensaspekte bunt miteinander vermischt. Die Glaubenserkenntnis ist nicht Theorie, sondern ereignet sich nur in persönlicher Annahme. Der vollkommene Christ ist der vollkommene Gnostiker, er hat menschliche Lehrer nicht mehr nötig, weil er schon hier in der Gemeinschaft mit Gott lebt.

- Auch eine Homilie über Mk 10,17ff. ist von Clemens überliefert, in der es um die Frage geht, wie ein Reicher in das Himmelreich kommen könne.

- Clemens von Alexandrien ist ein einflußreicher Theologe der Alten Kirche, der in das spätere christliche Mönchtum hineinwirkt.

Literaturhinweise

ANDRESEN, C. / RITTER, A.M., Geschichte des Christentums, 31-41.
CAMPENHAUSEN, H. v., Griechische Kirchenväter, Stuttgart [7]1986, 24-42.
DERS., Lateinische Kirchenväter, Stuttgart [6]1986, 12-36.

CHADWICK, H., Die Kirche in der antiken Welt, 87-91 u. 100-127.
FRANK, K.S., Grundzüge der Geschichte der Alten Kirche, 39-56.
HÄGGLUND, B., Geschichte der Theologie, 33-48.
MOELLER, B., Geschichte des Christentums, 48-56.

IV. Das Christentum des 3. Jahrhunderts

Einstieg

Für die Situation von Kirche und Theologie im 3. Jh. ist ein stetig wachsendes christliches Selbstbewußtsein charakteristisch. Bei zwei großen Theologen findet dieses kirchliche und theologische Selbstbewußtsein besonders prägnanten Ausdruck: im Osten bei Origenes, dem größten Denker der Alten Kirche vor Augustin, und im Westen bei Bischof Cyprian von Karthago.

Im Leben und Wirken des Origenes (ca. 185-253) erreicht die theologische Entwicklung im vorkonstantinischen Zeitalter ihren Höhepunkt. Christlicher Glaube und griechisches Denken und Empfinden gehen in diesem Theologen engste Verbindung ein, und von seiner theologischen Fragestellung aus werden die Weichen für die Zukunft gestellt. Neben Plotin (205-270), dem Begründer des Neuplatonismus, ist Origenes die bedeutendste geistige Gestalt seines Zeitalters.

In der Mitte des 3. Jhs. wirkte im Westen der zweite bedeutende Theologe dieser Zeit: Cyprian von Karthago. Sachlich und zeitlich steht Cyprian zwischen Tertullian und Augustin, und mit ihnen gehört er zu den drei bedeutendsten lateinischen Kirchenvätern aus Nordafrika. Cyprian ist der erste Theologe in der Kirchengeschichte, der eine ausgebildete Lehre von der Kirche und ihrem Amt entwickelt hat.

Die äußere Situation der Kirche im 3. Jh. hatte sich weiter gefestigt, die Verbreitung des christlichen Glaubens in allen Bevölkerungsschichten, auch auf dem Lande und in den führenden städtischen Kreisen, nahm weiter zu. Nach den schweren Verfolgungswellen im 2. Jh. erlebte die Kirche in der ersten Hälfte des 3. Jhs. eine verhältnismäßig ruhige Zeit. In der römischen Kaiserzeit spricht man von der Epoche des sog. religiösen Synkretismus. In der Mitte des Jhs. kommt es zum gewaltigen Zusammenprall zwischen Kirche und römischem Staat bei der ersten reichseinheitlichen, planmäßigen Christenverfolgung unter Kaiser Decius. In der akuten Krise des römischen Weltreiches wollte dieser Kaiser die altrömische Restaurationsstimmung zur Jahrtausendfeier der Stadt Rom im Jahre 248 ausnutzen, um die Kirche als Staat im Staate vernichtend zu schlagen. Zur selben Zeit wirkt Cyprian von Karthago, der die großen Herausforderungen der Verfolgungszeit mit grundlegenden Werken zum Kirchen- und Amtsbegriff beantwortet. In einer weiteren schweren Verfolgung unter Kaiser Valerian erleidet Cyprian 258 das Martyrium. Nach einer 40jährigen Friedenszeit kommt es unter Kaiser Diokletian zur schwersten Christenverfolgung vor der sog. Konstantinischen Wende.

Grundaspekte

Zur Situation von Kirche und Theologie im 3. Jahrhundert

- Charakteristisch für das Christentum des 3. Jhs. ist ein wachsendes kirchliches Selbstbewußtsein im Zuge einer immer größeren Verbreitung des christlichen Glaubens in allen Bevölkerungsschichten.

- Schwere staatliche Verfolgungen bedrängen die Gemeinden erheblich, können die Kirche aber als eine über das ganze Reich ausgebreitete Großorganisation nicht mehr in ihrem Bestand bedrohen.

- In der Mitte des 3. Jhs. kommt es unter Kaiser Decius 250 zur ersten reichseinheitlichen Christenverfolgung.

- Unter Kaiser Valerian kam es zwischen 257 und 258 zu einer zweiten schweren Verfolgung, die aber ebenso wie die erste ihr Ziel nicht erreichte: die Zerschlagung der kirchlichen Organisation. Es folgt eine 40jährige Friedenszeit, bis unter Kaiser Diokletian die letzte große Christenverfolgung vor der sog. Konstantinischen Wende hereinbricht.

- Zwei große Theologen wirkten in dieser Zeit: im Osten Origenes, der größte Denker der Alten Kirche vor Augustin, und im Westen Bischof Cyprian von Karthago.

Origenes - Biographische Notizen

- Bischof Euseb von Cäsarea, Freund und Schüler des Origenes in der ersten Hälfte des 4. Jhs., berichtet im 6. Buch seiner

»*Kirchengeschichte*« ausführlich über das Leben und Wirken des Origenes.

- Origenes wurde 185 in Alexandrien geboren und wuchs in einem christlichen Hause auf.

- Sein Vater Leonides war in Alexandrien als Lehrer tätig und fiel Anfang des 3. Jhs. einer Christenverfolgung zum Opfer. In seiner Jugendzeit führt der asketische Ernst Origenes zur wörtlichen Befolgung von Mt 19,12: er entmannt sich »*um des Himmelreiches willen*«.

- Ab 203 lehrt Origenes an der Katechetenschule in Alexandrien. Als erfolgreicher Lehrer entschließt er sich, bei dem heidnischen Philosophen, Ammonios Sakkas, dem Lehrmeister Plotins, die philosophischen Grundwissenschaften zu studieren.

- Das geistige Umfeld des Origenes wird die sog. mittelplatonische Philosophie: Gott wird als höchstes geistiges Wesen gedacht, aus dem in einem Emanationsprozeß die Welt der geistigen Wesenheiten hervorgeht.

- Im Jahre 231 ereignet sich der sog. »Fall des Origenes«. Demetrius will die Katechetenschule unter seine Aufsicht zwingen. Daraufhin verlegt Origenes seine Lehrtätigkeit nach Palästina (Cäsarea). Weite Reisen führten den berühmten Lehrer nach Kleinasien, Griechenland und Rom.

- Origenes starb an den Folgen der Christenverfolgung unter Kaiser Decius 254 in Cäsarea.

Origenes als systematischer Theologe

- Hauptwerk: »*Peri archon*« (»*De principiis*«), erste systematische Zusammenfassung des christlichen Glaubens. Die heilsgeschichtliche Überlieferung der Kirche verbindet sich in diesem Werk mit den abstrakten Kategorien und Wertbegriffen der mittelplatonischen Philosophie in Alexandrien.

- Das philosophisch-theologische System ähnelt in seiner äußeren Struktur einem gnostischen Mythos. Es enthält folgende Elemente: Gott ist das absolute, unveränderliche, geistige Ur-Eine. Die Entstehung des Sohnes und des Geistes aus Gott ist der erste Akt im kosmologischen Drama. Der Sohn ist als der Logos der Offenbarer Gottes und der Weltschöpfer zugleich. Er ist in Ewigkeit gezeugt. Der Logos hat wesenhafte, aber nur abgeleitete Gottheit: Er ist »*homooúsios*« mit dem Vater, dennoch aber diesem untergeordnet (subordinatianisch). Als dritte »*Hypostase*« steht unter dem Sohn der Heilige Geist. Alle drei Wesen bilden eine »*trias*«, der alle übrigen Geistwesen untergeordnet sind. Die von Gott geschaffenen Wesen haben die Gabe der Freiheit erhalten. Sie haben sie verschieden benutzt im Gegenüber zu Gott. Die Entfernung von Gott führt in Abstufungen zum Fall in die materielle Tiefe (Engel, Menschen, Dämonen). Erscheint die Welt somit theologisch als ein Strafort, so ist sie im letzten doch nicht Chaos, sondern Kosmos. Die göttlichen Strafen sind immer Mittel der Erziehung Gottes, die auf eine Rückführung in seine Wahrheit, auf die Erlösung in Jesus Christus angelegt ist.

Die Erlösung vollbringt der Logos auf zweierlei Weise:
1. durch sein Vorbild und seine Lehre und
2. durch seinen Tod als Lösegeld (lytron) an den Teufel für die Befreiung des Menschen. Der durch Christus befreite Mensch vervollkommnet sich stufenweise. Nach dem leiblichen Tod kommt das Läuterungsfeuer zur Seligkeit. Origenes wendet sich entschieden gegen den doppelten Ausgang der Heilsgeschichte. Im Anschluß an 1Kor 15,28 lehrt er die sog. Wiederbringung aller Dinge (»*apokatástasis ton pánton*«).

- Der Logos hat sich in der Präexistenz mit einer reinen menschlichen Seele verbunden. Diese Einheit zwischen Logos und Seele ist dann in Maria eingezogen, darum ist Christus der »*theos anthropos*«. Die Erlösung durch Christus wirkt geistig-moralisch.

- Die Kirche ist vor allen Dingen Erziehungsanstalt, Erziehungsraum für den Logos. Die amtliche Kirche wird durchaus anerkannt, jedoch sollen Geist und Amt eine Einheit bilden. Erstmals in der Alten Kirche symbolische Auffassung von Taufe und Abendmahl.

- Dominanz des göttlichen Erziehungsgedankens läßt keinen Raum für die genuin biblische Vorstellung des Gerichtes, der Sünde und der Vergebung. Strafen werden vorläufig verstanden, der Ernst des Gerichtsgedankens kommt nicht zum Tragen.

Origenes als Bibeltheologe

- Vor allem Bibelexegese (Kommentare, Homilien und Textausgaben).

- Kommentarwerke unterscheiden zwischen sog. *»Scholien«* und *»Homilien«*. Scholien erläutern Einzelpunkte des Textes, Homilien kommentieren biblische Bücher fortlaufend.

- Er bedient sich vor allem der allegorischen Exegese im Anschluß an die Allegorese der antiken Schriftsteller.

- Besondere Bedeutung als Bibeltheologe: umfassende Textausgabe des AT, die sog. sechsfache Ausgabe, die *»Hexapla«*.

- In seinen exegetischen Arbeiten unterscheidet Origenes grundsätzlich für jeden biblischen Text eine dreifache Bedeutung: Eine leibliche (buchstäbliche), seelische (psychische) und geistliche (pneumatische).

Cyprian von Karthago - Zu seinem Leben und Werk

- Cyprian von Karthago steht sachlich und zeitlich zwischen Tertullian und Augustin.

- Caecilius Cyprianus wurde ca. 210 in Karthago geboren. Zunächst Rhetor, mit ca. 40 Jahren Christ. Bald nach seiner Taufe Presbyter und Bischof von Karthago. Probleme der Christenverfolgung unter Decius 250/51 bestimmen sein Wirken. Unter Kaiser Valerian wird Cyprian 258 Märtyrer.

- Die ersten Schriften: Traktate über das Almosengeben, über die Geduld und die Mahnung zum Martyrium. Sodann sog. biblische Beweisstellen für die Verkündigung in der Gemeinde.

- Hauptwerke: *»De lapsis«* und *»De ecclesiae catholicae unitate«*.

- Der Briefwechsel Cyprians stellt eine wichtige Quelle für die Kirchengeschichte in der Mitte des 3. Jhs. dar.

Zur kirchengeschichtlichen Bedeutung Cyprians

- Cyprian ist der erste Theologe, der eine ausgebildete Lehre von der Kirche und ihrem Amt entwickelt hat.

- Die Schrift über die Abgefallenen betont die herausragende Stellung des Bischofsamtes. In ihr sind seelsorgerliche Anweisungen für das Verhalten der Christen während der Verfolgungszeit enthalten.

- Die Unterordnung unter den Bischof als Voraussetzung für die Einheit der Kirche wird in der Schrift *»Über die Einheit der Kirche«* angesichts der Gefahr der Spaltungen während der Verfolgungszeiten herausgestellt.

- Petrus ist für Cyprian das Urbild aller Bischöfe und somit das Urbild der Einheit der Kirche. Jeder einzelne Bischof hat Anteil an diesem Amt, das die Kirche konstituiert.

- Im sog. Ketzertaufstreit ging es zwischen Rom und Karthago um die Frage nach der Gültigkeit der von Häretikern gespendeten Taufe. Kann es eine sog. »*Ketzertaufe*« geben? Cyprian verneint diese Frage, da eine außerhalb der wahren katholischen Kirche vollzogene Taufe ungültig ist. Die römische Praxis hielt dagegen an der einmal gespendeten Taufe und ihrer Wirksamkeit fest. Das Sakrament wirkt unabhängig von der Person des Spenders. Stephan I. von Rom berief sich gegen Cyprian für die Gültigkeit der römischen Praxis auf die ältere Tradition und die Vorrangstellung des römischen Bischofs.

- In diesem Streit zwischen Cyprian und Stephan werden zwei unterschiedliche Kirchenauffassungen erstmals historisch sichtbar: der Episkopalismus und der spätere Papalismus bzw. Kurialismus.

Literaturhinweise

CAMPENHAUSEN, H. v., Griechische Kirchenväter, 43-60.
DERS., Lateinische Kirchenväter, 37-56.
CHADWICK, H., Die Kirche in der antiken Welt, 130-141.
FRANK, K.S., Grundzüge der Geschichte der Alten Kirche, 58-72.
HAENDLER, G., Von Tertullian bis Ambrosius, (Kirchengeschichte in Einzeldarstellungen I/3), Berlin [4]1992, 21-42 u. 54-75.
MOELLER, B., Geschichte des Christentums, 62-78.

V. Die Konstantinische Wende und die Entstehung des Mönchtums

Einstieg

Mit dem Begriff »Konstantinische Wende« ist die grundlegende Wandlung in der Stellung der Kirche zum römischen Staat im Zeitalter Konstantins d.Gr. bezeichnet. Es ist eine Zäsur, die nicht nur innerhalb der spätantiken Kirchengeschichte, sondern für die gesamte Geschichte des Christentums von großer Bedeutung ist.

Der römische Staat hat erst verhältnismäßig spät, reichseinheitlich erst seit der Mitte des 3. Jhs., die Tragweite der Existenz der christlichen Gemeinden und ihre immer stärker werdende organisatorische Verbindung erkannt. Das bedeutet freilich nicht, daß der Konflikt zwischen dem Christentum und dem römischen Staat erst zu dieser Zeit entstanden wäre. Vielmehr war der Zusammenstoß der christlichen Gemeinden mit den römischen Behörden von Anfang an unvermeidlich.

Die Verfolgung unter Kaiser Decius hat die Organisation der christlichen Kirche nicht wesentlich getroffen. Die Stellung der Kirche in der römischen Gesellschaft war schon längst so gefestigt, daß die Verfolgungsmaßnahmen ins Leere gehen mußten. Die Gesamtheit der Bevölkerung stand offenbar nicht mehr hinter den staatlichen Anordnungen.

In der zweiten Hälfte des 3. Jhs. regierten oft nur für kurze Zeit syrische Soldatenkaiser, die sich um das ständige Anwachsen des Christentums in den verschiedensten Provinzen wenig gekümmert haben. Der Abwehrkampf um den Weiterbestand des Reiches wurde immer härter, bis Diokletian schließlich mit seiner durchgreifenden Reichsreform die Rettung des Reiches vor dem Zusammenbruch versuchte und damit die schwerste Christenverfolgung in der alten Zeit am Anfang des 4. Jhs. heraufführte. Trotz der großen Zahl der Märtyrer konnte auch diese Verfolgung die weite Verbreitung und organisierte Kraft der Kirche nicht brechen. Die Kirche war zu einem Machtfaktor im Reich geworden, den kluge Machtpolitiker nicht mehr vernachlässigen oder gar verfolgen durften.

Der Aufstieg Konstantins nach 305 zur alleinigen Herrschaft im Westen wandelte die Lage der Kirche grundlegend. Die berühmte Schlacht an der Milvischen Brücke bei Rom am 28.10.312, durch die Konstantin mit dem Sieg über seinen Herausforderer Maxentius die Alleinherrschaft im Westen gewonnen hatte, markiert die entscheidende Wende im Verhältnis der Kirche zum Staat.

Kurze Zeit danach kam es zwischen Konstantin und dem Herrscher des Ostens, Licinius, zu dem sog. Edikt von Mailand im Jahre 313. Es brachte die rechtliche Wende der Stellung der Kirche zum Staat. Die Verfolgung wurde eingestellt, das Christentum zur erlaubten Religion (religio licita) erklärt. Damit begann die Entwicklung zur Reichskirche, d.h. die enge Verbindung und Verflechtung von Kirche und Staat, wie sie seit Kaiser Theodosius im Jahr 380 dann Wirklichkeit wurde.

Immer breiter und tiefer hat sich das Christentum in Gesellschaft und Staat hineinentwickelt. Aber all diesen Erscheinungen läuft nun eine Bewegung entgegen, die zum eigenartigsten Phänomen in der christlichen Geschichte gehört - das Mönchtum. Zur Gesamtsituation der sog. Konstantinischen Wende gehört auch das Bild der Eremiten und Klöster in der Wüste Ägyptens und Syriens.

Viele Aspekte kommen zusammen, die zur Entstehung dieses Phänomens beigetragen haben. Seit dem Urchristentum gibt es die altchristliche Askese. Das Mönchtum kann durchaus als eine neue Form dieser Askese verstanden werden. Neu insofern, als sich nun einzelne aus der sozialen Gemeinschaft heraus in die völlige Einsamkeit begeben. Diese Absonderung der Asketen von der Gemeinde ist die Geburtsstunde des Mönchtums. Der historische Ursprung des Mönchtums in Ägypten erklärt sich aus einer Erneuerung asketischer und gnostischer Impulse, die für das Christentum in Ägypten besonders charakteristisch sind. Das Streben nach geistiger Unabhängigkeit gegenüber der griechischen Bischofskirche, die wirtschaftliche Not und die Rechtsunsicherheit als Folgen der Fremdherrschaft in breiten Volksschichten Ägyptens, die das Kloster als Ort der Sicherheit erscheinen ließen - das erklärt wenigstens zum Teil das Entstehen des monastischen Lebens in Ägypten.

Die Kirche des konstantinischen Zeitalters hat das Mönchtum vollauf akzeptiert, es wurde eine Institution innerhalb der Kirche. Das ist immer wieder ein staunenswerter Vorgang, aber er erklärt vor allem die Entlastungsfunktion, die offenbar das Mönchtum ähnlich wie das vorherige Märtyrertum für diese Kirche darstellt.

Grundaspekte

Christenverfolgungen in der Alten Kirche

- Der römische Staat hat erst seit der Mitte des 3. Jhs. die Tragweite der gut organisierten und weit verbreiteten christlichen Kirche erkannt. Der Zusammenstoß der christlichen Gemeinden mit den römischen Behörden war aber von Anfang an unvermeidlich. Die Jahrhunderte vor Konstantin durchziehen verschiedene lokale und reichseinheitliche Verfolgungswellen von unterschiedlicher Intensität. Hauptmotive für die staatliche Verfolgung waren:

Die eschatologische Hoffnung der Christen erschien den Römern als eine revolutionäre Angelegenheit, weil sie mit einer Kritik am Bestehenden verknüpft war.
Durch ihren strengen Monotheismus waren die Christen genötigt, den Kaiserkult zu verweigern.
Der Kosmopolitismus des christlichen Glaubens widerstreitet dem Universalismus der römischen Reichsidee.
In der römischen Gesellschaft wurden die Christen als Fremdkörper empfunden, da ihre Heilsgewißheit, ihr enges gemeinschaftliches Leben und ihre Ferne von den gesellschaftlichen Sitten sowie ihre strenge Lebensführung bis zur Todesbereitschaft abstoßend wirkten.

- Bis zu dem Kaiser Decius gab es keine allgemeingültige, gesetzliche Regelung gegenüber den Christen im ganzen Reich. Es lag weitgehend im Ermessen der Magistrate bzw. Provinzstatthalter, was sie gegenüber den Christen unternehmen wollten. Das Strafrecht (Kriminalprozeß) sah ein Verbot des Christentums nicht vor. Die Verweigerung des Kaiserkultes gab die Möglichkeit, die Christen des Hochverrats anzuklagen (crimen laesae Romanae religionis). Eine zweite Möglichkeit war die sog. Coercitio, d.h. das dem Imperium innewohnende Recht, Verbrecher oder Gehorsamsverweigerer nach Belieben zu strafen bzw. zum Gehorsam zu zwingen. Die Provinzstatthalter hatten damit staatspolizeiliche Befugnisse, in ihren Provinzen für Ruhe und Ordnung zu sorgen.

- Der im Volk sporadisch entstandene Haß gegenüber den Christen verband sich mit den Verfolgungen der staatlichen Organe, die man bis zur Mitte des 3. Jh. in drei Abschnitte einteilen kann:
1. Jh. mit den Verfolgungen der Kaiser Nero und Domitian.
Die Zeit von Kaiser Trajan bis Marc Aurel (Anfang des 2. Jhs. bis 180)
Die Zeit von Commodus bis Philippus Arabs (189-249).

- Hauptquelle für die Christenverfolgungen in der Alten Kirche sind die sog. Märtyrerakten. Das sind entweder Augenzeugenschilderungen der Gemeinde oder direkte staatliche Prozeßakten mit christlichen Interpolationen. In der Regel stellen sie ökumenische Rundbriefe dar. Der älteste außerneutestamentliche Märtyrerbericht ist der des Bischofs Polykarp von Smyrna (155/56 hingerichtet). Sodann: der Märtyrerbericht über das Martyrium des Justin (in Rom ca. 165 hingerichtet), der Martyriumsbericht über eine Christenverfolgung z.Zt. Marc Aurels in Lyon im Jahre 177 sowie im nordafrikanischen Scili im Jahre 180. Neben diesen Märtyrerakten zeugen auch die Apologien der Kirchenväter über einzelne Christenverfolgungen im 2. Jh.

- Im Jahre 212 wurde allen Reichsangehörigen das römische Bürgerrecht verliehen in der sog. Constitutio Antoniniana des Kaisers Caracalla. Der Unterschied zwischen den römischen Bürgern und den Peregrinen, den Fremdlingen im Reich, war aufgehoben. Erst nach dieser Gleichstellung aller Reichsbewohner konnte eine gezielte und reichseinheitliche Christenverfolgung im römischen Reich stattfinden, wie sie Kaiser Decius im Jahre 250 begann.

Die Maßnahmen des Kaisers Diokletian (284-305)

- Während der 40jährigen Friedenszeit im Verhältnis des Christentums zum römischen Staat nach den Verfolgungen unter den Kaisern Decius und Valerian ist aus dem Jahre 262 ein Reskript des Kaisers Gallienus überliefert, das den christlichen Bischöfen in Ägypten die Rückgabe der christlichen Kultstätten und Friedhöfe sowie die Beendigung aller Belästigungen des christlichen Glaubens bestätigte. Dies ist die erste kaiserliche Antwort auf eine Bittschrift kirchlicher Amtsträger, womit die Kirche als Institution von der höchsten staatlichen Autorität als Gegenüber partiell anerkannt wurde.

- Die Politik Diokletians war im Inneren auf Einheitlichkeit und Straffung der Kräfte ausgerichtet. Durchgreifende Reichsreformen sollten den zerfallenden Staat wieder zu festigen versuchen: Verwaltungs- und Militärreform sowie das neue System der Teilung und zeitlichen Begrenzung der kaiserlichen Regierung.

- Diese reichseinheitlichen Maßnahmen führten zum Zusammenstoß zwischen Kirche und Staat, vor allem bei der Rekrutierung der Christen für den Heeresdienst.

- In den Jahren 303 und 304 kam es durch verschiedene Edikte zu einer breiten antichristlichen Gesetzgebung: Kirchen mußten niedergerissen, die Heiligen Schriften ausgeliefert und verbrannt werden, alle christlichen Versammlungen waren verboten. Die Provinzstatthalter wurden angewiesen, den christlichen Klerus zu verhaften und durch verschärfte Haft sowie durch

Foltern zum Opfern zu zwingen. Diese Christenverfolgung unter Diokletian war die schwerste in der Geschichte der Verfolgung des Christentums bis zu Konstantin.

- Infolge der Reichsreform kam es jedoch in den verschiedenen Provinzen zu unterschiedlichen Abläufen der Verfolgung. Aufgrund gewisser Sympathien für das Christentum scheint der Cäsar des Westens, Konstantins Vater, Konstantius Chlorus, nicht alle Edikte gegen die Christen in seinen Provinzen Gallien und Britannien in Kraft gesetzt zu haben. Trotz der großen Zahl der Märtyrer konnte auch diese Verfolgung, wie schon die vorhergehenden unter Decius und Valerian, die weite Verbreitung und organisierte Kraft der christlichen Kirche nicht brechen. Die Kirche war zu einem Machtfaktor im Reich geworden, den kluge Machtpolitiker nicht mehr ignorieren konnten.

- Diokletian dankte im Jahre 305 ab, ebenso der westliche Mitregent Maximilian, die Verfolgung wurde im Westen eingestellt. Im Osten ging sie noch bis 311 weiter.

Äußere Wandlungen zwischen Kirche und Staat in der Regierungszeit Konstantins

- Die Schlacht an der Milvischen Brücke bei Rom am 28.10.312, durch die Konstantin mit dem Sieg über seinen Herausforderer Maxentius die Alleinherrschaft im Westen gewonnen hatte, markiert die entscheidende Wende im Verhältnis der Kirche zum Staat.

- Das sog. Edikt von Mailand im Jahre 313 brachte die rechtliche Wende der Stellung der Kirche zum Staat: die Verfolgung wurde eingestellt, das Christentum zur erlaubten Religion (religio licita), erklärt. Der Klerus wurde mit Vorrechten ausgestattet, die Kirche als juristische Person anerkannt.

- Nach seinem letzten Sieg über den Herausforderer im Osten, Licinius, wurde Konstantin im Jahre 324 Alleinherrscher im Reich. Mit dem neuen Verhältnis von Kirche und Staat in der Regierungszeit Konstantins ist in gewisser Weise schon die mittelalterliche Geschichte angelegt. Zum ersten Mal wurde der Staat von seiten der christlichen Kirche theologisch überhöht. Die Bischöfe erhielten schon bald bei bestimmten staatlichen Verwaltungsakten ein Mitwirkungsrecht. Die politische Funktion des bischöflichen Amtes beginnt in dieser Zeit.

Wichtige Maßnahmen des Kaisers Konstantin (306-337)

- Die Motive Konstantins bei seiner Entscheidung für das Christentum sind sowohl religiöser wie politischer Natur. Die politischen Motive stehen in seiner Kirchenpolitik offenkundig im Vordergrund.

- Konstantin griff selbst in zwei innerkirchliche Streitigkeiten ein: in die sog. donatistischen Streitigkeiten in der nordafrikanischen Kirche, die auf ein unterschiedliches Verständnis von der Heiligkeit der Kirche zurückgehen. Die Kirche als eine Gemeinschaft von aktiv Heiligen bei den Donatisten steht der Auffassung der Kirche als Heilsanstalt in den Heilsgütern, vor allem in den Sakramenten, gegenüber.

Durch die Einberufung des 1. Ökumenischen Konzils von Nicäa (325) ergriff Kaiser Konstantin selbst die Initiative, um die Streitigkeiten in Alexandrien über die Stellung des Sohnes zum Vater zu schlichten. Das entscheidende Stichwort »homooúsios« (der Sohn ist wesenseins mit dem Vater) kommt aus der Umgebung des Kaisers bzw. von ihm selbst.

- Im Jahre 321 wurde die Sonntagsfeier eingeführt. Das Kreuzeszeichen als Zeichen der Erlösung hält seinen Einzug in die Öffentlichkeit.

- Daß das Christentum auf dem Weg zur Reichskirche war, macht besonders der rege Kirchenbau Konstantins deutlich: Konstantin erbaute eine Kirche in Konstantinopel, die Grabeskirche in Jerusalem, in Rom die Erlöserkirche und die alte St. Petersbasilika aus den Materialien des neronianischen Zirkus.

- Im Jahre 330 verlegte Konstantin die Hauptstadt in den Osten: durch Vergrößerung und Verschönerung des alten Byzanz schuf er Konstantinopel. Die Gründung Konstantinopels bedeutete die Befreiung Roms von der Nähe zum byzantinischen Kaiser. Während sich in Konstantinopel die völlige Abhängigkeit des Bischofssitzes vom Kaiser entwickelte, konnte sich in Rom das Papsttum als kirchliches und politisches Zentrum entfalten. Konstantinopel als kirchlicher Mittelpunkt des Ostens wurde bald der Nebenbuhler Roms, was die Entfremdung der Ost- und Westkirche weiterhin beschleunigte und vertiefte.

- Die Maßnahmen in der Regierungszeit Konstantins stehen nicht im unmittelbaren Gegensatz zu den vorausgehenden Entwicklungen. Der Weg zu einer weltweiten und mit der Welt auch vielfach Kompromisse schließenden Kirche war längst beschritten. Aber daß das Christentum nun in die öffentliche Verantwortung trat, war doch etwas bisher ganz Neues und brachte nicht wenige Gefahren mit sich.

Innerkirchliche Wandlungen zur Zeit der Regierung Konstantins

– Die kirchliche Regierungsgewalt des Kaisers hatte für die Verfassung der Kirche erhebliche Auswirkungen: der Kaiser nahm Einfluß auf die kirchliche Gesetzgebung, auf die Lehre, auf das kirchliche Gerichtswesen und die kirchliche Verwaltung. Er rief Synoden ein und bestätigte Bischofswahlen, zuweilen ernannte er auch selbst Bischöfe.

– Innerhalb der Gemeinden wurden die Bischöfe immer stärkere Autoritätspersonen. Sie verfügten über das Gemeindevermögen und hatten auch Mitwirkungsrechte bei der staatlichen Gerichtsbarkeit. Neben dem Bischof gab es weitere Ämter: Diakone, Archidiakone und Presbyter. In den Klerus wurde man durch eine eigene sakramentale Handlung, die Weihe, aufgenommen. Auch die Berufs- und Ehelosigkeit des Klerus begann sich in dieser Zeit langsam durchzusetzen.

– Vor allem der Gottesdienst und das frömmigkeitliche Leben haben sich seit der Regierungszeit Konstantins zu immer reicheren und feierlicheren Formen weiterentwickelt. Der Gottesdienst bestand aus zwei Teilen: der sog. missa catechumenorum, bestehend aus Schriftlesung und Gebet für die nichtgetauften Christen, und der sog. missa fidelium (Eucharistiefeier). In der Eucharistiefeier, bei der das Abendmahl als Opferfeier verstanden wurde, gelangte der Gottesdienst zu seinem Höhepunkt.

– In Nicäa 325 wurde der Ostertermin festgelegt: der erste Sonntag nach dem Frühlingsvollmond. Ostern war das Hauptfest. Das Weihnachtsfest wurde im Laufe des 4. Jhs. in Rom auf den 25. Dezember gelegt, auf das Fest der Wintersonnenwende.

– In der Frömmigkeit des 4. Jhs. zeigen sich vielfache Wechselwirkungen zwischen Christentum und Heidentum: Heiligenverehrungen, Aufschwung der Marienfrömmigkeit, Reliquienkulte, Bilderverehrung und das Wallfahrtswesen.

Die Kirche des 4. Jahrhunderts auf dem Weg zur Reichskirche

- Nach Konstantin d.Gr. regierten seine Söhne: Konstantin II. (337-340), Kontans (337-350), seit 340 über das ganze Abendland, und Konstantius (337-361), seit 350 Alleinherrscher des Reiches. Die Kirche wurde unter diesen Herrschern, von denen Konstantius der bedeutendste war, nicht mehr nur begünstigt, sondern die staatliche Religionspolitik schritt auch zur gewaltsamen Vernichtung der heidnischen Kulte fort. 341 wurde das heidnische Opfer mit der Todesstrafe bedroht. 346 wurde die Schließung der Tempel verfügt.

- Die Entwicklung in Richtung auf das Staatskirchentum wurde durch den Kaiser Julian (361-363) unterbrochen. Eine sog. heidnische Reaktion an der Spitze des Staates setzte ein. Julian versuchte durch die Wiederbelebung der heidnischen Kulte den Staat zu reformieren. Die Christen wurden aus dem Staatsdienst gedrängt und die Privilegien des Klerus aufgehoben. Der Kaiser begünstigte neben dem Heidentum auch das Judentum. Die Christen wurden nicht verfolgt, aber aus der gesellschaftlichen und staatlichen Sphäre zurückgedrängt. Das zeigt besonders das Schulgesetz von 362, das die Christen von aller höheren Bildung ausschloß. Im Perserfeldzug 363 ist Julian gefallen. Die privilegierte Stellung der Kirche wurde unter den Nachfolgern Julians sofort wieder hergestellt.

- Mit dem Religionsedikt von 380 wurde die Religionsfreiheit im römischen Reich aufgehoben. Unter Theodosius d.Gr. wurde die katholische Kirche die alleinberechtigte Staatskirche im Reich.

Entstehung des Mönchtums

- Das christliche Mönchtum entwickelt sich aus der christlichen Askese. Asketische Deutungsmöglichkeiten biblischer Vorgaben: "Wüste" als Ort des Heils und der Gottesnähe bzw. des Gottesgerichts, Vergänglichkeit dieser Welt (1Kor 7,31), Armut der Christusnachfolge (Mt 19,21), Verzicht auf Ehe um des Himmelreiches willen (Mt 19,12) und Vorzug der Ehelosigkeit (1Kor 7,1ff.). Charismatisches Wanderasketentum, gnostisch-christliche und eschatologisch-enthusiastische Strömungen.

- Förderungen der christlichen Askese aus der Umwelt: Apokalyptik des palästinischen Judentums, Vollkommenheitslehre des Philo von Alexandrien, Tugendlehre der Pythagoräer, der Orphiker und der Stoa. Dualismus von Leib und Seele/Geist des Neuplatonismus und der Gnosis.

- Im Verlauf des 3. Jh. Auftreten außergemeindlicher Askese: Auszug aus der bisherigen Welt in die Wüsten Ägyptens und Syriens als Beginn des Mönchtums.

- Zusätzliche Gründe im 3. Jh.: wachsende Distanz zur Gemeindeordnung, insbesondere zum Bischof, Entledigung von wirtschaftlich-politischen Lasten.

- Die älteste Form des Mönchtums ist das sog. Eremiten- oder Anachoretentum. Der Eremit wird zum Bild des vollkommenen Christen, der in stellvertretender Weise für die Gemeinde ein Leben unmittelbar mit Gott lebt. Für die Frömmigkeit der Eremiten spielt der Dualismus von Fleisch und Geist, die Gottesgemeinschaft und der Kampf gegen die Dämonen eine zentrale Rolle. Unter Anachorese versteht man die Zuordnung der Eremitensiedlungen zu einem erfahrenen Meister oder Lehrer.

- Historisch faßbar wird das älteste Mönchtum in der Gestalt des Heiligen Antonius. Hauptquelle für sein Leben bildet die *»Vita Antonii«* des Athanasius aus der 2. Hälfte des 4. Jhs. Antonius (ca. 250-356) ist einer von vielen Anachoreten, die in die Wüste gingen und hier vielfach Gruppen um sich sammelten. Die Weitergabe der Weisheit dieser Mönchsväter an ihre Schüler ist in den sog. *»Apophthegmata patrum«* gesammelt.

- Eine entwickeltere, spätere Form des Mönchtums ist das sog. Koinobitentum, das gemeinsame Leben im Kloster. Seit 320 ist dieses Koinobitentum in Ägypten nachweisbar. Pachomius (292-346) ist der Begründer dieses Klosterlebens, das nun auch eine Regel ausbildete. Jedem Kloster stand ein Abt vor. In Tabennisi am Nil war das erste christliche Kloster entstanden. Auf Pachomius geht auch die Gründung eines Nonnenklosters zurück. Die Wildwüchsigkeit und Regellosigkeit des bisherigen Mönchtums wurde nun durch eine einheitliche strenge Lebensordnung und die Verpflichtung auf eine Regel abgelöst. Gehorsam gegenüber dem Abt, Disziplin, Arbeitspflicht und keinerlei persönlicher Besitz waren die Hauptforderungen. Ein Eintrittsgelübde wurde nicht gefordert.

- Das Mönchtum hat sich seit dem Anfang des 4. Jhs. rasch in Ägypten, Syrien und Palästina ausgebreitet. In der zweiten Hälfte des 4. Jhs. kommt es auch nach dem Westen, wo es trotz heftigen Widerspruchs bald gelehrte Theologen fand: Hieronymus in Rom (gest. 420), Ambrosius in Mailand (gest. 397), Augustin in Nordafrika (gest. 430), in Gallien Martin von Tours (gest. 396/97) und Johannes Cassianus (gest. ca. 435, Kloster Lerinum in Südgallien).

- Die Kirche des konstantinischen Zeitalters hat das Mönchtum vollauf akzeptiert, es wurde eine Institution innerhalb der Kirche.

- Basilius von Cäsarea (gest. 379) gilt als Vater des griechischen Mönchtums: Mönchsregeln, geistliches Leben (Gebetszeiten und Beichte).

- Benedikt von Nursia (ca. 480 bis 547), auf den die Gründung des Klosters Monte Cassino 529 und die Regula Benedicti zurückgehen. Reaktion auf vagabundierendes Mönchtum durch folgende Forderungen: stabilitas loci, conservatio morum, oboedientia (Ortsgebundenheit, Ethik und Gehorsam) und »ora et labora« (Kontemplation und Arbeit).

- Durch das Konzil von Chalcedon 451 wurde das Mönchtum kirchlich integriert. Gründe: Kontrolle durch die Bischöfe und Entlastungsfunktion für die Kirche (Zwei-Stufen-Ethik).

- Die Geschichte des Mönchtums hat sich seit dem 4. Jh. im Osten und Westen sehr verschieden weiterentwickelt.

Literaturhinweise

CHADWICK, H., Die Kirche in der antiken Welt, 142-150.
FRANK, K.S., Geschichte des christlichen Mönchtums, Darmstadt ⁵1993, 1-50.
DERS., Grundzüge der Geschichte der Alten Kirche, 72-82.
JACOBS, M., Das Christentum in der antiken Welt, 169-186.
MOELLER, B., Geschichte des Christentums, 79-94.

VI. Überblick über die altkirchliche Dogmengeschichte

Einstieg

Auf dem Konzil von Konstantinopel (381) wurde die Lehre von der Trinität das erste Dogma der christlichen Kirche. Das Konzil von Chalcedon (451) formulierte die Lehre von der Person Jesu Christi als das zweite Dogma. Bis zu diesen Konzilsentscheidungen durchzieht die ganze Geschichte der Alten Kirche ein leidenschaftliches theologisches Ringen, in das vor allem seit der Konstantinischen Wende auch viele kirchenpolitische Machtansprüche hineinspielen. In diesen Streitigkeiten ging es jedoch um das Zentrum des christlichen Glaubens, d.h. um die Frage, ob Jesus Christus ein von göttlichem Geist inspirierter Mensch oder im Vollsinn wahrhaftiger Gott ist. Der Streit um die Trinitätslehre in der Alten Kirche ist im eigentlichen ein Streit um die Gottheit Jesu Christi.

Insgesamt spielte dabei die Tatsache eine wesentliche Rolle, daß sich im 2. Jh. das Schwergewicht der christlichen Gemeinden und ihrer Theologie endgültig aus dem jüdischen Bereich in die Welt des griechischen Denkens verlagerte. Damit bestand die Notwendigkeit, den christlichen Glauben nun auch für griechisches Denken und Empfinden entsprechend auszudrücken.

Das Bekenntnis von 381 fällt in die Zeit nach der Konstantinische Wende. Das ist gewiß nicht zufällig. Auch in der Dogmengeschichte stellt diese Wende eine erhebliche Zäsur dar. Man hat von der normgeschichtlichen Wende des 4. Jhs. gesprochen, bei der sich das Gewicht der kirchlichen Glaubensnorm aus der Ebene christlicher Überzeugung in die Region einer objektiven dogmatischen Normativität verlagert hat (K. Beyschlag). In Nicäa und Konstantinopel wurde das Geheimnis des Wesens Gottes nicht ergründet. Aber es wurde gegenüber anderen Interpretationen deutlich festgehalten, daß Gott sich in Jesus Christus vollgültig offenbart hat und im Geist in der Kirche gegenwärtig ist. Der Weg zur Anerkennung des Christentums im römischen Staat über die Konstantinische Wende bis zur Reichskirche ist ohne diese dogmengeschichtliche Entwicklung der Trinitätslehre nicht denkbar.

Nach dem trinitarischen Dogma, der Feststellung, daß Christus wahrhaftiger Gott ist, mußte sich im christlichen Denken das weitere Problem aufdrängen, wie sich Göttliches und Menschliches in der Person Jesu Christi zueinander verhalten. Nach schweren Kämpfen kam es schließlich 451 zum Konzil von Chalcedon. Hier wurde die sog. Zwei-Naturen-Lehre zum Dogma erhoben: das Bekenntnis zu der einen Person Jesu Christi in zwei Naturen, vollkommer Gott und vollkommer Mensch, weder miteinander vermischt noch voneinander getrennt. Nur in negativen Ausdrücken vermochte man die Extrempositionen der unterschiedlichen Schulmeinungen abzuweisen, um somit ihr jeweiliges berechtigtes Anliegen gemeinsam festhalten zu können. Die Formulierungen machen klar, daß man auf begrifflichem Wege das Geheimnis der Person Jesu Christi nicht ausschöpfen kann.

Auch nach 451 gingen die christologischen Streitigkeiten im Osten noch leidenschaftlich weiter in den sog. monophysitischen Kämpfen, die am Ende des 5. Jhs. zum ersten Auseinanderbrechen der östlichen und westlichen Kirche führten. Für die weitere Lehrentwicklung aber blieb das Chalcedonense grundlegend.

Grundaspekte

Trinitätstheologische Ansätze im Neuen Testament

- Die Wurzeln für die Ausbildung der kirchlichen Trinitätslehre liegen im NT. Die These von außerchristlichen Quellen der Trinitätslehre (platonische Philosophie, Parsismus) kann heute als erledigt gelten. Freilich durchzieht die ganze Geschichte des Christentums Kritik an der Trinitätslehre (z.B. die Antitrinitarier in der Reformationszeit). Der Streit um die Trinitätslehre in der Alten Kirche, der mit den philosophischen Denkmitteln der Zeit geführt wurde, ist im eigentlichen ein Streit um die Gottheit Jesu Christi.

- Die älteste Überlieferungsschicht im NT zeigt adoptianische Vorstellungen: Jesus sei bei der Taufe durch Johannes von Gott zum »Sohn« adoptiert worden (Mk 1,11). Jesus ist aber auch hier nicht bloßer Mensch, sondern in diesem Sohn offenbart sich Gott.

- Vor allem die Aussagen über die Präexistenz Christi und seine Gottesebenbildlichkeit im johanneischen und paulinischen Christusbild drängten zu einer weiteren lehrmäßigen Ausbildung der Gottesvorstellung (Joh 1,1-14; Phil 2,5-11; Röm 8,29;

2Kor 4,4 und Kol 1,15). Auch die Aussagen über den Heiligen Geist deuten auf eine Weiterbildung im Sinne der trinitarischen Reflexion: der Heilige Geist wird eng mit Christus und Gott zusammengebracht, aber eben auch von ihnen unterschieden (Joh 14,17.26).

- Auf einer entwickelteren Stufe erreichen die Aussagen über Gott, Christus und den Heiligen Geist sog. triadische Formeln (2Kor 13,13; Mt 28,19).

- Auch die frühen Glaubensbekenntnisse und die Glaubensregel stellen in ihrer dreigliedrigen Form einen wichtigen Schritt auf dem Weg zur Ausbildung der kirchlichen Trinitätslehre dar, so z.B. das Symbolum Romanum um 150.

Erste Klärungsversuche des trinitarischen Problems um 200

- Für die weitere Entwicklung wurde besonders die Logoschristologie der Apologeten wichtig. Sie haben die griechische Logosvorstellung (Weltvernunft, Weltgesetz) mit dem Logosgedanken von Joh 1 verbunden. Zwei Gesichtspunkte sind folgenreich: einmal die Auffassung von der Vernünftigkeit des christlichen Glaubens, und zum anderen die Verlagerung des christologischen Denkens in den Raum der Präexistenz. Die Apologeten erblicken das Wesen des Logos nicht primär am geschichtlichen Christus (so die Inkarnation des Logos bei Johannes), sondern projizieren umgekehrt die geschichtliche Christusgestalt auf das Wesen des Logos, der die kosmische Weltordnung repräsentiert. Damit entsteht das Problem des sog. »pluralistischen Monotheismus« (F. Loofs). Es mußte nun von einer Zweiheit, später auch Dreiheit von Gottwesen gesprochen werden, die dennoch die Einheit nicht gefährden durften (Christus als »deuteros theos« bei Justin).

- Gegen die Logoschristologie der Apologeten ist die Bewegung des Monarchianismus gerichtet. Die Monarchianer betonen die Einheit Gottes und lehnen die spekulativen Elemente in der Gottesvorstellung ab. In zwei Bewegungen tritt der Monarchianismus auseinander, nur den Widerspruch gegen die Logoslehre haben sie gemeinsam:
1. der sog. dynamistische Monarchianismus (Adoptianismus);
2. der modalistische Monarchianismus.

Die erste Bewegung versteht das Göttliche an Jesus als eine Kraft, die bestimmte Fortschritte machte und bei der Taufe durch Johannes zur Adoption Jesu als Sohn Gottes geführt hat. Gott ist nur einer; die Beziehung zwischen Vater und Sohn ist eine dynamische, nicht eine Beziehung des Wesens. Vertreter: Theodot, der Gerber, um 190 in Rom. Mit Einschränkung kann man auch Paul von Samosata (seit 260 Bischof von Antiochia) zu dieser Richtung rechnen.

Die modalistischen Monarchianer haben Vater und Sohn als zwei verschiedene Erscheinungsformen des einen Gottes verstanden. In der Konsequenz konnte diese Auffassung bis zur Identifizierung Christi mit Gott selbst führen. Die Gegner haben hier von »Patripassianismus« gesprochen, d.h. der Vater selbst hat gelitten. Vertreter: Noëtos, Praxeas und Sabellius.

Noëtos bestreitet die personhafte Verschiedenheit von Vater und Sohn, nur auf diese Weise könne der Monotheismus gewahrt bleiben. Christus muß wirklich Gott sein, der für uns gelitten hat, denn nur so kann dieses Leiden für uns Erlösung bedeuten. Damit weist dieser Theologe schon auf Athanasius im 4. Jh. voraus.

Praxeas versuchte eine Form von Modalismus zu entwickeln, die die Aussage, daß der Vater selbst gelitten habe, vermeidet. Er erklärte in diesem Zusammenhang den Namen »Sohn Gottes«. Er identifizierte nicht einfach den Sohn mit dem Vater, sondern er unterscheidet das Göttliche in Jesus und sein Fleisch. Nur das Fleisch sei von Maria geboren, nur dieses habe gelitten, nicht der Vater. Dieses Fleisch Jesu wird in der Bibel Sohn Gottes genannt. Das Göttliche im Erlöser ist dagegen personhaft identisch mit dem höchsten Gott. Gegen Praxeas hat sich vor allem Tertullian gewandt.

Sabellius ist der wichtigste Vertreter dieser Richtung. Er beschreibt die personhafte Einheit Gottes in drei Masken bzw. Rollen, die sich in der Heilsgeschichte offenbaren. Diesem sog. ökonomischen Typus der Trinitätslehre steht die sog. immanente Trinitätslehre gegenüber, die ein inneres Auseinanderstreben Gottes vor der Schöpfung, in der Ewigkeit, aussagt.

- Vor allem das Christusbild des Monarchianismus führte zu seiner Abweisung. Beim dynamistischen Monarchianismus war Jesus weder im Vollsinn Mensch noch Gott. Der Modalismus sah vom geschichtlichen Bild Jesu völlig ab, wenn er die Unterschiede zwischen Vater und Sohn beseitigte. Die kirchliche

Theologie betonte dagegen die Lehre von der Wesenseinheit des Sohnes mit dem Vater (gegen den Dynamismus) und die Lehre von den drei Personen der Gottheit (gegen den Modalismus). Erst beide Lehren zusammen ergeben eine wirkliche Trinitätslehre.

Beiträge der Kirchenväter zur Entwicklung der Trinitätslehre

- Die Kirchenväter knüpfen wieder an die Logoschristologie an. Irenäus lehrt die fortschreitende Offenbarung Gottes in der Heilsgeschichte.

- Tertullian schafft klare Begriffe: Seine Formel lautet: una substantia - tres personae. In der einen Substanz leben drei Personen, und doch ist Gott nur eine Einheit. In der Heilsgeschichte differenziert sich diese Einheit in die Dreiheit.

- Origenes vertritt als erster eine sog. immanente »Trinitätslehre«. Gott bringt den Sohn in einem ewigen Akt hervor. So wie der Sohn aus dem Vater entsteht, so der Geist aus dem Sohn. Damit steht der Sohn unter dem Vater und der Geist unter dem Sohn (Subordinatianismus). Für die drei Personen der Gottheit gebraucht Origenes den Begriff der Hypostase. Das meint individuelle Wesenheit. Hinsichtlich ihrer Hypostase sind Sohn und Geist unterschieden vom Vater, aber zugleich sind sie doch eins hinsichtlich der Einheit des Willens, der Harmonie (»homooúsios«).

Die Anfänge des arianischen Streites

- Gegenstand dieses Streites (318-381) ist die Frage, ob Christus ein von göttlichem Geist inspirierter Mensch oder im Vollsinn wahrhaft Gott ist.

- Anlaß für diesen Streit gab der Presbyter Arius in Alexandrien am Anfang des 4. Jhs. Er kommt theologisch von Lucian von Antiochien her, der die Subordination des Logos unter Gott besonders stark betonte. Sein philosophisch orientierter Gottesbegriff stellt die Einzigkeit und Transzendenz Gottes heraus. Jesus Christus ist ein Geschöpf Gottes, aus dem Nichts vor der Zeit erschaffen. Arius: »*Denn Gott war allein und es gab keinen Logos und keine Weisheit. Als aber dann Gott uns erschaffen wollte, schuf er zuerst den Einen und nannte ihn Logos, Weisheit und Sohn, damit er uns durch ihn schaffen sollte.*« Den origenistischen Begriff der Hypostase hat er übernommen, aber der

Sohn und der Geist haben nur eine abgeleitete Gottheit. Daß der Sohn wesenseins mit dem Vater wäre, das ist für Arius undenkbar.

- Gegen Arius tritt Bischof Alexander von Alexandrien auf, der an dem Geheimnis der Gottgleichheit Christi entgegen aller philosophischen Spekulation festhielt.

- Auf einer Synode in Alexandrien 318 wurde Arius mit einigen Freunden exkommuniziert. Er flüchtet zu Bischof Eusebius von Nikomedien; die origenistisch denkenden Bischöfe im Osten unterstützen ihn, der Streit weitet sich aus.

- Kaiser Konstantin beschließt, in den Konflikt schlichtend einzugreifen. Er beruft 325 nach Nicäa eine Reichssynode ein, das sog. 1. Ökumenische Konzil. Hier wurde ein älteres Glaubensbekenntnis angenommen, dessen entscheidende Aussagen lauten: Der Sohn ist *»aus dem Wesen des Vaters gezeugt, nicht geschaffen, eines Wesens mit dem Vater«*. Das Stichwort »homooúsios«, das der Kaiser vermutlich selbst bzw. Bischof Hosius von Corduba in die Verhandlungen einführte, ist der griechische Ausdruck für substantia.

- Der Begriff »homooúsios« hatte die verschiedenen Parteien auf der Synode (Arianer, gemäßigte Origenisten und die Gruppe um Bischof Alexander, Marcell von Ancyra, Hosius von Corduba) vereinigen können, da es in seiner Bedeutung zwischen »wesenseins« bzw. »wesensgleich« schillerte.

- Für Arius und seine Freunde war der Begriff freilich unakzeptabel. Sie verweigerten die Unterschrift unter das Bekenntnis und wurden verurteilt und verbannt.

Der arianische Streit nach Nicäa bis 361 und Bischof Athanasius

- Der Ausdruck *»eines Wesens mit dem Vater«* hatte in Nicäa die Bedeutung von *»gezeugt, nicht geschaffen«*, d.h., er meint die volle Gottheit des Sohnes. Es wurde nicht der Versuch unternommen, die Frage der göttlichen Einheit und der Verschiedenheit der Personen denkerisch zu lösen. So entstanden neue Fragen und neue Probleme. Die beiden wichtigsten sind:
1. Wie verhalten sich die verschiedenen göttlichen Personen zueinander?
2. Wie ist diese bezeugte Gottheit Jesu Christi mit dem historischen Jesusbild der Evangelien zusammenzudenken?

Um diese Probleme wurde im arianischen Streit gerungen.

- Die Entscheidung von Nicäa war für die meisten Bischöfe im Osten, die von der Theologie des Origenes her die Unterschiede zwischen den göttlichen Personen stärker betonten, eine Herausforderung. Sie dachten im Grunde arianisch. Der Arianismus wurde auch durch die kaiserliche Politik in den Jahren nach 325 begünstigt.

- Dieser Gruppierung steht Bischof Athanasius gegenüber (seit 328 Bischof von Alexandrien, gest. 373). Er ist der eigentliche Streiter für das Nicaenum und Hauptgegner der Arianer. Athanasius sah in dem Begriff »homooúsios« zunächst die Gottheit des Sohnes ausgesagt. Später hat er ihn auf die Einheit Gottes bezogen. Er lernt die abendländische Trinitätslehre durch seine Verbannungen in Trier (335-337) und Rom (ab 339) kennen (Tertullians Substantiabegriff).

- Die soteriologische Bestimmung der Trinitätslehre ist für Athanasius charakteristisch. Er hielt an der Wesenseinheit des Sohnes mit dem Vater vor allem darum so streng fest, weil nur dann die Erlösung durch den Sohn gesichert war. Als Geschöpf Gottes kann Christus keine wirkliche Gotteserkenntnis bringen. Ohne Gotteserkenntnis aber kann es keine Erlösung geben. Seine entscheidende Formel lautet: *»Das Wort ward Fleisch, damit wir vergöttlicht würden.«* Vergottung des Menschen meint hier die Wiederherstellung der menschlichen Natur in ihrer Unverweslichkeit, in ihrer Unsterblichkeit. Man hat hier von *»physischer«* Erlösungslehre gesprochen gegenüber dem mehr ethischen Erlösungsverständnis in der Theologie des Westens.

- Seit 351 war Konstantius Alleinherrscher im östlichen Reich und verhalf dem Arianismus zum Durchbruch.

- Die Arianer zerfielen in verschiedene Gruppierungen: 1. radikale Arianer, 2. Homoiousianer und 3. Homöer. Bedeutsam waren vor allem die Homoiousianer. Sie betonen die Wesensähnlichkeit des Sohnes mit dem Vater, die gemeinsame Gottheit aus dem Wesen des Vaters. Sie näherten sich auf der Synode von Ancyra 358 dem Standpunkt des Athanasius.

- Die Regierungszeit Kaiser Julians (361-363) entschärfte von außen die Gegensätze zwischen den verschiedenen Gruppierungen des arianischen Streites.

- Auf der Synode von Alexandrien 362 kam es zu einer Einigung, die sich in der Formel zusammenfassen läßt: Gott sei ein Wesen in drei Hypostasen (*»mia ousía - treis hypostáseis«*).

Die drei Kappadozier und das Bekenntnis von 381

- Nach dem Tod des Kaisers Julian haben Theologen aus Kappadozien durch präzise Begriffssprache die Möglichkeit für die Formulierung eines wirklich trinitarischen Bekenntnisses geschaffen. Zu ihnen gehören: Basilius d.Gr. (gest. 379), Gregor von Nyssa (gest. 394) und Gregor von Nazianz (gest. ca. 390). Unter *»ousia«* (Wesen) verstanden sie das gemeinsame Gottsein, während *»hypostasis«* (Wesenheit, Natur) die je besondere Form meint, die dieses Gottsein bei Vater, Sohn und Geist annimmt.

- Damit waren die Voraussetzungen geschaffen für das Konzil von Konstantinopel 381, das weithin die Bestimmungen des Konzils von Nicäa 325 übernommen hat. In dem Glaubensbekenntnis von 381 wurde vor allem der 3. Artikel wesentlich erweitert.

- Schon Athanasius hatte gegen die Arianer und viele von Origenes herkommende Theologen die Gottheit des Heiligen Geistes betont. Abgelehnt wurde die Gottheit des Heiligen Geistes von den sog. Pneumatomachen, die sich um den Bischof Makedonius von Konstantinopel versammelten (342-360). Bekenntnis von 381: der Heilige Geist geht vom Vater aus und wird mit dem Vater und dem Sohn zusammen verehrt.

Die christologische Frage in der Alten Kirche

- Christologische und trinitätstheologische Problemstellungen sind, wie besonders der arianische Streit zeigt, aufs engste miteinander verknüpft. Aber erst nach 381 ergab sich die Notwendigkeit einer dogmatischen Klärung auch auf dem Gebiet der Christologie.

- Das christologische Grundproblem lautet: Wenn Christus wahrhaftiger Gott ist, so gilt es zu klären, wie sich Göttliches und Menschliches in der Person Jesu Christi zueinander verhalten. Diese Frage stellt sich nicht erst im 4. und 5. Jh., sondern schon seit der Zeit des Urchristentums.

Christologische Vorstellungen im vorkonstantinischen Christentum

- Von den frühen christologischen Vorstellungen hatten die sog. ebionitische Christologie und der Doketismus keine Zukunft. Die Ebioniten waren Judenchristen, die in betontem Gegensatz zu Paulus und unter Einflüssen jüdischer und gnostischer Kreise sich von der Großkirche absonderten und Jesus als den natürlichen Sohn von Josef und Maria verstanden. Jesus sei zum Messias bestimmt gewesen, würde eines Tages wiederkehren, um sein Reich aufzurichten. Sie sahen in Christus einen bloßen Menschen, der freilich von Gott mit besonderen Geistesgaben ausgestattet ist (ähnlich wie der Adoptianismus).

- Der sog. Doketismus in den verschiedenen gnostischen Kreisen und bei Marcion lehrte, daß Christus nur scheinbar Mensch geworden sei, in Wahrheit habe er sich nur bis zur Kreuzigung mit dem historischen Jesus verbunden und dann diesen wieder vor dem Tode verlassen.

- Die weitere Entwicklung der kirchlichen Christologie stützt sich auf die Aussagen bei Paulus und Johannes (Joh 1,1-14, Röm 1,3ff. und Phil 2,5-11).

- Wie bei der trinitarischen Frage wiesen die Apologeten mit ihrer Logoschristologie in die Zukunft. Durch den Präexistenzgedanken betonten sie die Gottheit Christi.

- Von den frühen Kirchenvätern haben vor allem Tertullian und Origenes das christologische Problem näher entfaltet. Tertullian sprach von der Annahme des menschlichen Fleisches durch den Logos. Jesus Christus hat zwei Naturen bzw. zwei Substanzen. Jede Substanz hat ihre besondere Eigenheit und Aktivität. Beide Substanzen dürfen jedoch nicht voneinander getrennt werden. Tertullian: »*Wir sehen einen doppelten Seinsstand (status), unvermischt, aber verbunden in einer Person, den Gott und den Menschen Jesus.*« Tertullian betont die Inkarnation und die volle Menschheit Jesu, d.h., daß Jesus eine menschliche Seele gehabt habe.

- Origenes versucht mit Hilfe seiner spekulativen Gotteslehre sowohl die Gottheit wie die Menschheit in Jesus Christus zum Ausdruck zu bringen. Die präexistente menschliche Seele Jesu habe sich mit dem göttlichen Logos vereint und sei dadurch total sündlos. Die anderen präexistenten menschlichen Seelen seien jedoch von Gott abgefallen. In der Verbindung mit dem Logos ging die Seele bei der Inkarnation in den Leib Jesu ein. Zwischen dem göttlichen Logos und dem Leib ist die Seele das Mittelglied.

Alexandrien und Antiochien - zwei Zentren im Osten

- Die christologischen Streitigkeiten werden im 4. und 5. Jh. wesentlich zwischen diesen beiden theologischen Zentren ausgetragen. In Alexandrien war man vor allem an der Vereinigung der menschlichen mit der göttlichen Natur in Christus interessiert und betonte die Einheit zwischen Gott und Mensch in Jesus Christus aus soteriologischem Interesse (Athanasius). In Antiochien wurde mehr der Unterschied der beiden Naturen Christi hervorgehoben. Das irdische Wirken Jesu diente als ethisches Vorbild (»Leben-Jesu«-Theologie).

- Der Streit beginnt im 4. Jh. mit dem Bischof Apollinaris von Laodicea in Syrien. Seine Theorie: Die menschliche Seele wurde bei Jesus durch den göttlichen Logos ersetzt. Er stellt als erster Theologe die christologische Frage im engeren Sinn. Aber weil mit seiner Auffassung die vollkommene menschliche Natur in Christus geleugnet war, haben sich sowohl die Antiochener wie Alexandriner gegen ihn erklärt; seine Lehre wurde zuletzt 381 in Konstantinopel verworfen. Auch die Arianer vertraten die Ansicht, daß der Logos die Stelle der Seele bei Jesus eingenommen habe. In Antiochien wurde gegen die Arianer an der Gottheit Christi festgehalten, zugleich aber die Konsequenzen der Leugnung einer menschlichen Seele in Jesus gesehen.

- Eustathius von Antiochien (gest. 337) lehrte deshalb, daß der Logos dem Menschen Jesus eingewohnt habe. Damit wurde die spätere antiochenische Christologie des frühen 5. Jhs. in gewisser Weise vorweggenommen.

Hauptvertreter der antiochenischen und alexandrinischen Schule im frühen 5. Jh.

- Am Anfang des 5. Jhs. verschärfen sich die christologischen Streitigkeiten zwischen Antiochien und Alexandrien. Grund sind kirchenpolitische Rivalitäten beider Patriarchate gegenüber Konstantinopel.

- Theologisch ging der Gegensatz nun dahin, daß man in Antiochien das Verhältnis zwischen Gottheit und Menschheit in Jesus in einer Entwicklung dachte, die in der Auferstehung und

Himmelfahrt ihren Höhepunkt erlangte. In Alexandrien hatte man dagegen an der Einheit von Gottheit und Menschheit im physischen Sinne festgehalten.

- Bedeutende Vertreter der antiochenischen Schule waren Diodor von Tarsus (gest. vor 394). Theodor von Mopsuestia (gest. 428) und Theodoret von Kyros (gest. ca. 460). Besonders die beiden letzten Theologen stehen für bedeutsame exegetische Leistungen in Antiochien.

- Die alexandrinische Schule ist zunächst vertreten von Kyrill (gest. 444) und sodann von Dioskur (gest. 451).

Der nestorianische Streit

- Es ging hier vor allem um die Vorrangstellung der Patriarchate im Osten: Alexandrien, Antiochien und Konstantinopel.

- Kyrill von Alexandrien steht Nestorius als Bischof von Konstantinopel gegenüber (seit 428 Bischof, abgesetzt 431, gest. nach 451). Nestorius hatte eine ähnliche Christologie wie die älteren antiochenischen Theologen: gegen Apollinaris müsse die wahrhaft menschliche Natur Jesu Christi betont werden. Der Logos habe nicht nur einen Leib, sondern einen vollkommenen Menschen angenommen.
In Antiochien: Logos-Anthropos-Christologie.
In Alexandrien: Logos-Sarx-Christologie.

- Kyrill nahm den Kampf mit Nestorius durch die Frage auf, ob man Maria das Prädikat »Gottesgebärerin« (»theotókos«) zusprechen könne. Nestorius wollte bei Maria nur von »Christusgebärerin« sprechen.

- Der Streit weitete sich aus und Kaiser Theodosius II. berief 431 ein Konzil nach Ephesus ein. Nach tumultartigen Szenen kam es zur gegenseitigen Verdammung der beiden Parteien. Der Kaiser setzte Kyrill und Nestorius gefangen. Kyrill konnte aus dem Gefängnis entkommen, während Nestorius abgesetzt und verbannt blieb. Die Teilsynode Kyrills 431 wurde das 3. Ökumenische Konzil. Maria bekam das Prädikat »Gottesgebärerin« zuerkannt.

- Nach dem Tode Kyrills berief sein Nachfolger Dioskur eine Synode in Ephesus 449. Sie erklärte, daß in Christus nur die eine göttliche Natur herrschte (Eutychianischer Streit nach dem Alexandriner Eutyches 448-451).

Der Lehrbrief Leos und die Zwei-Naturen-Lehre auf dem Konzil von Chalcedon 451

- Leo I., d.Gr. (440-461) schaltete sich unmittelbar in die christologischen Streitigkeiten im Osten ein mit einem berühmten Lehrbrief, in dem er die spätere Zwei-Naturen-Lehre entwikkelte: Christus ist eine Person in zwei Naturen, Gottheit wie Menschheit sind in der Person Christi unverändert und wirken doch in der Gemeinschaft mit der je anderen zusammen (»Tomus Leonis«).

- Diese Bestimmungen wurden die Grundlage des Bekenntnisses in Chalcedon, wo das 4. Ökumenische Konzil im Jahre 451 stattfand. In dem Lehrbrief werden im wesentlichen die christologischen Anschauungen des Abendlandes knapp zusammengefaßt. In Chalcedon wurde die sog. Zwei-Naturen-Lehre zum Dogma erhoben: das Bekenntnis zu der einen Person Christi in zwei Naturen, vollkommener Gott und vollkommener Mensch, weder miteinander vermischt noch voneinander getrennt. Die vier Begriffe lauten: »unvermischt«, »unverwandelt« (das Anliegen der antiochenischen Schule aufnehmend) und »ungeschieden« und »ungetrennt« (das Anliegen des alexandrinischen Standpunktes aufnehmend).

- Die christologischen Streitigkeiten setzten sich nach 451 in den sog. monophysitischen Kämpfen fort.

Literaturhinweise

BEYSCHLAG, K., Grundriß der Dogmengeschichte, Bd. I, Gott und Welt, Darmstadt ²1988, 254-308; DERS., Bd. II, Gott und Mensch, Darmstadt 1991, 1-130.

HÄGGLUND, B., Geschichte der Theologie, 53-81.

LOHSE, B., Epochen der Dogmengeschichte, Stuttgart ⁶1986, 45-63 u. 77-104.

MOELLER, B., Geschichte des Christentums, 95-105.

VII. Augustin

Einstieg

Die Reichsteilung von 395 hatte eine weitere unterschiedliche Entwicklung im Osten und Westen zur Folge. Byzanz war zur Metropole der östlichen Reichshälfte aufgestiegen und konnte mit Erfolg die herandringenden Völker abwehren. Im Westen dagegen drangen germanische Völkerschaften in das Reich ein. Das bis dahin so bedeutungsvolle Rom, allerdings seit 404 nicht mehr Hauptstadt des weströmischen Reiches, wurde 410 von den Westgoten erobert. Insgesamt bedeuteten diese Ereignisse einen gewaltigen Umbruch der bestehenden Werte im politischen wie im kulturellen Bereich. Auch in Nordafrika, der Heimat Augustins, macht sich dieser Wandel bemerkbar. Hippo Rhegius, die römische Garnisonsstadt und bischöfliche Wirkungsstätte Augustins, wird bereits von den Vandalen belagert, als Augustin hier 430 stirbt.

Neben den politischen Umwälzungen fallen in die Zeit Augustins auch wichtige innerkirchliche Spaltungen und Lehrstreitigkeiten. Zum einen die Auseinandersetzung mit den Donatisten, deren kirchenspaltende Wirkung erst in dieser Zeit voll zur Geltung kommt und zum anderen das Ringen mit Pelagius um ein rechtes Verständnis von Sünde und Gnade. Es ist von größter bleibender Bedeutung, daß Augustin in dieser spätantiken Umbruchszeit lebt und damit zum Wegweiser im politischen und geistigen Wandlungsprozeß wird.

Im Denken Augustins faßt sich der geistige Ertrag der altkirchlichen Entwicklung vor ihm zusammen, und die Jahrhunderte nach ihm werden entscheidend durch seine theologischen Einsichten geprägt. Mit keinem bedeutenden Theologen der Christenheit läßt sich die Wirkungsgeschichte Augustins vergleichen. Nicht nur die kirchlich-theologische Entwicklung der Alten Kirche gipfelt in Augustin, sondern auch die Bildungsgeschichte der Spätantike. Die Verbindung von Christentum und Antike gibt dem Denken Augustins ein spannungsvolles Gewicht, beinhaltet allerdings auch manche schwerwiegenden Probleme. Leben und Werk Augustins sind dabei eng miteinander verflochten.

Grundaspekte

**Die Confessiones -
Hauptquelle für Augustins Leben und Denken**

- Die Confessiones sind 397/98 entstanden, kurz nachdem Augustin seine entscheidende Wendung zur paulinischen Gnadenlehre vollzogen hatte. Er stellt sein Leben als Exempel der göttlichen Gnade in Form eines Lobpreises und Bekenntnisses dar. Die Confessiones sind die bedeutendste christliche Selbstbiographie der Spätantike und eines der wichtigsten Erbauungsbücher der Christenheit.

- Sie sind in drei Teile gegliedert: Die Bücher 1-9 stellen den Weg Augustins bis zur Bekehrung 387 in Mailand dar. In Buch 10 gibt sich Augustin Rechenschaft über seinen gegenwärtigen geistigen Standpunkt zur Zeit der Abfassung der Confessiones. Die Bücher 11-13 bringen eine Exegese von Genesis 1. Die Probleme der Genesisauslegung haben Augustin immer wieder beschäftigt, d.h. die Frage nach dem »Woher« des Bösen.

Stationen der inneren Entwicklung Augustins

- Augustin stammt aus einer religiösen Mischehe. Sein Vater Patricius war zur Zeit der Geburt Augustins noch Heide, während seine Mutter Monnica Christin war. Das religiöse Vorbild der Mutter prägte Augustin in seiner Jugend stark, führte ihn aber auch in schwere innere Konflikte.

- Zunächst Studium in Karthago mit dem Berufsziel des Rhetors. Theater- und Liebesleidenschaft. Mit 19 Jahren Konkubinat und Geburt des Sohnes Adeodatus.

- In Karthago begegnet Augustin Ciceros Dialog *»Hortensius«*. Erste wichtige geistige Etappe (Hortensius-Erlebnis). Seit dieser Zeit geistige Wahrheitssuche. Erste erfolglose Begegnung mit der Bibel. Vor allem das AT stößt ihn inhaltlich ab, das kirchliche Christentum befriedigt ihn nicht.

- In dieser Situation Begegnung mit dem westlichen Manichäismus. Augustin wird Hörer. Der Begründer: der Perser Mani, geb. 216. Nach Berufungsvisionen zog er als Prophet durch die Lande, zunächst von der Regierung begünstigt, später in Ungnade gefallen und am Ende des 3. Jhs. gewaltsam umgekommen. Mani verstand sich als den im Johannesevangelium verheißenen »Parakleten«. Der Manichäismus hat sich der jeweiligen religiösen Umgebung stark angepaßt. Der westliche Manichäismus in Nordafrika, Italien und Gallien begriff sich als eine höhere, philosophische Form des Christentums. Das kosmologische System des Manichäismus beruhte auf einem schroffen Dualismus zwischen Licht und Finsternis. Die Seele des Menschen, an die materielle Leiblichkeit gebunden, kann durch Verzicht auf geschlechtlichen Verkehr und Einhaltung von besonderen Speisevorschriften den Weg zur Erlösung in die göttliche Lichtwelt finden.

- Faszination für Augustin: Selbstanspruch als philosophische Gnosis, Ursprung des Bösen fand eine Erklärung. Das Gute und das Böse sind die beiden absoluten Prinzipien der Welt. Alles Böse kommt von dem bösen, finsteren Gott und alles Gute von der Lichtwelt Gottes.

- Augustin begegnet dem Manichäerbischof Faustus von Mileve. Faustus kritisiert ähnlich wie Marcion das AT, lehnt den Weissagungsbeweis ab und übt an den Evangelien und Paulus Literarkritik. Eine wichtige spätere antimanichäische Schrift Augustins ist: »*Contra Faustum*« (397/98).

- In Mailand (ab 384) beginnt der innere Loslösungsprozeß vom Manichäismus durch die Begegnung mit zwei großen geistigen Mächten: Neuplatonismus und katholische Kirche in Gestalt des Bischofs Ambrosius. Augustin nimmt zunehmend an der Gotteslehre des Manichäismus Anstoß. Gott kann nicht angreifbar und verwundbar sein.
Durch die Lektüre neuplatonischer Schriften erkennt Augustin das Wirkliche im rein Geistigen. Er findet eine Antwort auf die Frage nach der Wirklichkeit des Bösen: Gott wird hier mit dem höchsten Sein und dem höchsten Gut gleichgesetzt, alles Seiende ist demnach ein Gut. Darum eignet dem Bösen kein eigentliches Sein, sondern ist nur Mangel an Sein, weil ein Mangel an Gutem. Das Böse ist also keine Substanz, wie die Manichäer meinten. Es ist vielmehr Raub des Guten (privatio boni).

- Die Predigten des Ambrosius beeindrucken Augustin. Seine allegorische Exegese führt ihn zur Überwindung der anthropomorphen Züge des atl. Gottesbegriffes. Diese Theologie zeigte Augustin einen ähnlichen Geist, wie er ihn auch im Neuplatonismus fand. Augustin kann Gott als rein geistiges Wesen verstehen. Durch die anziehende Persönlichkeit des Ambrosius macht Augustin die Entdeckung der Autorität. Vor aller Erkenntnis steht die Anerkenntnis. Aus dem Zirkel zwischen Glauben und Erkennen kann man nicht heraustreten. Die Autorität der Heiligen Schrift ist ihm jetzt eine vernünftige Sache, weil die Kirche sich über die ganze damals bewohnte Erde verbreitet hatte. Freilich muß der Glaube vom bloßen Autoritätsglauben zur Einsicht führen. Die mittelalterliche Scholastik wird für dieses augustinische Programm die Formulierung finden: »*credo, ut intelligam*«.

Die Bekehrung Augustins

- Die Annäherung Augustins an das kirchliche Christentum durch den Mailänder Kreis christlicher Neuplatoniker und besonders durch den Bischof Ambrosius gipfelt in seiner sog. Bekehrung. Bei ihr geht es um eine Entscheidung, sie bestand in dem Entschluß zum asketischen Leben, dem Verzicht auf Heirat und auf weltliche Karriere.

- Durch Vorbilder asketisch-mönchischer Lebensweise bekommt Augustins Leben und Denken eine neue Richtung: Er hört von dem ägyptischen Einsiedler Antonius (Vita Antonii des Athanasius) und von einem Kloster in der Nähe Mailands. Danach liest er Röm 13,13 und bezieht diese Stelle direkt auf sich selbst.

- Die Bekehrung Augustins fällt mit einer ernsten Erkrankung zusammen, seine ehrgeizigen Zukunftspläne zerfließen. Sein Lebensziel soll nunmehr im Geistigen liegen, in der vita contemplativa.

- Die Bekehrung zog die Entscheidung zur Taufe nach sich: Ambrosius tauft Augustin 387 in Mailand.

Die philosophischen Schriften nach der Bekehrung

- In diesen Schriften herrschen neuplatonische Gedanken vor. Augustin philosophiert mit christlicher Zielsetzung. Der Neuplatonismus ist seiner kritischen Kraft beraubt, er leistet nur noch Hilfsdienste.

- Die Probleme Augustins in dieser Periode sind: Gott und die Seele, das Problem des Ordo, d.h. das Problem der Weltordnung und das Problem des Bösen und Guten. Augustin versucht den Nachweis für die Unsterblichkeit der menschlichen Seele zu erbringen. Indem der Mensch rein geistige Wahrheiten erkennen kann, nimmt er an der Ewigkeit dieser Wahrheiten teil. Gott ist der Schöpfer der Welt, aber es gibt eine Abstufung im Guten. Der Gegensatz zwischen gut und böse ist derjenige zwischen weise und töricht. Alle sittliche Verfehlung kommt aus der Unwissenheit.

- Die wichtigsten philosophischen Schriften dieser Zeit sind: *»Contra Academicos«, »De ordine«, »Soliloquia«, »De qantitate animae«, »De immortalitate animae«.*

- Die Beschäftigung mit den Paulusbriefen führt zu dem Werk: *»De libero arbitrio«* (388-395). In diesem Werk überwindet Augustin die manichäische Ansicht des Bösen: das Böse hat seinen Ursprung im freien Willen des Menschen, d.h. in der Auflehnung gegen Gott, nicht in einem kosmischen Prinzip. Ein wichtiger Schritt in die Nähe zum biblischen Christentum ist damit getan.

Die paulinische Wende Augustins

- Sie geht parallel mit dem Eintritt ins kirchliche Amt: seit 391 kommt Augustin mit dem Bischof von Hippo Rhegius in Kontakt. Er wird Presbyter, 393 bischöflicher Mitarbeiter und 395 bis zu seinem Tod 430 selbst Bischof von Hippo Rhegius.

- Zur Vorbereitung auf dieses Amt studiert Augustin wiederum die Paulusbriefe. Das Ergebnis ist die Schrift: *»De diversis quaestionibus ad Simplicianum«*. In dieser Schrift beantwortet Augustin zwei Fragen, die Simplician, der Nachfolger des Ambrosius in Mailand, an ihn gerichtet hatte: das rechte Verständnis von Röm 7 und Röm 9,10-19.

- Unter dem Eindruck des Römerbriefes wandelt sich Augustins Auffassung vom freien Willen. Die vorher vertretene Wahlfreiheit gegenüber Gott wird jetzt verneint. Die Kraft, sich für Gott zu entscheiden, besitzt der Mensch nicht aus sich selbst. Sie ist ein Gnadengeschenk Gottes. Der Wille wird aus einer psychologischen Funktion zu einer ethischen Qualifikation, einer Kraft zum Guten. Diese Kraft zum Guten hat der Mensch nach dem Sündenfall verloren. Jetzt lautet die Frage nicht mehr, wo das Böse herkommt, sondern woher das Gute kommt. Es kommt nicht aus Werken, sondern aus Glauben. Die vita beata ist das Zeugnis der göttlichen Gnade. Von hier aus gewinnt Augustin das Verständnis für Röm 9 und der ganzen

Gnadenlehre des Römerbriefes. Unter diesem Eindruck verfaßt Augustin seine Confessiones.

Hauptproblemstellungen der Theologie Augustins

Augustins Kirchenverständnis

- Geschichtlicher Hintergrund: sein Kampf gegen den Donatismus. Donatismus: eine schismatische Bewegung, die im Zusammenhang mit der Christenverfolgung unter Diokletian in Nordafrika entstand. Die Donatisten hielten sich für eine Gemeinde der wahrhaft heiligen Christen. Beim Anschluß von Katholiken forderten sie die Wiedertaufe. Die Wahrheit der Kirche bestand für sie nicht in ihrer universalen Verbreitung, sondern in ihrer aktiven Heiligkeit. Die persönliche Würdigkeit des Spenders ist Voraussetzung für die Wirksamkeit der Sakramente.

- Zur Überwindung des donatistischen Schismas wurden unter dem Einfluß Augustins verschiedene Synoden in Karthago abgehalten (401, 404 und 411). Als die friedliche Zurückgewinnung der Donatisten in die katholische Kirche keinen Erfolg hatte, befürwortete Augustin auch staatliche Repressalien (Anwendung der Ketzergesetze gegen die Schismatiker, die Kaiser Honorius um 400 erlassen hatte; Augustin berief sich auf Lk 14,23).

- Der Streit zwischen Donatisten und Katholiken macht den alten Gegensatz zwischen Nordafrika und Rom z.Zt. des Ketzertaufstreites zwischen Cyprian und Stephan wieder deutlich. Die Gültigkeit der Sakramente erkennen die Katholiken auch bei den Donatisten an. Sakramente sind an sich heilige Handlungen, die nicht durch die Heiligkeit ihrer Spender oder Empfänger beeinflußt werden.

- Eine erste Schicht in Augustins Kirchenverständnis ist die äußere Heils- und Sakramentsgemeinschaft. In ihr sind Predigt und Sakramente Gnadengaben, die unabhängig der Würdigkeit ihrer Spender wirken. Entscheidend für Augustins Kirchenbegriff ist aber nicht diese äußere Heilsanstalt, sondern die innere Gemeinschaft der Liebe und des Glaubens, die communio sanctorum. Ihre Glieder sind durch das Band der Liebe und der Einheit, das vinculum caritatis et unitatis miteinander verbunden. Nur Gott kennt die Mitglieder dieser wahren Kirche. Sie ist ein Abbild der Einheit Gottes, ein corpus Christi mysticum. Diese innere Kirche verwirklicht sich aber in der äußeren Heilsanstalt, nicht neben ihr. Die äußere Kirche ist zwar nicht gleichbedeutend mit der wahren Kirche, aber sie ist auch nicht von ihr getrennt. Die äußere Kirche ist ein corpus permixtum. Das hebt aber ihre Heiligkeit nicht auf. Dennoch ist die bloße Zugehörigkeit zur äußeren Kirche keine Garantie für das Heil.

- Im Zusammenhang mit seiner Gnadenlehre kann Augustin auch von dem sog. Kreis der Erwählten als der eigentlichen Kirche Gottes sprechen, dem numerus praedestinatorum. Dieser Kreis der Erwählten ist nicht identisch mit der äußeren Heilsanstalt, auch nicht mit der Gemeinschaft der Gläubigen. Das Zentrum von Augustins Kirchenverständnis liegt aber in der Gemeinschaft der Glaubenden und Liebenden, zu denen er nicht nur die Lebenden, sondern auch alle Vollendeten rechnet.

- Dem Kirchenverständnis entspricht das Sakramentsverständnis Augustins. Zwischen dem Sakrament und der Wirkung des Sakramentes (effectus sacramenti) ist zu unterscheiden, ebenso zwischen dem äußeren und inneren Wort. Die einmal vollzogene Taufe oder Weihe verleiht dem Empfänger einen unverlierbaren »charakter«. Die Wirksamkeit der Sakramente liegt allein in der Souveränität Gottes begründet. Das Sakrament ist verbum visibile. Erst das innere Wort gibt zum Zeichen die Sache: *»accedit verbum ad elementum et fit sacramentum«*. Augustin vertritt eine symbolische Sakramentsauffassung in dem Sinne, daß beim Abendmahl nicht eine bloße Erinnerung gefeiert wird, sondern die reale geistige Gemeinschaft mit Christus.

- Für das Kirchenverständnis Augustins ist auch das große Werk über den Gottesstaat *»De civitate Dei«* wichtig. Die Gläubigen wandern als Fremdlinge in dieser Welt der ewigen Heimat entgegen. Geschichtlicher Hintergrund dieses Werkes ist die Eroberung Roms durch Alarich und die Westgoten im Jahre 410. Augustin sieht die ganze Menschheitsgeschichte unter dem Kampf zweier Bürgerschaften, zwischen den Gott Liebenden und denen, die Gott hassen und nur sich selbst lieben: civitas Dei und civitas diaboli. Irdisches Abbild dieser beiden civitates sind Kirche und Staat, aber die irdische Kirche ist noch nicht die civitas Dei, und der Staat ist notwendig, um Frieden und Gerechtigkeit unter den Menschen zu gewährleisten. Vor allem dieses Werk Augustins hat auf das Mittelalter erheblich eingewirkt.

Augustins Sünden- und Gnadenlehre

- Schon vor der Begegnung mit Pelagius hatte Augustin seine Sünden- und Gnadenlehre nach 396 ausgebildet.

- Historischer Hintergrund der antipelagianischen Schriften Augustins, in denen seine Sünden- und Gnadenlehre zum Ausdruck kommt, ist der sog. Pelagianismus. Dies ist eine Richtung in Kirche und Theologie des 4. Jhs., die auf Pelagius zurückgeht, einem asketischen Mönch aus Irland (355-420).

- Grundlage der pelagianischen Theologie ist der mönchische Standpunkt: Das Christentum hat die Aufgabe, den Menschen sittlich zu stärken, denn gutes und böses Handeln haben ihre Wurzeln im freien Willen. Pelagius wendet sich damit gegen den manichäischen Dualismus und beruft sich z.T. auf Augustins frühes Werk über den freien Willen. Eine sündliche Natur des Menschen gibt es nicht, die Sünde ist eine Gesinnung, ein Willensakt, der nicht vererbbar ist. Aber durch Adams Sünde hat die gesamte Menschheit die Gewohnheit des Sündigens angenommen (consuetudo peccandi).
Dieser Sündenlehre entspricht die Gnadenlehre: die Hilfe der Gnade hat schon Gott in die Schöpfung gelegt. Aber die Kraft zum Guten wurde durch den Sündenfall geschwächt. Daraufhin hat Gott seine Gnade in zwei Akten der geschichtlichen Offenbarung verstärkt und erneuert: die Gnade des mosaischen Gesetzes und die Offenbarung Gottes in Christus, die nova lex. Dem schlechten Beispiel Adams tritt das gute Beispiel Christi entgegen. Die Gnade wird durch die Taufe vermittelt und schenkt Vergebung der vor der Taufe begangenen Sünden. Nach der Taufgnade vermag der Mensch wieder gute Werke zu vollbringen, die ihm den entsprechenden Lohn verheißen.

- Der sog. pelagianischen Streit (411-431) entstand, als Pelagius mit seinem Freund Caelestius von Rom aus nach Karthago kam. Pelagius reiste weiter nach Jerusalem, aber zwischen Caelestius und Augustin kam es zum Streit um das Problem der Erbsünde und der Möglichkeit der Sündlosigkeit. Caelestius wandte sich gegen die Erbsünde und die Auffassung, daß die Kindertaufe der Sündenvergebung diene. Kleine Kinder befinden sich vielmehr in dem Stand, in dem sich Adam vor dem Sündenfall befunden hatte.

- Eine Synode in Karthago (411) verurteilte Caelestius. Pelagius konnte dagegen im Osten durch zwei Synoden Unterstüt-

zung finden (415). Auch Papst Zosimus votierte zugunsten des Pelagius, woraufhin die Nordafrikaner heftig protestierten. Kaiser Honorius (395-423) stellte sich auf die Seite Augustins. Rom nahm sein Urteil zurück, nachdem schon Innocenz I. 417 sich auf die Seite der Afrikaner gestellt hatte (diese Entscheidung Roms wurde später in der Sentenz zusammengefaßt: »*Roma locuta, causa finita*«). Die Synode von Karthago (418), auf der die Verurteilungen der Pelagianer bestätigt wurden, beendet die erste Phase des pelagianischen Streits.
Auf dem 3. Ökumenischen Konzil von Ephesus 431 erfolgte die offizielle Verurteilung des Pelagianismus.
Julian von Eclanum wurde nach 420 der Wortführer des Pelagianismus. Er warf Augustin Manichäismus vor, vor allem in seiner Erbsündenlehre und seiner Beurteilung der Ehe.

- Nach der Abweisung des Pelagianismus kam es im Westen zum Streit um den sog. Semipelagianismus. Mönche von Hadrumetum und in Südgallien (Massilia und Lerinum) wandten sich gegen überspitzte Sätze der augustinischen Gnadenlehre. Johannes Cassianus und Vincentius von Lerinum vertraten einen theologischen Standpunkt, der sich zwischen Augustin und Pelagius bewegte: die göttliche Gnade und der freie Wille des Menschen wirken zusammen. Die göttliche Gnade wirkt nicht unwiderstehlich, und Gott bestimmt auch nicht einen Teil der Menschheit zur ewigen Verdammnis.

- Im 5. Jh. hat Leo d.Gr. (440-461) dem Pelagianismus ein Ende bereitet. Der Augustinismus siegte über den Semipelagianismus auf der Synode von Orange 529.

- Augustins Sünden- und Gnadenlehre nimmt ihren Ausgang bei der Schöpfung. Der Stand der Anfangsgnade (prima gratia) ermöglichte ein posse non peccare, posse non mori. Adam hatte die Freiheit, das Gute oder das Böse zu wählen. Indem er durch den Sündenfall das Böse, d.h. die Gottferne, das Eigenseinwollen wählte, ging ihm die Freiheit zum Guten verloren. Als Strafe folgen: ignorantia, concupiscentia und mortalitas.
Für Sünde gebraucht Augustin zwei Begriffe: superbia und concupiscentia. Im ersten Begriff kommt das biblische Sündenverständnis als Auflehnung gegen Gott, Ich-Liebe zum Ausdruck, während der andere Begriff die Begehrlichkeit, die Verkehrung der menschlichen Natur meint, die Sinnlichkeit auch im sexuellen Sinne. Für das Erbsündenverständnis Augustins ist der Begriff concupiscentia entscheidend. Die Sünde pflanzt sich nicht

durch Nachahmung, sondern durch die den Zeugungsakt bestimmende Begehrlichkeit fort. Die concupiscentia ist damit Grund und Folge der Sünde.
Die Menschheit steht seit dem Sündenfall Adams unter dem Zwang zur Sünde, necessitas peccandi. Augustin lehrt jedoch nicht deterministisch. Das zeigt auch sein Verständnis von Röm 5,12. In Adam haben alle Menschen gesündigt. Adams Wille war auch unser Wille. Die Sünde wird nicht unbeteiligt vererbt, sondern willentlich. Sie lebt in der concupiscentia jedes Menschen fort.

- In seiner Gnadenlehre hat Augustin im Anschluß an Paulus den Gegensatz zwischen Gesetz und Evangelium deutlich herausgestellt. Der Wille nach dem Sündenfall ist unfähig, das Gesetz zu erfüllen. Es überführt den Menschen als Sünder und führt ihn in die Furcht vor der Strafe. Erst die bedingungslose Gnade Gottes schafft Befreiung. Für sie hat Augustin ebenfalls zwei Begriffe: remissio peccatorum und infusio caritatis. Die Originalität Augustins beruht darauf, daß er den zweiten Begriff in den Vordergrund rückt. Die Gnade ist nicht nur Vergebung der Sünden, sondern vor allem Eingießung der Liebe Gottes. Auf den Begriff der Rechtfertigung angewendet heißt das: das Schwergewicht liegt nicht auf der Gerechtsprechung (Vergebung), sondern auf der Gerechtmachung durch Gott, auf der Heiligung.
Die gänzliche Unverdienbarkeit der Gnade macht schon der Begriff der vocatio deutlich. Die zuvorlaufende Gnade (gratia praeveniens) geht der Berufung voraus. Durch Wort und Sakrament wird der Mensch zum Glauben berufen. Im Glauben wirkt die Gnade so weiter, daß der menschliche Wille zum Tun des Guten befähigt wird (gratia cooperans). Gott kann den Menschen aber auch außerhalb der Kirche berufen. Es gibt eine geistige vocatio in einer spiritualisierten Mystik. Die volle Eingießung der göttlichen Gnade geschieht erst in der Liebe, der Glaube ist nur ein erster und grundlegender Schritt.

- Der Vorzug der Liebe vor dem Glauben bei Augustin zeigt einen wesentlichen Unterschied zwischen ihm und Luther: bei Luther ist das Vergebungswort Gottes der Grund der wirklichen Gerechtmachung, die im Glauben empfangen wird. Bei Augustin kommt auf spirituelle Weise die Liebeskraft Gottes in den Menschen hinein, macht ihn gerecht und daraufhin vergibt Gott.

- Die Gnadenlehre Augustins gipfelt in seiner Prädestinationslehre. Die Allmacht des göttlichen Willens macht die Gnade zur gratia irresistibilis. Alles geht letztlich auf Gottes Erwählung zurück. Nur die Erwählten empfangen die Gnade. Die feste Zahl der zum Heil Bestimmten erklärt sich aus der Anschauung, daß die erwählten Menschen einen Ersatz für die gefallenen Engel bilden sollen. Die Zahl der Erwählten deckt sich nicht mit der Zahl derer, die der sichtbaren Kirche angehören. In seiner Erwählung zeigt sich Gottes Barmherzigkeit. An den Nichterwählten wirkt sich die Gerechtigkeit Gottes zu ihrer Verdammnis aus.

- Die wichtigsten Schriften der Sünden- und Gnadenlehre Augustins sind: »De spiritu et littera« (412), »De fide et operibus« (413), »De praedestinatione sanctorum«, »De dono perserverantiae« (428/29).

Zur Trinitätslehre Augustins

- Hauptwerk: die 15 Bücher über die Trinität »De trinitate« (399-419).

- Das augustinische Ineinander von Theologie und Philosophie wird in diesem Werk besonders deutlich.

- Die Wesensgleichheit von Vater, Sohn und Heiligem Geist steht für Augustin seit 381 fest. Es sind drei Personen, doch ein göttliches Wesen.

- Das Besondere an Augustins Trinitätslehre ist der Begriff der Relation. Er verdeutlicht die Einheit in der Dreiheit. Die Relationen bezeichnen ewige, unwandelbare Verhältnisse zwischen den Personen der Trinität. Die drei Personen sind drei gleichewige Relationen der einen Gottheit. Es besteht also eine Verschiedenheit in der einen Gottheit. Der Vater ist nicht der Sohn und der Sohn ist nicht der Vater. Aber diese Verschiedenheit ist keine absolute, sondern eine relative Verschiedenheit, eine Verschiedenheit der Beziehung. Jede Relation setzt aber ein Wesen voraus, das in Beziehung steht. Gottes Wesen ist die Einheit, deshalb können die Relationen trotz ihrer Verschiedenheit die Einheit Gottes nicht aufheben.

- Augustin hat für die göttliche Dreieinigkeit geschöpfliche Analogien auszusagen versucht: im menschlichen Geist wirken die Kräfte der memoria, intelligentia und voluntas. Auch in der menschlichen Liebe findet sich eine Dreiheit: der Liebende, das Geliebte und die Liebe selbst. In der Verwendung solcher Analogien und in der Aufnahme des Relationsbegriffes besteht der eigentliche Beitrag Augustins zur Trinitätslehre.

Literaturhinweise

CHADWICK, H., Die Kirche in der antiken Welt, 253-277.
DASSMANN, E., Augustinus. Heiliger und Kirchenlehrer, Stuttgart 1993, 11-25; 118-130 u. 147-156.
HAENDLER, G., Die abendländische Kirche im Zeitalter der Völkerwanderung (Kirchengeschichte in Einzeldarstellungen I/5), Berlin ³1987, 41-65.
LOEWENICH, W. V., Augustin, München, Hamburg 1965, 28-50 u. 65-117.
MOELLER, B., Geschichte des Christentums, 105-116.

VIII. Die Entstehung des Papsttums und Überblick über die byzantinische Reichskirche

Einstieg

Das Papsttum entwickelt sich aus bescheidenen Anfängen zu einer der bedeutendsten Institutionen der abendländischen Christenheit. Es stellt die zentralistische Kirchenverfassung der römisch-katholischen Kirche dar.

In frühchristlicher Zeit war das Bischofsamt ein kollegiales Leitungsamt. Am Anfang des 2. Jhs. wird in Kleinasien und Syrien erstmals das monarchische Bischofsamt bezeugt (Ignatius von Antiochien). Auch nach der Ausbildung des monarchischen Bischofsamtes, die in den einzelnen Gebieten nicht gleichzeitig erfolgte, standen die einzelnen Orts- und Gebietskirchen gleichberechtigt nebeneinander. Die eigenständigen Bischofskirchen bilden die Gesamtkirche. Von diesem Communio-Charakter zur Vorrangstellung eines einzelnen Bischofs über andere Bischofskirchen verläuft kein geradliniger Weg. Ein solcher Anspruch wurde anfangs als Störung der gesamtkirchlichen Parität empfunden.

In Rom entwickelte sich das monarchische Bischofsamt verhältnismäßig spät. Es ist hier erst seit der Mitte des 2. Jhs. bezeugt. Seitdem bekam dieses neue Amt in Rom aber sogleich eine ganz wesentliche Bedeutung.

Im 6. Jh. kommt es im oströmischen Reich zu einer bedeutsamen Erneuerung der alten römischen Reichskirche. Der Gegensatz zwischen den beiden Reichshälften war schon im 5. Jh. immer größer geworden, und seitdem das westliche Imperium 476 aufhörte zu bestehen, konnte sich im Osten das byzantinische Reich im Zeitalter der Völkerwanderung relativ gut behaupten. Grundlegend für die byzantinische Reichskirche war die Herrschaft Kaiser Justinians (527-567). Was in dieser Zeit geschaffen wurde, sollte für die orthodoxen Kirchen des Ostens von bleibender Bedeutung sein. Die byzantinische Reichskirche war eine streng zentralistische Kirche, von der sich jedoch in dieser Zeit die nestorianischen und monophysitischen Nationalkirchen abgespalten haben. Schon der Begriff »Nationalkirchen« macht deutlich, daß die Idee einer einheitlich griechisch gestalteten und von Konstantinopel geleiteten Reichskirche gerade geschichtlich gesehen nicht erfolgreich war. Später entstanden in Bulgarien, Rumänien, Serbien und vor allem in Rußland Nationalkirchen, die allerdings nach der Struktur der kaiserlichen Kirche gestaltet waren und auch mit dem Patriarchen von Konstantinopel in ständiger Verbindung blieben.

Grundaspekte

Rom und der monarchische Episkopat

- Die charismatisch geprägten Gemeindefunktionen (Apostel, Propheten, Lehrer) treten bereits z.Zt. der Apostolischen Väter zugunsten der Ämter der Bischöfe, Presbyter und Diakonen zurück. Aus mehreren aufsichtführenden Gemeindeleitern entwickelt sich in der ersten Hälfte des 2. Jhs. der monarchische Episkopat. Er ist zuerst in Syrien und Kleinasien nachweisbar. Seine Entstehung ist mit der Entwicklung des Kultus und dem antignostischen Kampf verbunden.

- Die Herausbildung des monarchischen Episkopats verläuft in den einzelnen Gebieten unterschiedlich. An der Gleichrangigkeit der einzelnen Bischofskirchen ändert er nichts (Communio-Charakter).

- In Rom ist der monarchische Episkopat erst seit der Mitte des 2. Jhs. bezeugt. Hier verbindet er sich jedoch sogleich mit der besonderen Tradition der römischen Gemeinde und erlangt damit eine in die Zukunft weisende Bedeutung: der Bischof wird Garant der apostolischen Wahrheit (»charisma veritatis certum«). Er ist Nachfolger der Apostel.

Besonderheiten der römischen Gemeinde

- Das Prinzip der Apostolizität führte die auf einen Apostel zurückgehenden Kirchen (Apostelkirchen) zu besonderem Ansehen. Rom vereinigte die Tradition der beiden bedeutendsten Apostel: Petrus und Paulus.

- Die römische Gemeinde profitierte vom politischen Rang und der kulturellen Bedeutung der Welthauptstadt.

- Ihre caritative Aktivität genoß besonderes Ansehen.

- Das »Symbolum Romanum« wurde die Grundlage des apostolischen Glaubensbekenntnisses und das römische Kanonverzeichnis (Kanon Muratori) bestimmt den weiteren Prozeß der Kanonbildung.

- Die römischen Bischofslisten (Hegesipp, Irenäus) entstehen Ende des 2. Jhs. aus dem Bedürfnis, die Apostolizität der Lehre in Rom sicherzustellen.

Vorgeschichte des Papsttums bis zur Zeit Konstantins

- Eine gesamtkirchliche Anerkennung der Vorrangstellung des römischen Bischofs über andere existiert in den ersten drei Jahrhunderten nicht. Man kann aber von einer Vorgeschichte des gesamtkirchlichen Primatsanspruches des römischen Bischofs als Nachfolger des Petrus sprechen.

- Victor I. (189-198) versucht als selbstbewußter Bischof die römische Praxis der Feier des Auferstehungstages (Herrentag nach dem 14. Nisan) den kleinasiatischen Gemeinden aufzuzwingen (sie feierten den 14. Nisan unabhängig des Wochentages). Der Abbruch der Kirchengemeinschaft mit den Kleinasiaten durch Victor wurde gesamtkirchlich zurückgewiesen (Einspruch durch Irenäus).

- Kallist (217-222) ist das zweite Beispiel für das besondere Selbstbewußtsein des römischen Bischofs. Er erklärte 217/18 in einem Erlaß, daß Unzucht und Ehebruch nach kirchlicher Buße vergebbare Sünden seien. Seine Autorität zur Lockerung der Bußpraxis begründet er mit Mt 16,18f.

- Stephan I. (254-257) hat im Ketzertaufstreit den Vorrang des römischen Bischofs in der Nachfolge des Petrus über andere Kirchen unter Berufung auf Mt 16,18f. beansprucht. Diesem erstmals deutlichen Primatsanspruch Stephans steht das episkopale, die Eigenständigkeit aller Bischöfe vertretende Kirchenverständnis Cyprians von Karthago gegenüber. Auch Stephans Anspruch wurde gesamtkirchlich nicht akzeptiert.

- Zur Zeit Konstantins spielen die römischen Bischöfe bei den Bemühungen um kirchliche Einheit keine besondere Rolle. Der Kaiser berief das Konzil von Nicäa ein. Zwei Ereignisse seiner Regierungszeit sind für die zukünftige Vorrangstellung des römischen Bischofs über andere jedoch wichtig: die neue Hauptstadt Byzanz (330) und der Bau der Petersbasilika in Rom.

- Im weiteren Verlauf des 4. Jhs. haben folgende römische Bischöfe die Vorrangstellung Roms ausgebaut: Julius I. (337-352) der im arianischen Streit auf der Seite des Athanasius stand und auf der Synode von Serdika 342 für den römischen Bischof ein Schiedsrecht bei Streitigkeiten erlangte; Damasus I. (366-384) und Siricius (384-399).

Von Papst Leo I. bis zu Gregor I.

- Anfang des 5. Jhs. hat Innocenz I. (402-417) den Vorrang des römischen Bischofs weiter ausgebaut. Die Entwicklung gipfelt bei Leo I. (440-461), dem ersten Papst, der den Primat des römischen Bischofs zu einem festen System ausbaute und biblisch begründete: im römischen Bischof ist Petrus als Apostelfürst gegenwärtig, dem Christus das höchste Richteramt (Mt 16,18f.), Verwaltungsamt (Joh 21,15-19) und Lehramt (Lk 22,31f.) überträgt.
Die Bedeutung Leos kommt in seiner Begegnung mit dem Hunnen Attila (452) und dem Vandalen Geiserich (455), seinem Lehrbrief (Tomus Leonis) und der Behauptung zum Ausdruck, daß Rom schon immer den Primat gehabt habe (Fälschung des 6. Kanons des Konzils von Nicäa).

- Papst Gelasius (492-496) stellt die sog. »Zwei-Gewalten-Theorie« auf: die bischöfliche Gewalt steht über der kaiserlichen.

- Von 484-519 erstes Schisma zwischen Ost- und Westkirche. Papsttum kommt Anfang des 5. Jhs. in die Abhängigkeit der Ostgoten und des byzantinischen Kaisers.

- Unter Gregor I. (590-604) erlangt das Papsttum an der Schwelle zum Mittelalter wieder Macht und Ansehen. Seine Bedeutung liegt auf den Gebieten der Theologie (Vermittler augustinischer Theologie an das Mittelalter), des Kultus und der Liturgie. Er legte die Grundlagen für den späteren Kirchenstaat und suchte die Verbindung mit den Franken, Westgoten und vor allem mit den Angelsachsen.

Die byzantinische Reichskirche zur Zeit Kaiser Justinians (527-567) und die orientalischen Nationalkirchen

- Nach dem Untergang Westroms (476) konnte sich das byzantinische Reich zur Zeit der Völkerwanderung relativ gut behaupten. Die Herrschaft Kaiser Justinians war hier von besonderer Bedeutung und für das östliche Christentum grundlegend.

- Folgende Aspekte seiner Herrschaft zeigen dies:
Bau der Hagia Sophia, Schließung der Akademie in Athen (529), Zusammenfassung aller Beschlüsse der vorausgegangenen Reichskonzilien im »Codex Justiniani«, Sakralisierung des Kaisertums und das byzantinische System der Symphonie zwischen Reich und Priestertum.

- Trotz der streng zentralistisch geführten byzantinischen Reichskirche spalten sich in dieser Zeit die nestorianischen und monophysitischen Nationalkirchen von Byzanz ab: die syrisch-nestorianische Kirche (intensive Mission in Mittel- und Ostasien), die syrisch-monophysitische Kirche, die koptische Kirche in Ägypten und die armenische Kirche.

- Gründe für die Abspaltung von der byzantinischen Reichskirche: die durch Alexander d.Gr. unterworfenen Völker kommen zu stärkerem Selbstbewußtsein, was durch die Kulturarbeit der Kirche wesentlich gefördert wurde (Entwicklung der Schriftsprache, kirchliche Literatur).
Politisch: Rivalität der Patriarchate in Ägypten und Syrien.
Theologisch: Absetzung von der Entscheidung in Chalcedon (Monophysitismus).

Die Kirche des Ostens seit Justinian

- Die Geschichte des griechischen Christentums vollzog sich seit der Spätantike in räumlicher und sprachlicher Kontinuität. Erst seit der Eroberung von Byzanz durch die Türken 1453 verlagert sich das Schwergewicht auf die slawischen Völkerschaften.

- Im 7. Jh. erlebte die byzantinische Reichskirche schwere Erschütterungen: Perserkriege, Einbruch der Araber und die Entstehung des Islam. Das byzantinische Reich verlor in dieser Zeit große Gebiete, es erhielt seine mittelalterliche Gestalt. Die byzantinische Herrschaft in Italien ging im Verlauf des 8. Jhs. zuende. Im Verlauf des 9. und 10. Jhs. jedoch wieder Eroberungen und politischer Aufstieg. Anfang des 11. Jhs. erreicht Byzanz den Höhepunkt seiner politischen Macht im Mittelalter.

- Z.Zt. des bedeutenden Kaisers Heraklius (610-641), siegreich gegenüber den Persern, fand der monergistische und monotheletische Streit statt. Nach dem Streit um die eine Natur Christi kam es zum Streit um die eine Kraft bzw. einen Willen in Christus. Der wichtigste Theologe dieses Streites: Maximus Confessor (580-662). Seine bedeutende theologische Leistung liegt darin, daß von dem menschlichen und göttlichen Willen in Christus so gesprochen werden konnte, daß sowohl ihre Harmonie wie ihre je eigene Wirkungsart erhalten blieb. In der Unterordnung des menschlichen unter den göttlichen Willen in Christus kommt der menschliche Wille zu seiner eigentlichen Bestimmung. Diese »Zwei-Willen-Lehre« mit der Wiederholung der vier negativen Bestimmungen des Chalcedonense wurde auf dem 6. Ökumenischen Konzil von Konstantinopel 680/81 zum Dogma erhoben.

- Johannes von Damaskus, gest. 749, bedeutender Theologe und Mönch der griechischen Kirche z.Zt. des Bilderstreites. Verteidigung der Bilderverehrung gegen die Bilderstürmer. Hauptwerk: »*Pegé gnóseos*« (Quelle der Erkenntnis), eine systematische Zusammenfassung des orthodoxen Glaubens. Bedeutender Prediger der griechischen Kirche.

- Liturgie und kultische Verehrung des göttlichen Geheimnisses stehen im Zentrum von Theologie und Gottesdienst der griechischen Kirche.

- Die Bilderverehrung hat sich besonders im Mönchtum verbreitet. Der Streit um die Bilder (vor allem im 8. und 9. Jh.) wurde mit Hilfe des christologischen Dogmas von Chalcedon geführt. Die Verteidiger der Bilderverehrung betonten, daß Christus »in« beiden Naturen bestehe, nicht »aus«. Die menschliche Seite Christi war somit abbildbar. Mit ihrem Kampf gegen die Bilderverehrung wollten die Kaiser den politischen Einfluß der Mönche zurückdrängen. Der Kampf für die Bilder wurde von seiten der Mönche und Priester als Kampf gegen die kaiserliche Bevormundung geführt.

- Das Konzil von Nicäa 787 beendete den Bilderstreit mit folgenden Feststellungen: nur Gott gebührt die Anbetung (latreía). Verehrung der Bilder: proskýnesis. Nur das Abbild Gottes ist im Bild gegenwärtig, das nicht mit dem Urbild Gottes identisch ist. Die Bilderverehrung war damit gerechtfertigt. Nach einem noch einmal aufbrechenden Streit im 9. Jh. entschied die Synode von Konstantinopel 843 endgültig zugunsten der Bilder. Seitdem wird alljährlich das Fest der Orthodoxie gefeiert.

- Im 9. und 10. Jh. große missionarische Erfolge der byzantinischen Kirche auf dem Balkan.
863 begann die Mission der Brüder Konstantin und Methodius. Entwicklung einer slawischen Kirchen- und Schriftsprache, Hauptvoraussetzung für die Missionierung der Russen.

- Seit Mitte des 10. Jhs. verschiedentlich Übertritte zum Christentum bei Kiew, im Zentrum des Reiches. 988/89 läßt Großfürst Wladimir sein Volk im Dnjepr taufen. Beginn der nationalen und christlichen Geschichte in Rußland.

- Seit dem Untergang Konstantinopels durch die Türken 1453 wurde Moskau das nationale und kirchliche Zentrum des russischen Reiches.

Literaturhinweise

ANDRESEN, C./ RITTER, A.M., Geschichte des Christentums, 106-126.
BROX, N., Das Papsttum in den ersten drei Jahrhunderten, in: Gestalten der Kirchengeschichte, Das Papsttum I, Stuttgart 1985, 25-42.
CHADWICK, H., Die Kirche in der antiken Welt, 278-289.
FRANK, K.S., Grundzüge der Geschichte der Alten Kirche, 117-140.
HAGE, W., Das Christentum im frühen Mittelalter (Zugänge zur Kirchengeschichte 4) Göttingen 1993, 11-50.
SCHMIDT, K.D., Kirchengeschichte, Göttingen ^{9}1990, 136-139.

IX. Die Christianisierung der Germanen - Germanisierung des Christentums

Einstieg

Der westliche Teil des Imperium Romanum erlebte zwischen dem 5. und 8. Jh. eine tiefgreifende geschichtliche Wandlung. In dieser Zeit der Völkerwanderung, als die germanischen Völker sich auf dem Boden des römischen Reiches ausbreiteten und hier die gesamte politische Ordnung neu gestalteten, verlagert sich der Schauplatz der Geschichte vom Mittelmeerraum in die Gebiete nördlich der Alpen. Durch neue Menschen, neue Räume, neue religiöse, geistige und kulturelle Grundlagen ist dieser Wandlungsprozeß charakterisiert, mit dem das sog. Mittelalter beginnt. Bei der engen Verbindung von politischer Herrschaft und Kirche schon in der Zeit der spätantiken Reichskirche ist es verständlich, daß die Auflösung der politischen Ordnung im Reich, das Hereinströmen und Seßhaftwerden der neuen Völkerschaften auch für das Christentum und seine kirchliche Gestaltung eine epochemachende Bedeutung hatte. Rein geographisch gesehen gewinnt das Christentum viele Gebiete im Norden Europas hinzu, aber im Süden, in Nordafrika und Spanien, übernimmt der Islam alte, bedeutende Kirchenprovinzen.

Während sich die Germanenreiche auf römischem Boden in ihrem Drang zur Eigenständigkeit von der romanischen Bevölkerung abzugrenzen versuchten, war die katholische Reichskirche seit Leo I. eine immer stärker romanisierte Kirche geworden. Bei dem allgemeinen politischen und gesellschaftlichen Auflösungsprozeß kam ihr eine stetig wachsende Bedeutung zu. Die Bischöfe wurden zu Trägern der staatlichen Verwaltung, an die Stelle der staatlichen Behörden traten die kirchlichen. Das entscheidende Einheitsband der Bevölkerung und die eigentliche Autorität war die römisch-katholische Kirche des 5. Jhs. Auch ihr irdischer Reichtum nahm zu, vor allem aber war sie die mit fast überirdischem Glanz versehene Heilsanstalt, in der sich die Schätze der antiken Kultur aufbewahrt hatten.

Von da aus ist es verständlich, daß diese Kirche auf die germanischen Völkerschaften eine erhebliche Anziehungskraft ausübte. Die Hinwendung der Germanen zum Christentum ist dabei in einem Wechselverhältnis zu sehen, d.h. die Christianisierung der Germanen geht mit jenem Vorgang parallel, den man die »Germanisierung des Christentums« genannt hat. Wie das griechische und römische Element die Kirche der ersten Jahrhunderte nachhaltig prägte, so wurden die religiösen, ethischen, rechtlichen und sozialen Vorstellungen und Verhältnisse unter den Germanen für die weitere kirchengeschichtliche Entwicklung sehr bedeutsam.

Grundaspekte

Die sog. Völkerwanderung als Beginn eines neuen Zeitalters

- Seit Beginn des 5. Jhs. dringen ostgermanische Heere in die Mittelmeerländer ein. In Gallien und Britannien besetzen die Westgermanen römisches Gebiet. Anstelle der langsam zerfallenden Staatsordnung im Römerreich entstehen neue germanische Reiche.

- 476 Sturz des letzten weströmischen Kaisers. Das weströmische Reich hört auf zu existieren. Zwei neue Reiche entstehen: Das oströmische Reich und im Westen das Frankenreich.

- Der Schauplatz der Geschichte verlagert sich vom Mittelmeerraum in die Gebiete nördlich der Alpen.

- Im Prozeß des zerfallenden Römerreiches trat die Kirche in vielen Bereichen die staatliche Erbschaft an. Die Folge davon: wachsende Anziehungskraft und erhöhtes Selbstbewußtsein.

- Die Kirche wurde die Übermittlerin der antiken Kultur an die neuen Völkerschaften.

Wulfila und das gotische Christentum

- Die Goten sind der erste ostgermanische Stamm, der sich nach dem Seßhaftwerden dem Christentum insgesamt öffnet. Dieses gotische Christentum wird besonders deutlich in der Gestalt des Wulfila (311-383).

- Von Haus aus mit der griechischen und gotischen Sprache vertraut, betätigte er sich schon frühzeitig als Lektor in einer christlichen Gemeinde.

- Im Jahre 341 wurde er von Euseb von Nikomedien zum Bischof geweiht. Als Missionsbischof wirkte er seitdem unter den Goten.

- Grundlage seiner Missionsarbeit war seine Übersetzung der Bibel ins Gotische. Voraussetzung dazu war die Schaffung einer gotischen Schriftsprache. Christus ist für Wulfila vor allem der Arzt, der Heilende, weniger der große Held und Helfer in der Schlacht wie bei den späteren Germanenführern.

- Unter dem Einfluß des Euseb hat Wulfila eine sog. »homöische Theologie« vertreten: der Sohn ist dem Vater ähnlich gemäß der Schrift. Diese Unterordnung des Sohnes unter den Vater wird auch mit dem Begriff des germanischen Arianismus wiedergegeben. Zu dieser Form des Christentums bekannten sich alle sog. Ostgermanen vom 4.-6. Jh. (die sog. Kleingoten als Gruppe um Wulfila, die Westgoten unter Alarich, die Vandalen, die Sueven und Burgunder und die Ostgoten unter ihrem König Theoderich).

- Warum nahmen diese germanischen Völkerschaften das Christentum in der seit dem 2. Ökumenischen Konzil 381 verworfenen Form auf? Anwort der neueren Forschung: sie wollten gegenüber der romanischen Welt und der katholischen Kirche ihrer Selbständigkeit und ihrem Selbstbewußtsein Ausdruck geben.

König Theoderich und das ostgotische Reich

- Das Ostgotenreich unter König Theoderich war das bedeutendste Germanenreich vor dem Aufstieg der Franken. Die Ostgoten kamen vom Balkan, kurz vor 500 eroberten sie mit ihrem Führer Theoderich Italien. Diese Eroberung geschah im Auftrag des Kaisers in Konstantinopel, wo Theoderich entscheidende Eindrücke empfangen hatte. Sein politisches Ziel war die Erneuerung des weströmischen Reiches.

- Die Herrschaft Theoderichs in Italien (493-526) führte zu kulturellem Aufstieg, wovon verschiedene Bauten, vor allem in der Hauptstadt Ravenna, zeugen (Kirche San Appollinare). Theoderich förderte die ostgotische Kirche homöischen Bekenntnisses, respektierte jedoch auch die katholische Mehrheitskirche in Italien.

- Zur Ausweitung und Sicherung seiner Herrschaft betrieb Theoderich eine intensive Bündnispolitik. Mit den Westgoten in Südgallien und Spanien und mit den Burgundern sowie mit den Vandalen wurden Bündnisse geschlossen; das den Franken angebotene Bündnis schlug jedoch deren König Chlodwig aus.

- Nach dem Tod Theoderichs zerfiel das Reich rasch. In den germanischen Reichen homöischen Bekenntnisses, die um 500 das westliche Mittelmeer umschlossen, ging die Herrschaft meist nur von einer kleinen germanischen Oberschicht aus. Der Drang zur Eigenständigkeit gegenüber der romanischen Bevölkerung im politischen und kirchlichen Sinne ließ die Festigung der Herrschaft auf Dauer nicht zu. Die Folge war der baldige Zerfall dieser germanischen Reiche.

Die Hinwendung des Frankenkönigs Chlodwig zur katholischen Kirche

- Die erste Form der Verbindung von Germanentum und Christentum, der germanische Arianismus, blieb zwar nicht ohne Wirkungen, war aber kirchengeschichtlich nur eine Übergangserscheinung. Erst die Hinwendung der Westgermanen, vor allem der Franken und Angelsachsen, zur römisch-katholischen Kirche, führte zu ganz neuen Verhältnissen und in eine reiche geschichtliche Zukunft.

- Die Anziehungskraft der römisch-katholischen Kirche hatte verschiedene Gründe: In den Umbruchszeiten kam ihr eine stetig wachsende Bedeutung zu, da die kirchliche Organisation im allgemeinen politischen und gesellschaftlichen Auflösungsprozeß fortbestand. Sie war das entscheidende Einheitsband der ansässigen Bevölkerung, die Bischöfe genossen Autorität. In ihrem Kultus und in ihrer Organisation begegnete sie den Germanen als eine selbstbewußte Heilsanstalt, in der sich die Schätze der antiken Kultur aufbewahrt hatten.

- Die zunehmende Bedeutung der katholischen Kirche für die Germanen findet ihren ersten epochemachenden Ausdruck in der Taufe Chlodwigs am Weihnachtstag 498 in Rheims. Chlodwig heiratete die katholische Prinzessin Chrodechilde und ließ seinen ersten Sohn katholisch taufen. Er begriff bald, daß er zur Sicherung seiner Herrschaft in Gallien die römische Kirche berücksichtigen mußte. Die endgültige Entscheidung für das Christentum fiel jedoch später in der Schlacht gegen die Alemannen. Gregor von Tours vergleicht dieses Ereignis in seiner Frankenhistorie (um 590) mit der Hinwendung Konstantins zum Christentum bei der Schlacht an der Milvischen Brücke 312.

- Die weltgeschichtliche Bedeutung dieses Übertrittes liegt darin, daß Chlodwig das Fundament zu dem großfränkischen

Reich legte, indem er mehrere fränkische Stämme unter seiner Herrschaft zusammenfaßte. Seit der Taufe Chlodwigs gelang die Vereinigung von Germanen und Romanen sowohl im nationalen wie im religiösen Sinne. Die Verbindung mit der katholischen Kirche vermittelte den Franken die Kulturgüter der alten Welt: das entstehende fränkische Großreich erhält ein kulturelles Fundament und ein einheitliches Selbstverständnis.

- Nach der Zuwendung Chlodwigs zur katholischen Kirche gaben die anderen Germanenreiche seit dem Ende des 6. Jhs. ihren Arianismus auf und entschieden sich auch zur katholischen Form des Christentums (Westgoten in Spanien, Langobarden in Italien und die Angelsachsen in Britannien).

Die Missionierung der Angelsachsen

- Zwei Einflüsse sind hier bedeutend: die iroschottische Mission und die römische Mission.

- Auf den britischen Inseln entwickelte sich ein eigenständiges katholisches Christentum: die irische Mönchskirche mit einer ausgeprägten Frömmigkeit seit dem 4. Jh., ohne Ämterhierarchie und von Rom unabhängig. Eine andere Art der Osterberechnung, ein anderer Kalender, außerordentlich strenge Zucht, Ausgestaltung des Bußwesens und die aus der griechischen Kirche überlieferte Privatbeichte kennzeichneten die Frömmigkeit dieser Kirche. Aus der »peregrinatio propter Christum« ergab sich ihre lebhafte Missionsarbeit.

- Bei der Missionierung der Angelsachsen im 7. Jh. kamen auch die Impulse hinzu, die von Papst Gregor I. ausgingen. Sie waren stärker auf den organisatorischen Aufbau der Kirche auf den britischen Inseln ausgerichtet. Die innere Frömmigkeit der irischen Mönchskirche und die organisatorische Stärke der römischen Kirche kamen dann in dem bedeutendsten Missionar, der aus dem angelsächsischen Christentum des 8. Jhs. hervorgegangen war, zusammen, in Bonifatius.

- Von der Kultur und dem geistigen Leben des angelsächsischen Christentums gibt der Mönch Beda Venerabilis (gest. 735) Zeugnis in seiner »*Historia ecclesiastica gentis Anglorum*«, eine bedeutende Quelle für das frühe Christentum in England.

Wandlungen der kirchlichen Situation im Zeitalter der Germanenmission

- Die siegreichen germanischen Völker nahmen die Religion der Besiegten nicht an, ohne deren Lebensformen gründlich umzuwandeln und sie tief zu beeinflussen. Die Kirche kommt in den germanischen Herrschaftsgebieten in eine neue soziale Situation. Die Germanen waren Bauern und Grundherren, nicht Städter. Die Folge ist: Schwerpunktverlagerung des kirchlichen Lebens von den Städten auf das Land. Die Kirche wird schon im Frühmittelalter Großgrundbesitzerin und in die feudalen Strukturen der Gesellschaft eingepaßt. Sie wird zur Adelskirche. Die höheren kirchlichen Stellen, vor allem die Bischöfe, werden nur noch mit Adeligen besetzt, niedrigere Positionen blieben Nichtadeligen vorbehalten. Damit tritt eine soziale Zweiteilung des Klerus ein.

- Mit diesem sozialen Wandel hängt die Institution des sog. »germanischen Eigenkirchenwesens« zusammen.
Adelige Grundherren bauten Kirchen und stellten Kleriker an. Ein Grundherr behandelte die Kirche und die in ihr Tätigen wie sein Eigentum. Damit geht der Einfluß der Bischöfe auf die Besetzung der Landpfarreien zurück. Auch die Bischofssitze wurden bald zu Eigenkirchen der fränkischen Könige. Sie beriefen die Reichssynoden ein und entschieden über die Besetzung der Bistümer. Auch Klöster gerieten in Abhängigkeit von adeligen Grundherren.

- Diese enge Verbindung des Geistlichen und Weltlichen entsprach dem germanischen Herrschaftsverständnis. Aber diese Entwicklung in den germanischen Landeskirchen steht in einem Spannungsverhältnis zum Anspruch des Papsttums in der römisch-katholischen Kirche. Es bereitet den großen Kampf zwischen Kaiser und Papst im hohen Mittelalter vor (Investiturstreit).

Wandlungen auf dem Gebiet von Frömmigkeit und Theologie

- Vorstellungen aus der germanischen Religion wirkten bei der Begegnung der Germanen mit dem christlichen Glauben nach: der germanische Mensch steht zur Gottheit in einem Freundschaftsverhältnis. Der Ausdruck dafür ist »fulltrui«. Zwei Wesenszüge der germanischen Religion kommen in diesem fultrui-Verhältnis zum Ausdruck:

1. Der Germane bewahrt sich im Verhältnis zur Gottheit sein Selbstbewußtsein. Durch die Verbindung mit der Gottheit vervollkommnet sich sein Menschentum.
2. Es geht vor allem um die Entsprechung zwischen menschlichem Gottesdienst und göttlicher Hilfe. Das Verhältnis beruht auf Gegenseitigkeit. Wenn die göttliche Hilfe ausbleibt, kann die Enttäuschung riesengroß werden. Der Mensch sieht sich dann dunklen, rätselvollen Schicksalsmächten gegenüber.

- Den auferstandenen, den Tod besiegenden Christus haben die Germanen als Kämpfer gegen Teufel und Dämonen herausgestellt. Er ist der siegreiche Herr über die Schicksalsmächte. Die Erfahrung des Sieges im Kampf im Namen Christi ist das Hauptmotiv für den Übertritt der Germanen zum Christentum.

- Christus als Herr über die lebensfeindlichen Mächte und als Helfer in der Not macht die soteriologische Ausrichtung der Theologie verständlich, die seit der Sünden- und Gnadenlehre Augustins das Grundthema der mittelalterlichen Theologie ist.

- Auch das Institut der Privatbeichte wird auf diesem theologisch-frömmigkeitlichen Hintergrund verständlich. Von der Einführung durch Basilius d.Gr. im griechischen Mönchtum kommt die Privatbeichte über die irischen Mönchsmissionare während des 6. und 7. Jhs. nach England und ins Frankenreich. Es wurde ein wichtiges Seelsorgeinstitut für das ganze Volk, gerade weil hiermit jedem einzelnen die Lossprechung von seiner Sündenlast und die Anweisungen zur Wiedergutmachung zugesprochen wurden.

- Die christliche Frömmigkeit verband sich mit verschiedenen Formen der germanischen Naturfrömmigkeit. Eindrückliches Beispiel hierfür sind die berühmten Externsteine im südlichen Teutoburger Wald.

- Das auf Gegenseitigkeit angelegte Freundschaftsverhältnis des Menschen zu seinem Gott war vor allem auch ein wechselseitiges Rechtsverhältnis: die Treue des Gefolgsmannes und die Milde des Führers. Die Gefolgschaftstreue erweist sich im Halten der Gebote. Die Predigt des Gesetzes und das Verdienstdenken treten damit in den Vordergrund. Bei Treuebruch können bestimmte Bußleistungen miteinander ausgetauscht werden, entsprechend der verschiedenen Leistungen bei einem Vertragsverhältnis. Das Verständnis der Schuld verwandelt sich aus einem persönlichen Verhältnis in eine sachlich-dingliche Angelegenheit.

Die Kirche als Kultur- und Erziehungsinstitution

- Durch die Übertritte ganzer Volksstämme zum Christentum und die späteren Zwangstaufen war die Christianisierung oft nur ein äußerlicher Akt. Die Missionsarbeit begann meist erst nach der Taufe.

- Die Kirche bleibt auch im Zeitalter der Germanenmission eine lateinische Institution. Das Lateinische als Kirchensprache schafft auch eine kulturell-geistige Einheit. Damit erlangt die Kirche in dem Corpus christianum des Mittelalters eine fundamentale Bedeutung. Der lateinische Meßgottesdienst hob den Bereich des Gottesdienstes und der Kleriker weit ab von den Niederungen des einfachen Gemeindelebens. Der Dualismus von Kleriker und Laien prägt die ganze weitere mittelalterliche Kirchengeschichte.

- Die Klöster sind die Zentren der gelehrten Bildung und in den sog. *»Florilegien«* wird das antike Wissen gesammelt. Beispiel hierfür ist das Werk des Erzbischofs Isidor von Sevilla (560-636). In der Zusammenstellung von Auszügen aus antiken Schriftstellern wirkte er bis in die Hochscholastik hinein.

Bonifatius als Missionar und Organisator im Frankenreich

- Am Anfang des 8. Jhs. kommt es zu einer engeren Verbindung zwischen den Angelsachsen und Rom, wobei die intensive Petrusfrömmigkeit im angelsächsischen Christentum eine besondere Rolle spielt. Sie wird vor allem bei Bonifatius deutlich.

- Der angelsächsische Mönch Winfried, genannt Bonifatius (672-754), wirkt seit 716 auf dem Festland als Missionar und vor allem als Organisator der Kirche in den missionierten Gebieten. Seit dem 7. Jh. nahm das Geschlecht der Karolinger im Frankenreich einen politischen Aufstieg. Karl Martell (714-741) schlug die Araber 732 entscheidend. Das Christentum konnte sich damit im Frankenreich festigen.

- Vor der Wirksamkeit des Bonifatius waren hier neben den Resten des Christentums aus der Römerzeit die Aktivitäten aus dem irischen Mönchtum wichtig. Kilian wirkte in Würzburg, Emmeram in Regensburg (um 700), Corbinian, der Stifter des

Klosters Freising (um 725). Bei den Alemannen wirkte Columban und Gallus, der Stifter von St. Gallen. Das Wirken dieser iroschottischen Mönche galt vor allem dem Frömmigkeitsleben, nicht der Organisation.

- Bonifatius dagegen war nicht nur Missionar, sondern vor allem kirchlicher Organisator. Zwei Elemente bestimmen sein Wirken:
1. Die enge Bindung an Rom und das Papsttum und
2. die Verbindung von antiker Kultur und christlicher Frömmigkeit, womit er die Voraussetzungen für die sog. »Karolingische Renaissance« und das Wirken Karls d.Gr. schuf.

- Nach einer erfolglosen Mission unter den Friesen (716) erteilte Papst Gregor II. Bonifatius den Auftrag zur Mission unter den Völkern Germaniens. Auf einer zweiten Romreise leistete er dem Papst Gehorsamseid und war von 723-732 als kirchlicher Organisator besonders in Hessen und Thüringen tätig. Gregor III. verlieh ihm auf einer dritten Romreise (732) die Würde eines Erzbischofs. Damit war er berechtigt, Bistümer zu errichten bzw. zu reorganisieren. So wurden u.a. Salzburg, Regensburg, Freising und Passau neu geordnet, auch das Bistum Eichstätt entstand in dieser Zeit.

Nach dem Tode Karl Martells haben seine Söhne Karlmann und Pippin die Bedeutung dieser kirchenorganisatorischen Tätigkeit des Bonifatius erkannt. Pippin wurde 751 von den Franken zum König erhoben. Zuletzt lebte Bonifatius im Bistum Mainz, war besonders mit dem von ihm gegründeten Kloster in Fulda verbunden, wo er im Dom begraben liegt. Bei einer nochmaligen Mission unter den Friesen wurde er 754 erschlagen.

- 754 kam es zu einem bedeutenden Bündnis zwischen Papst Stephan II. und Pippin: der sog. Pakt von Quierzy.
1. Der Papst ernennt Pippin zum Schutzherrn über Rom (»patricius Romanorum«, gegen die Langobarden).
2. Der Papst erhält bestimmte italienische Gebiete, wird damit Landesherr in Italien. Mit dieser sog. Pippinschen Schenkung wurde der Grund zum Kirchenstaat gelegt.
3. Der König erhält als eigentliche königliche Würde die päpstliche Salbung. Damit bekommt das fränkische Königtum eine neue sakramentale Legitimation.

Dieser Vertrag zwischen Rom und dem fränkischen König Pippin ist epochemachend für die ganze weitere mittelalterliche Kirchengeschichte. Der Papst als Herr des Kirchenstaates erlangt Unabhängigkeit gegenüber der weltlichen Herrschaft. Der Aufstieg des Papsttums im Mittelalter ist von hier aus folgerichtig. Und auch das Königtum bekam nun die für das ganze Mittelalter charakteristische kirchliche Weihe.

- In dieser Zeit entstand auch noch eine andere »Schenkung«: die sog. Konstantinische Schenkung (»Donatio Constantini«). Nach ihr soll schon Kaiser Konstantin dem damaligen Papst vielerlei kirchliche Würden und Rechte übertragen haben, schließlich das ganze weströmische Reich. Damit sollte die weltliche Herrschaft des Papstes begründet werden. Im Humanismus wurde dieses päpstliche Dokument als Fälschung erkannt (Laurentius Valla).

Literaturhinweise

HAENDLER, G., Die abendländische Kirche, 28-40.
DERS., Die lateinische Kirche im Zeitalter der Karolinger, (Kirchengeschichte in Einzeldarstellungen I/7), Berlin 1985, 48-67.
MOELLER, B., Geschichte des Christentums, 128-143.
SCHMIDT, K.D., Kirchengeschichte, 153-183.

X. Papsttum und Kaisertum im Früh- und Hochmittelalter

Einstieg

Für die mittelalterliche Geschichte ist die Herrschaftszeit Karls d.Gr. von herausragender Bedeutung. Reich und Kirche sind zu einer tiefen Einheit zusammengewachsen, so wie es sich später im Mittelalter nicht mehr wiederholen sollte.

Karl fühlte sich unmittelbar Gott gegenüber verantwortlich. Er verstand sich als den eigentlichen Herrn der Christenheit. Weder der byzantinische Kaiser noch der Papst konnten ihm gleichwertig sein. Als Bewahrer der apostolischen Tradition der Christenheit und als Symbol der Einheit hat Karl den Papst durchaus hoch geachtet. Aber die Kirche seines Reiches leitete er im Bewußtsein eines Auftrages von Gott selbst.

Nach dem Tod Karls d.Gr. zerfiel das Karolingerreich sehr rasch. Ludwig der Fromme, (814-840) der Sohn Karls, und seine Söhne konnten die Zentralgewalt nicht mehr halten. Adel und Bischöfe wurden immer mächtiger, der wirtschaftliche Niedergang folgte dem politischen.

Was sollte aus der Kirche werden, die zur Zeit Karls so fest mit dem Reich verwachsen war? Sollte sie nicht inmitten der politischen und wirtschaftlichen Auflösungserscheinungen der Hort der Einheit bleiben? In dieser Zeit des äußeren Zerfalls des Reiches wuchs das kirchliche Selbstgefühl und es entwickelte sich bei den führenden Bischöfen in der westfränkischen Kirche eine ausgesprochen hierarchische Strömung.

Um 900 setzt im Osten des fränkischen Reiches eine Entwicklung ein, die den Höhepunkt der mittelalterlichen Geschichte und Kirchengeschichte einleitet, die Epoche des Hochmittelalters (ca. 900-1300). Über den verschiedenen Stammesherzogtümern kommt es bei den Sachsen zu einer nationalen Staatsbildung und Königserhebung. Mit Heinrich I. (919-936) beginnt die Zeit der sog. Ottonen.

Besondere Bedeutung erlangt die Regierungszeit Ottos d.Gr., vor allem im Inneren seiner Herrschaft. Im Kampf mit den partikularen Gewalten stützte er sich auf die Kirche. Seit Otto hatte das Kaisertum bis zur Mitte des 11. Jhs. über das Papsttum dominiert. Aber durch seine Bemühungen, das Papsttum sittlich zu heben und zu fördern, wirkte es beim Aufstieg des großen Gegners mächtig mit.

Der Aufstieg des Papsttums hängt zudem mit einer mönchischen Reformbewegung zusammen, die in dem burgundischen Kloster Cluny im 10. Jh. ihren Ausgang genommen hatte. Bei Leo IX. und Gregor VII. kommt das Papsttum zu immer größerem Gewicht gegenüber dem Kaisertum, was besonders im Investiturstreit deutlich wird.

Die Zeit Gregors VII., die zweite Hälfte des 11. Jhs., stellt einen Höhepunkt in der Machtentfaltung der Kirche und ihres Einflusses auf praktisch allen Gebieten des Lebens dar. Daß es am Ende des 11. Jhs. zur Kreuzzugsbewegung kam, jenem eigenartigen Phänomen, das die mittelalterliche Geschichte so wesentlich kennzeichnet, hat in diesem enorm gesteigerten kirchlichen Selbstbewußtsein einen wichtigen Grund.

Mit dem Staufenkaiser Friedrich I., genannt Barbarossa, setzt ein neuer Aufschwung des Imperiums ein. Die politische Macht wollte sich nicht mehr wie zuvor einfach von der Papstkirche leiten lassen. In seinem Selbstbewußtsein lenkte Friedrich auf die römische Kaiserzeit zurück.

Die Regierungszeit Barbarossas war insgesamt eine Glanzzeit des Kaisertums, besonders auch in den wenigen Jahren der Regierung seines Sohnes, Heinrich VI. (1190-1197). Durch seinen frühen Tod wandelte sich das Verhältnis von Kaisertum und Papsttum grundlegend. Mit Innocenz III. kommt das Papsttum auf den Gipfel seiner Macht. Der Papst war zu dieser Zeit wirklich der Mittelpunkt der europäischen Politik. Das große Ringen zwischen Papsttum und Kaisertum im Mittelalter ging zugunsten des Papsttums aus. Aber es war ein Gipfel, dem rasch der Wendepunkt, d.h. der Abstieg und der Niedergang folgten.

Grundaspekte

Das Frankenreich unter der Herrschaft Karls d.Gr. (768-814)

- Karl d.Gr. baute das Frankenreich zu einem europäischen Großreich aus, zum größten Herrschaftsgebiet, das im Mittelalter im Abendland errichtet worden ist. Außer Frankreich und dem mittleren Deutschland gehörten Ober- und Mittelitalien und große Teile Spaniens zu diesem Reich. Bayern, Kärnten und weite Gebiete der Sachsen wurden in das Frankenreich eingegliedert. Auch die noch heidnischen Stämme der Friesen, die Sachsen und die Slawen in Mittel- und Osteuropa sowie die Avaren wurden durch Karl gewaltsam dem Christentum zugeführt.

- Das Ziel der Eroberungspolitik Karls war die Erweiterung des Herrschaftsgebietes und die Missionierung der unterworfenen Völkerschaften. Die Schwertmission erscheint im Zeitalter Karls als erlaubt, ja geboten. Das ist eine neue Erscheinung, die den mittelalterlichen Kreuzzugsgedanken vorbereitet.

- Die Eroberungspolitik Karls muß von seiner universalen Herrschaftsidee verstanden werden. Sein Selbstverständnis war das eines theokratischen Königs, der sich unmittelbar Gott gegenüber verantwortlich wußte. Er verstand sich als defensor et rector ecclesiae.

- Die gewaltsame Missionierung zeigt sich besonders bei den Sachsen. Dieser germanische Stamm hatte seine Eigenständigkeit am längsten erhalten und wehrte sich entschieden gegen die Übernahme des Christentums. Seit 772 kam es zu den Sachsenkriegen und ab 776 zu großen Massentaufen. Erst danach setzte unter Widukind der heftigste Widerstand gegen die Franken ein (Schlacht bei Verden an der Aller 782). Widukind schloß 785 mit den Franken Frieden, danach kam es zu erneuten schweren Aufständen gegen die Frankenherrschaft. Das letzte Gewaltmittel der Franken war die Deportation von Tausenden von Sachsen in das Frankenreich. Am Anfang des 9. Jhs. waren die Sachsen praktisch unterworfen.

- Im sächsischen Gebiet wurden die Bistümer Bremen, Verden, Minden, Münster, Paderborn und Osnabrück errichtet.

Die sog. »Karolingische Renaissance«

- Zur Zeit Karls kam es zu einem großen Aufschwung des kirchlichen und kulturell-geistigen Lebens. Im Herrschaftsbewußtsein eines römischen Kaisers wollte Karl die Grundlagen der antiken Kultur in seinem Reich erneuern.

- Karl berief bedeutende Gelehrte an seinen Hof und baute planmäßig eine Hofschule in Aachen auf. Berühmt sind folgende Gelehrte, die meist von außen kamen: Alkuin, ein Angelsachse, Ratgeber Karls und Leiter der Hofschule. Paulus Diakonus, ein Langobarde und Benediktinermönch aus Monte Cassino. Er schrieb die *»Historia Langobardorum«*. Aus dem Maingau stammte Einhard, er schrieb die wichtigste Quelle für das Wirken Karls: *»Vita caroli magni«*.

- Karl schuf die Grundlagen für die kirchliche Kultur des Mittelalters, z.B. mit der gezielten wirtschaftlichen Förderung der Klöster, so daß sie bedeutende kulturelle und geistige Zentren wurden. Gesetzliche Anerkennung des. sog. »Zehnten«.

- Neben vielen kleinen frühromanischen Dorfkirchen (Landpfarramt!) ist der bedeutendste Kirchenbau Karls das Aachener Münster.

- Nicht nur für das Leben der Kirche, sondern auch für ihre Lehre fühlte sich Karl verantwortlich. In folgende Lehrstreitigkeiten hat Karl eingegriffen:
a) Streit über die Bilderverehrung (Synode in Frankfurt a.M. 794, die sich gegen die Beschlüsse zugunsten der Bilderverehrung auf dem 7. Ökumenischen Konzil von Nicäa 787 wand-

te). Gegen die Bilderverehrung ließ Karl die sog. »Libri Carolini« verfassen. Verfasser vermutlich Alkuin.
b) Im Streit um das sog. »filioque« hat sich Karl entschieden für diesen Zusatz im Glaubensbekenntnis ausgesprochen (Synode in Aachen 809). Papst Leo III. hat dies abgelehnt. Erst am Anfang des 11. Jhs. kam dieser Zusatz in den römischen Kultus.
c) Im sog. Adoptianischen Streit hat die fränkische Kirche unter Karl auf das Dogma von der Zwei-Naturen-Lehre von 451 in Chalcedon zurückgegriffen. Der Traditionalismus ist Kennzeichen der Zeit.

- Das Wirken Karls kommt Weihnachten 800 bei seiner Krönung in Rom durch Papst Leo III. zum Höhepunkt. In der Forschung ist dieser Akt immer wieder debattiert worden. Es besteht heute Einigkeit darüber, daß Karl die Kaiserwürde selbst angestrebt hat. Mit dieser Kaiserkrönung Karls war neben dem längst installierten Papsttum die Macht des Kaisertums wiedererstanden. Daß der Papst den Kaiser salbte, war für die weitere Zeit bedeutsam. In der Regierungszeit Karls war jedoch der Kaiser der eigentliche Herr von Kirche und Reich.

Der Zerfall des Karolingerreiches

- 843 Vertrag von Verdun: die Reichseinheit zerfiel in die Länder Frankreich, Italien und Deutschland. Von Norden drangen die Normannen (Wikinger), vom Süden die Sarazenen, vom Osten die Ungarn ein.

- In der Erzdiözese Rheims unter Erzbischof Hinkmar kommt es in der Mitte des 9. Jhs. zu den sog. pseudo-isidorischen Dekretalen. Eine Sammlung von echten und unechten kirchenrechtlichen Schriften, die der Macht und Unabhängigkeit der Bischöfe von der staatlichen Gewalt dienten. Mit diesen Dokumenten war ein Programm zur Stärkung der kirchlichen Macht des Papstes aufgestellt, denen die Bischöfe unmittelbar untergeordnet sind.

- Papst Nikolaus I. (858-867) vertrat das absolute Recht des Papsttums in der Kirche auf der Grundlage dieses Programms. Nach seinem Tod Niedergang des Papsttums und Verstrickung in die politischen Machtkämpfe des italienischen Adels.

- In der zweiten Hälfte des 9. Jhs. Aufschwung der byzantinischen Kirche und ihrer Mission unter den Slawen: seit ca. 863

missionierten Methodius und Konstantin (Kyrill). Die Streitigkeiten mit Rom um die Slawenmission führten 867 zu einem Schisma zwischen der lateinischen und griechischen Kirche.

- Die westliche Kirche hatte im Norden nur einen bescheidenen Missionserfolg: Ansgar (801-865) wurde der Apostel des skandinavischen Nordens. 831 entstand das Erzbistum Hamburg.

- Im Mönchtum kam es unter Benedikt von Aniane (gest. 821) zu einer ersten Reformbewegung, die auf die allgemeine Durchführung der Benediktinerregeln achtete.

Das ostfränkische Reich unter Otto d.Gr. (936-972)

- Mit Heinrich I. (919-936) beginnt die Zeit der sog. Ottonen. Sein Sohn Otto I. (936-972) errichtet eine neue politische Zentralgewalt nach dem Niedergang des Karolingerreiches, das Ostfränkische Reich.

- Politische Eroberung und Missionierung gingen bei Otto wie im Zeitalter Karls Hand in Hand. Unter seiner Regierung wurde die Elbgrenze überschritten und es begann die Eroberung und Missionierung des Ostens. Die Schlacht auf dem Lechfeld (955) hielt für zwei Generationen die andrängenden Ungarn zurück. Mit der Gründung und Ausstattung des Erzbistums Magdeburg war ein Missionszentrum für den Osten errichtet.

- Die Bedeutung Ottos d.Gr. liegt besonders im Inneren seiner Herrschaft.

- Im Kampf mit den partikularen Gewalten stützte er sein Königtum auf die hohen Amtsträger der Kirche, auf die Bischöfe und Äbte der großen Klöster. Er gab ihnen besondere Vorrechte und vermehrte ihren Besitz, vor allem erhob er sie zu Territorialherren, so daß in ihrer Person weltliche und geistliche Macht vereint waren. Diese enge Verbindung zwischen Kirche und königlicher Herrschaft seit Otto nennt man das sog. »Ottonische Reichskirchensystem« oder »geistliches Fürstentum«.

- Otto verstand die Kirche als seine Landeskirche, in der er selbst Bistümer und Abteien besetzte. Er empfing von Bischöfen und Reichsäbten den Lehenseid und verlieh ihnen als Zeichen der Übertragung des Bistums den bischöflichen Stab. Damit ist jene Problematik geschaffen, um die es im Kampf zwischen Kaiser und Papst im Mittelalter vor allem gehen sollte: darf ein weltlicher Fürst ein geistliches Amt verleihen? (Investitur).

- Zwischen dem Bischof und dem Pfarramt bildete sich ein neues Amt: das sog. Archidiakonat, das wesentlich kirchliche Rechte des Bischofs ausführte.

- Otto hatte ein hohes Bewußtsein seiner geistlichen Würde und sakralen Sendung. Der König verstand sich nicht als Laie, sondern als »Mittler« zwischen Klerus und Volk.

- Am 2. Februar 962 empfing Otto die Krone Karls d.Gr. in der Peterskirche in Rom aus der Hand Papst Johannes XII. Die Kaiserkrönung Ottos I. ist ein bedeutendes Datum in der mittelalterlichen Geschichte, weil damit das Imperium erneuert und zugleich auch das Papsttum wieder aufgerichtet war. Von nun an wurde es selbstverständlich, daß der Papst es sein mußte, der den Kaiser krönt. Das Kaisertum wurde zu einer Art kirchlicher Würde, zugleich an das deutsche Königtum gebunden.

Voraussetzungen für den Aufstieg des Papsttums im 11. Jh.

- Im 10. Jh. wurde nicht nur das Reich Karls d.Gr. in verminderter Form durch Otto wieder erneuert. Im Norden, Osten und Südosten formierten sich die Nationen der Polen, Ungarn und Böhmen, deren Kirchenorganisation sich nach Rom orientierte. Im weiteren Osten steht die russische Kirche im Einflußgebiet von Byzanz. Das aufsteigende Papsttum war nicht auf das Reich Ottos und seiner Nachfolger angewiesen. Im 11. Jh. wurden auch Dänemark, Norwegen und Island christianisiert, im 12. Jh. Schweden.

- Die cluniazensische Reformbewegung führt zu einer grundlegenden Wende in der Geschichte des Papst- und Kaisertums. Seit Otto dominiert das Kaisertum bis zur Mitte des 11. Jhs. über das Papsttum. Durch die Bemühungen, es sittlich zu heben und zu fördern, wirkte es beim Aufstieg des großen Gegners mächtig mit. Die Impulse zu dieser Förderung kamen aus der mönchischen Reformbewegung. Das Kloster Cluny wurde 910 in Burgund von Herzog Wilhelm von Aquitanien gegründet. Sein bedeutendster Abt war im 10. Jh. Odo. Strenge Beachtung der Benediktinerregeln und die Befreiung der Klöster von der

Obergewalt der Bischöfe standen im Mittelpunkt der Reformbewegung im 10. Jh.

Die cluniazensische Reform im 11. Jh.

- Die mönchischen Reformgedanken kamen schließlich in den Klerus und an die Kurie nach Rom. Sie entwickelten sich zu kirchenpolitischen Zielen, d.h. zu einer Reform der Kirche. Gegen zwei Erscheinungen richtete sich die Reformbewegung:
1. Gegen die sog. Simonie
Ursprüngliche Bedeutung: Verkauf der priesterlichen Ordination (nach Apg 8,18-24), später verstand man darunter überhaupt die Übertragung einer kirchlichen Stelle gegen Geldzahlung. Hier konnten auch Laien tätig werden. Auf die sog. Laieninvestitur zielte schließlich die ganze Kritik.
2. Gegen den sog. Nikolaitismus
Damit war das eheliche Leben der Kleriker gemeint oder auch das Leben im Konkubinat. Es sollte einer strengeren Zucht im Klerus weichen.

Heinrich III. und der Aufstieg des Papsttums

- Die beiden Nachfolger Ottos d.Gr. setzten die theokratische, auf universale Herrschaft ausgerichtete Politik fort. Sie sind jedoch längst nicht so bedeutend wie Otto d.Gr. Erst mit Heinrich II. (1002-1024, Gründung des Bistums Bamberg 1007), vor allem mit Heinrich III. (1039-1056) kommt das Kaisertum auf den Gipfel seiner Macht. Heinrich III., der Fromme, stand unmittelbar in Beziehung zur cluniazensischen Reformbewegung. Auf der Synode von Sutri (1046) hat er drei gleichzeitig regierende, der Simonie verfallene Päpste abgesetzt und einen deutschen Bischof zum Papst ernannt (Suidger von Bamberg, Papstname Clemens II.). Mit diesem Papst Clemens II. beginnt der Aufstieg des Papsttums, den das deutsche Königtum mit Hilfe des Reformgedankens veranlaßt hat.

- Unter den von Heinrich ernannten Päpsten wurde vor allem Leo IX. (1048-1054) bedeutsam. Mit diesem Papst kam der Geist der mönchischen Reform in das Papsttum, das immer mehr erstarkte, indem es die Reform der ganzen Kirche betrieb. Leo IX. hat regelmäßig Synoden eingeführt, auf denen die Simonie und die Priesterehe verurteilt wurden. Er bereiste verschiedene Länder und machte überall den päpstlichen Einfluß geltend. In Rom legte er die Grundlage für das Kardinalskollegium, eine Art herausgehobenem Klerikerstand. Zwei Männer wurden in diesen Kreis aufgenommen, die für die weitere Entwicklung im Papsttum besonders wichtig sind: der Mönch Humbert, später Kardinalbischof von Silva Candida sowie der Cluniazensermönch Hildebrand, der spätere Papst Gregor VII.

- Das erstarkte Papsttum kam noch unter Leo IX. in einen schweren Konflikt mit Byzanz. Der Patriarch von Konstantinopel, Michael Cerularius, wollte sich dem Primatsanspruch des Papstes nicht beugen. Weitere Streitpunkte: Slawenmission und das sog. »filioque«. Mit der gegenseitigen Exkommunikation kam es 1054 zum Bruch zwischen der lateinisch-abendländischen und griechisch-orientalischen Kirche.

Der Investiturstreit (1057-1122)

- Das Startzeichen für den Investiturstreit gab Humbert 1057 mit seinen drei Büchern gegen die Simonie (*»Adversus simoniacos«*). Simonie bedeutete jetzt jede Teilnahme eines Laien an der Übertragung kirchlicher Ämter, also die Laieninvestitur. Die Insignien des Bischofsamtes, Stab und Ring, kann nur der übergeben, der selbst in diesem Amte steht, an das ja der Geist gebunden ist. Keine weltliche Gewalt kann und darf sich hier einmischen. In Anlehnung an Augustin und die Donatio Constantini hat Humbert die Überordnung der geistlichen über die weltliche Gewalt im Bild von Leib und Seele zum Ausdruck gebracht.

- 1059 wurde auf einer römischen Synode das sog. Papstwahldekret erlassen, nachdem nicht mehr der deutsche König das Recht hatte, einen Wahlvorschlag einzubringen, sondern nur noch die Kardinalbischöfe.

- Der Mönch Hildebrand setzte als Papst Gregor VII. (1073-1085) diese Gedanken Humberts in die Tat um. Weltabkehr und Weltbeherrschung sind bei diesem bedeutenden Papst des Mittelalters aufs tiefste verbunden. Strengste Beachtung des Priesterzölibats und die Ausrottung der Simonie dienten dem einen Ziel, die libertas ecclesiae zu erkämpfen. Seine Anschauungen sind im sog. *»Dictatus Papae«* zusammengefaßt. Die allein dem Papst zukommende kirchliche Richtergewalt gründete er auf Mt 16,18f., auf Augustins *»De civitate Dei«*, auf die Ansprüche Gregors I. und Nikolaus I. Der Papst ist aber auch Herr der Welt. Das Verhältnis der weltlichen und geistlichen Gewalt gestaltet sich wie das der Seele zum Leib und wie der Sonne zum Mond.

- Gregor VII. steht Heinrich IV. (1056-1106) gegenüber. Zunächst ging es in diesem Kampf des Papstes mit dem deutschen Königtum um das Verbot der Laieninvestitur, schließlich um die politische Oberherrschaft der Kirche in der Welt.

- Anlaß für den Investiturstreit war die Besetzung des Bistums in Mailand. Nach der Exkommunikation Heinrichs durch Gregor 1076 kam es zur Szene von Canossa im Januar 1077. Der büßende König erlangte schließlich durch Gregor VII. die Aufhebung des Bannes. In der Geschichte des deutschen Königtums stellt Canossa 1077 eine tiefe Demütigung dar.

- Nach der Wiedererstarkung Heinrichs und dem Tod Gregors VII. ging der Kampf um die Investitur weiter. Das geistliche Amt wurde immer mehr als ein rein priesterliches verstanden, in das nicht mehr die Herrscher, sondern nur die Kirche einführen könne.

- Im Wormser Konkordat (1122) haben Heinrich V. und Calixt II. den Investiturstreit mit einem Kompromiß beendet: der König verzichtete auf die Investitur mit Ring und Stab, ihm blieb die Investitur mit dem Zepter vorbehalten, die vor der Weihe stattfand. Nach dem Wormser Konkordat war es dem deutschen König jedoch immer noch möglich, einen bereits gewählten Bischof durch Verweigerung der Annahme der Investitur vom Episkopat auszuschließen.

Die Kreuzzugsbewegung (1095-1270)

1. Geschichtliche Hintergründe und Kreuzzugsidee

- In der zweiten Hälfte des 11. Jhs. erlebte das byzantinische Reich eine tiefe Krise und schwere Zusammenbrüche. Die Seldschuken drangen in Kleinasien ein; Syrien und Palästina wurden Schauplätze schwerster Kämpfe. Der Islam eroberte die alten christlichen Gebiete in Palästina und Syrien wie am Anfang des 7. Jhs.

- Der neue byzantinische Kaiser Alexios I. Komnenos (1081-1118) bittet den Papst um Hilfe. Der Hilferuf aus dem Osten fand in der westlichen Kirche ein begeistertes Echo. Die Kreuzzugsbewegung hat in dem enorm gesteigerten kirchlichen Selbstbewußtsein zur Zeit Gregors VII. einen wichtigen Grund.

- Die heiligen Stätten sollten aus den Händen der Ungläubigen entrissen werden. Das seit der Alten Kirche bekannte Pilger- und Wallfahrtswesen verband sich mit dem Gedanken der gewaltsamen Mission seit Karl d.Gr. und dem seit dem 9./10. Jh. wachsenden positiven Verhältnis der Kirche zu kriegerischen Auseinandersetzungen (in der Gottesfriedensbewegung in Südfrankreich kam es zur Überwindung des Fehdewesens; der Unfriede galt als religiöses Delikt, während der Friede ein Gottesfriede - pax Dei - sei, der aber zu seiner Durchsetzung und Erhaltung einer kriegerischen Ordnung bedarf. Daraus entwickelt sich das eigene Standesethos des »christlichen Ritters«).

- Weitere Motive für die Kreuzzugsidee: Versprechen der Vergebung aller Sünden, religiöse Sehnsucht, wirtschaftliche und politische Expansionsbestrebungen, Abenteurerlust, Flucht aus bedrängten Verhältnissen und phantastische Vorstellungen vom Orient.

2. Die Kreuzzüge und ihre Folgen für die westliche Kirche

- Papst Urban II. ruft auf der Synode von Clermont 1095 zum ersten Kreuzzug auf (1096-1099). Kämpfe um Antiochia 1098 und Eroberung Jerusalems 1099. Hier wie anderen Orts hinterließ das Kreuzzugsheer blutige Spuren. Errichtung von geistlichen Königtümern, sog. Kreuzfahrerstaaten. Schon bald nach ihrer Gründung wurden sie durch die verschiedensten Gegensätze aufgerieben.

- 50 Jahre danach kam es unter Führung Bernhards von Clairvaux (1090-1153) zum 2. Kreuzzug (1147-1149). Er wurde von dem französischen König Ludwig VII. und dem deutschen Konrad III. geleitet. Große Ernüchterung im Abendland durch das totale Scheitern dieses Kreuzzuges.

- Der 3. Kreuzzug (1189-1192) war durch die Eroberung Jerusalems durch den Sultan von Ägypten veranlaßt. An ihm nahmen Kaiser Friedrich Barbarossa, König Philipp II. von Frankreich und König Richard Löwenherz von England teil.

- Zur Zeit Innocenz III. fand der 4. Kreuzzug statt (1202-1204), Eroberung Konstantinopels und Errichtung des lateinischen Kaisertums (1204-1261). Für kurze Zeit ist der Papst wieder Herr der ganzen Kirche von West und Ost.

- Unter Friedrich II. kam es zum 6. Kreuzzug (1228-29). Der

unter dem Bann stehende Kaiser krönte sich selbst zum König von Jerusalem.

- 1244 fällt Jerusalem endgültig in die Hände der Türken.

- Die wichtigsten Folgen der Kreuzzüge sind: Begegnung der westlichen Länder mit der hochstehenden Kultur der Araber und Byzantiner. Erheblicher Aufschwung des Handels in den Städten Frankreichs und Italiens; die Stellung des Bürgertums gegenüber Adel und Klerus wird immer bedeutsamer. Durch die Ritterorden kommt der Adel in den Dienst der Kirche; die Kreuzzüge fördern das Reliquien- und Ablaßwesen; die Passionsfrömmigkeit findet Anschauungsmöglichkeiten in Palästina (Bernhard von Clairvaux). Durch den wachsenden Geldbedarf der Kurie wegen der Kreuzzüge wächst die Kritik an der Kirche: Arnold von Brescia ruft die Kirche in der Mitte des 12. Jhs. zur apostolischen Armut zurück. Es wird der Grundgedanke der kirchlichen Opposition der folgenden Jahrhunderte. Durch die Begegnung mit der außerchristlichen Kultur verlor die Kirche ihre unumschränkte Alleingeltung. Die während der Kreuzzüge auftretenden nationalen Spannungen schärften das nationale Bewußtsein unter den Völkern Europas.

Die Regierung Kaiser Friedrichs I., »Barbarossa« (1152-1190)

- Mit diesem Kaiser setzt ein neuer Aufschwung des Imperiums ein. In seinem Selbstbewußtsein lenkte Friedrich auf die römische Kaiserzeit zurück. Erneuerung der alten Rechte der Krone in einer neuen Kaiserideologie.

- Als an der Kurie in Rom wieder mächtige Päpste regierten wie Hadrian IV. (1154-1159) und vor allem Alexander III. (1159-1181) kam es zum dramatischen Kampf zwischen Kaiser und Papst um die Weltherrschaft. Zunächst war das Papsttum geschwächt, auf den Tod Hadrians IV. folgte ein jahrzehntelanges Schisma. Gegen den von der Mehrheit gewählten Alexander III. stellte die kaiserliche Partei in Viktor IV. einen Gegenpapst auf. Alexander verhängte über Barbarossa 1160 den Bann. Erst im Frieden von Venedig 1177 ließ Barbarossa den Gegenpapst fallen und erkannte Alexander III. an. Durch die geschickte Diplomatie war die Regierungszeit Barbarossas insgesamt eine Glanzzeit des Kaisertums. Auf dem 3. Kreuzzug ist Barbarossa in den Wellen des Salev-Flusses in Kleinasien ertrunken.

- Mit seinem Sohn Heinrich VI. (1190-1197) schien das Weltreich der Staufer Wirklichkeit zu werden. Durch die Erbschaft Siziliens (Heinrich heiratete Konstanze von Sizilien) war das Papsttum vom Süden und Norden durch die kaiserliche Herrschaft umklammert. Doch der Kaiser stirbt mit 32 Jahren. In Deutschland brechen Thronwirren aus, und es beginnt das Pontifikat Innocenz III. (1198-1216).

Papst Innocenz III. (1198-1216)

- Unter ihm ist das Papsttum auf der Höhe seiner Macht; er faßt alle Herrschaftsansprüche seiner Vorgänger Gregors VII. und Nikolaus I. zusammen. Der Papst ist Vicarius Christi und seine Autorität beruht auf der priesterlichen Vollmacht des Bindens und Lösens. Das gilt auch für die Sünden der Fürsten und Könige. Der Papst hat das Kaisertum aus der alten Zeit hinübergeführt (translatio imperii) und in seiner Hand sind die beiden Schwerter vereint (nach Lk 22,38). Alle weltlichen Herrscher sind nur Lehensträger des Papstes.

- Innocenz III. war ein ausgesprochen politischer Papst. Zu Beginn seines Pontifikates ist er mit einer theologischen Schrift hervorgetreten: »*De contemptu mundi*«. Weltverachtung und Weltbeherrschung sind auch in Innocenz zutiefst miteinander vereint.

- Innocenz bringt zunächst den Welfen Otto IV. auf den Kaiserthron (1209), nachdem ihm dieser die Herrschaft über die deutsche Kirche zugesichert hatte. Als Kaiser schließt Otto jedoch ein Bündnis gegen den Papst. Innocenz ernennt Friedrich II. zum Kaiser. Friedrich muß dem Papst öffentlich den Treueeid schwören und Verzichtsleistungen zusagen.

- Der Höhepunkt der mittelalterlichen Papstmacht zeigt sich auf dem IV. Laterankonzil von 1215. Die neuen Ordensgründungen müssen päpstlich bestätigt werden. Neue Bestimmungen über die Inquisition wurden erlassen: die Bischöfe können nun auch die weltliche Gewalt zu diesem Zwecke einsetzen. Alle Laien sollten mindestens einmal im Jahr zur Osterzeit an der Eucharistie teilnehmen. Vorher sollten sie die Ohrenbeichte ablegen. Der sakramentale Charakter der mittelalterlichen Kirche zeigt sich besonders im Dogma von der sog. **Transsubstantiation** (Substantielle Wandlung von Brot und Wein in Leib und Blut Christi. Folge: Entzug des Laienkelches). Es ist das einzige Dogma, das im Mittelalter unter Innocenz III. verkündet wurde.

Friedrich II. (1215-1250) und der schließliche Sieg des Papsttums über das Kaisertum

- Mit Friedrich II., dem Sohn Heinrichs VI., kam der letzte glanzvolle staufische Kaiser auf den Thron. In seinem Selbstbewußtsein hat sich Friedrich geradezu eine gottähnliche Stellung zugeschrieben. Ihm gegenüber stehen die Nachfolger von Innocenz III.: Gregor IX. und Innocenz IV., die alle weltliche Herrschaft als Papstlehen verstehen. Der mehrmalige Bannstrahl aus Rom konnte Friedrich II. in seinem Selbstbewußtsein und seiner geschickten Politik nichts mehr anhaben. Auf dem Konzil von Lyon (1245) wurde der Kaiser für abgesetzt erklärt. In Deutschland wird ein Gegenkönig ernannt, aber Friedrich II. starb 1250 unbesiegt. Die Streitschriften Friedrichs gegen den Papst und sein Selbstbewußtsein kündigen ein neues Zeitalter an: Anerkennung der geistlichen Autorität des Papstes, aber Ablehnung seiner Machtpolitik.

- Mit der Hinrichtung des letzten Staufers Konradin (1268) siegt zwar das Papsttum über das Kaisertum, geriet aber dadurch in die Abhängigkeit der Franzosen. Der Höhepunkt der mittelalterlichen Papstkirche ist zugleich der Wendepunkt zu ihrem politischen und geistlichen Niedergang im Spätmittelalter.

Literaturhinweise

HAGE, W., Das Christentum im frühen Mittelalter, 89-128.
MOELLER, B., Geschichte des Christentums, 146-184.
SCHMIDT, K.D., Kirchengeschichte, 198-227.
Ökumenische Kirchengeschichte Bd. 2, Mittelalter und Reformation, hg. R. Kottje u. B. Moeller, Mainz [4]1988, Abschnitt VI., 69-141.

XI. Scholastische Theologie, Mystik und Frömmigkeit im Mittelalter

Einstieg

Das geistige Leben in der karolingischen Renaissance, der ersten Kulturblüte des Mittelalters, lebte vor allem in den großen Schulen in Aachen und Tours. Das bleibt kennzeichnend für das ganze Mittelalter. Von daher hat die gesamte Wissenschaft dieser Zeit, die ausschließlich in Schulen stattfindet, ihren Namen: Scholastik. Zu ihr gehören nicht nur Theologie und Philosophie, sondern auch Rechtswissenschaft und Medizin. Gegenüber dem älteren System der Artes liberales, in der die Grammatik die Führung hatte, ist in der scholastischen Wissenschaft die Dialektik und Logik bestimmend.

In der Entwicklungsgeschichte der Scholastik gibt es verschiedene Stufen und Einschnitte. Ein solcher ist z.B. die Entstehung der Universitäten um 1200, womit der Übergang von der Früh- zur Hochscholastik bezeichnet ist. Aber auch dies ist nur eine höhere Form von Schule: Weil die Wissenschaft sich erweitert, schafft sie sich eine neue Organisation des Lehrbetriebes. In der Lehre wird vor allem Wissensstoff weitergegeben. Auf diesem Tradieren liegt im ganzen Mittelalter der entscheidende Akzent. Die Scholastik ist traditionalistische Wissenschaft.

Als eine an die Tradition gebundene Wissenschaft entdeckt die Scholastik im Laufe der Zeit immer mehr die Vieldeutigkeit dieser Tradition. Je stärker die Autorität der Tradition empfunden wird, desto mehr werden die gegensätzlichen Elemente in dieser Tradition sichtbar und wächst die Notwendigkeit, sich damit auseinanderzusetzen in einer eigenen Verantwortlichkeit. Es bedeutet das Ineinander von Rezeptivität und Produktivität, bzw. neben die Autorität tritt die ratio, die kritische Durchleuchtung der Tradition. Erst in dem Augenblick, wo dies geschieht, beginnt recht eigentlich das Zeitalter der Scholastik.

Der Aufbruch der Theologie im 13. Jh. wird durch den Einbruch der aristotelischen Tradition herbeigeführt. Die aristotelische Rezeption im Mittelalter ist eine geistesgeschichtliche Bewegung ersten Ranges. Mit dem ganzen Aritstoteles kam dem christlichen Abendland ein neues Weltbild entgegen. Das bedeutete nicht nur eine große Bereicherung, sondern auch eine tiefe Erschütterung, eine schwere Krise. Denn dieses Weltbild stand in einem erheblichen Gegensatz zu dem alten Weltbild, in dem man bisher gelebt hatte und das von der Synthese zwischen Christentum und Platonismus bestimmt war (die altkirchlichen Dogmen und die Theologie der Kirchenväter).

Der bedeutendste aller scholastischen Theologen ist Thomas von Aquin. In seinem Werk kommt die scholastische Theologie zu ihrem Höhepunkt. Thomas hat auf das Grundproblem des hohen Mittelalters, in welchem Verhältnis die beiden großen Traditionen Augustin und Aristoteles zueinander stehen, eine Antwort gegeben, die eine scharf durchdachte Synthese beider ermöglichte.

Die Theologie des Hochmittelalters wurde stark durch die Bettelorden der Dominikaner und Franziskaner bestimmt. Bevor sie an den Universitäten nicht ohne schwere Kämpfe eine führende Rolle spielten, sind sie am Anfang des 13. Jhs. aus einer bedeutsamen Bewegung der Frömmigkeitsgeschichte des Mittelalters hervorgegangen: dem Ruf zur Nachfolge Jesu und der Apostel in strikter Armut.

Aber die Armutsbewegung kam auch in die Kirche selbst. Eine neue Stufe in der Geschichte des Mönchtums war mit der Entstehung der Bettelorden am Anfang des 13. Jhs. erreicht. Nachdem schon Innocenz III. verschiedene Gemeinschaften innerhalb der Kirche mit ähnlichen Idealen wie die außerkirchliche Armutsbewegung unterstützte, wurden die Bettelorden sehr bald vom Papsttum in Beschlag genommen und seinen Zielen dienstbar gemacht. Wieder kamen der Kirche wie in der cluniazensischen Reform entscheidende Impulse zur Erneuerung aus dieser neuen Form von mönchischer Frömmigkeit.

Grundaspekte

Charakteristik und Periodisierung der Scholastik

- Die mittelalterliche Scholastik ist Schulwissenschaft, die das antike Erbe und die Theologie der Kirchenväter (vor allem Augustin) rezipiert und mit Hilfe der Dialektik und Logik bearbeitet.

- Die Literaturformen der Scholastik:
1. Sentenzen, zurückgehend auf Petrus Lombardus (1100-1160) und sein Werk: »*Libri quattuor sententiarum*«. Dieses Hauptlehrbuch der Dogmatik im Mittelalter ist in vier Hauptgebie-

te eingeteilt: De deo, de creaturae, de incarnatione verbi, de sacramentis.
2. Sentenzenkommentare: Kommentierung der antiken und christlichen Tradition.
3. Summa: Zusammenfassung der Lehre im heilsgeschichtlichen Schema.
4. Quaestiones disputatae: Darstellung dogmatischer Einzelprobleme.

- Die Einteilung der Scholastik in Früh-, Hoch- und Spätscholastik ist nur eine Hilfskonstruktion. Die Zäsuren werden durch den unterschiedlichen Grad der Tradierung des antiken Erbes, vor allem des Aristoteles, gesetzt. Die Frühscholastik umfaßt etwa die Periode von 1000-1200. Eine neue Stufe ihrer Entwicklung erreicht die Frühscholastik ab 1150, als Aristoteles mit seinen logischen Schriften bekannt wurde. Die Hochscholastik beginnt um 1200, als das Abendland durch die Vermittlung der Araber und Juden Bekanntschaft mit dem gesamten Aristoteles, mit seiner Ethik und Metaphysik, machte. Zur gleichen Zeit entstehen die ersten Universitäten in Europa (Bologna, Paris, Oxford und Cambridge).

Theologen des 9. Jahrhunderts

- Der Ire Johannes Scotus Eriugena (gest. ca. 870). Bedeutsam als Traditor des neuplatonischen Erbes an das Mittelalter. Hauptwerk: »*De divisione naturae*«. Übersetzer der Werke des Dionysius Areopagita ins Lateinische.

- Hrabanus Maurus (gest. 856). Abt von Fulda und Erzbischof von Mainz. Hauptschrift: »*De clericorum institutione*«.

- Walahfrid Strabo (gest. 849). Verfasser der »*Glossa ordinaria*«, wichtiges exegetisches Handbuch des Mittelalters.

- Lehrstreitigkeiten fanden über die Abendmahlslehre und die Prädestination statt: Paschasius Radbertus (gest. ca. 865), Abt von Corbie, vertrat eine realistische Anschauung, nach der die Elemente durch ein Schöpfungswunder in Leib und Blut Christi verwandelt werden. Ihm steht der Mönch Ratramnus (gest. nach 868) entgegen, der in den Bahnen Augustins eine symbolische Abendmahlsauffassung vertrat.

- Der Mönch Gottschalk (gest. ca. 868) hat die Gnaden- und Prädestinationslehre Augustins logisch zur doppelten Prädestination weiter zugespitzt (gemina praedestinatio).

Theologen der Frühscholastik

- Im 11. Jh. beginnt das eigentliche Zeitalter der Scholastik. Neben die Autorität der Tradition tritt die ratio, die kritische Durchleuchtung der vielgestaltigen Tradition. Rezeptivität und Produktivität greifen ineinander, so daß die Notwendigkeit der Auswahl und der Akzentuierung des Stoffes gegeben ist. Der ganze Gegensatz von Neuplatonismus und Aristotelismus wird dem Mittelalter in dem Maße bewußt, je mehr die beiden Größen in ihrer ursprünglichen Gestalt kennengelernt werden.

- Berengar von Tours (gest. 1088) ist der erste Theologe, der mit Hilfe der dialektischen Methode die Tradition bearbeitet. Er streitet mit logischen Argumenten gegen die realistische Abendmahlsauffassung. Die Einsetzungsworte bezeichnet er als eine bildliche Redeweise. Seine rationale Kritik der Wandlungslehre führt zum Abendmahlsstreit des 11. Jhs., bei dem Lanfrank (Abt des Klosters Bec in der Normandie) die traditionellere Auffassung einer Verwandlungslehre vertrat. Sie konnte sich gegenüber der Dialektik durchsetzen, ihre dogmatische Fixierung erfolgte 1215 auf dem 4. Laterankonzil.

- Peter Abaelard (1070-1142). Er hat die dialektische Methode konsequent angewandt in seinem Werk: »*Sic et non*«. Der Sinn des Werkes: Die Wahrheit der Kirche ist nicht einfach gegeben, sondern sie muß immer gesucht werden. Der Weg führt über das inquirere et dubitare. Mit Hilfe philologischer Kritik und logischen Argumenten wird die Tradition bearbeitet, um ihre Widersprüche auszugleichen und die bleibende Wahrheit zu finden. Diese Methode wurde für die ganze Scholastik verbindlich.

- Anselm von Canterbury (1033-1109). Die dialektische Methode galt ihm als theologisch notwendig. Das Problem von »Vernunft und Offenbarung« beantwortete er im Sinne Augustins: credo ut intelligam, fides quaerens intellectum.
In zwei Schriften führt Anselm einen rationalen Gottesbeweis. Im »*Monologium*« den später sog. kosmologischen Gottesbeweis: von der Zweckmäßigkeit und Ordnung der Schöpfung wird auf die göttlichen Eigenschaften des Schöpfers geschlossen. Im »*Proslogium*« führt er den später sog. ontologischen Gottesbeweis: Die Idee Gottes, die innerhalb der Vernunft gegeben ist, enthält die Aussage, daß über Gott hinaus ein im Vergleich zu ihm höheres Wesen nicht gedacht werden kann.

Dieses Wesen muß auch in Wirklichkeit existieren, nicht nur gedanklich, da Gott sonst das Sein mangelt. Über Gott hinaus kann nichts Größeres gedacht werden, weder im Verstand noch in der Wirklichkeit. Damit meinte Anselm das reale Sein Gottes bewiesen zu haben.

In der Schrift »*Cur Deus homo?*« hat Anselm mit seiner Satisfaktionslehre eine Neuinterpretation der Erlösungslehre vorgelegt. Die Menschwerdung Gottes ist nicht nur denkmöglich, sondern denknotwendig. Das Sündenverständnis Anselms kommt von Augustin her. Sünde ist ein objektiver Entzug an Ehre, die Gott gehört. Entscheidend ist der Begriff der Ehre Gottes. Sie ist durch die menschliche Sünde so tief verletzt worden, daß Strafe oder Genugtuung folgen müssen. Nur die Genugtuung (satisfactio) kann die Ehre Gottes wieder herstellen. Christi Tod am Kreuz ist ein freiwilliges Opfer, ein überschüssiges Werk, das Gott nicht ohne Belohnung läßt. Christus hat damit ein besonderes Verdienst erworben, das nun auf die an ihn Glaubenden übergeht. Die Satisfaktionslehre Anselms trägt germanische Züge.

- Bernhard von Clairvaux (1090-1153). Dieser große Mönch und Mystiker wendet sich gegen die rationale Kritik und die dialektische Methode. Nicht die rationale Erkenntnis, sondern die demutsvolle Einfügung des menschlichen Willens in den göttlichen, ist hier die Voraussetzung der theologischen Arbeit. Es ist die mystische Erkenntnis und Frömmigkeit, die Bernhard mit Hugo von St. Victor verbindet (1097-1141). Neben die Passionsfrömmigkeit, die sich auf das Bild des irdischen, leidenden Christus konzentriert, tritt die Erneuerung der sog. areopagitischen Mystik im Chorherrenstift St. Viktor bei Paris. Über die Stufen der Reinheit und Erleuchtung kann der Gläubige, unterstützt durch die kirchlichen Sakramente, in der Ekstase bis zur Schau Gottes gelangen. Diese Mystik hat sich im 12. Jh. vor allem in den Nonnenklöstern ausgebreitet (Hildegard von Bingen, gest. 1179).

- Der Mönch Gratian aus Bologna schreibt 1140 das Werk: »*Concordantia discordantium canonum*«. Dieses sog. »*Decretum Gratiani*« wurde das Hauptstück des »*Corpus iuris canonici*«.

Theologen der Hochscholastik

- Mit der Entstehung der Universitäten, der Bettelorden und der Begegnung mit dem ganzen Aristoteles um 1200 erreicht die

Scholastik im Ausbau theologischer Systeme ihren Höhepunkt. Die spanisch-arabischen und jüdischen Religionsphilosophen Averroes von Cordoba und Moses Maimonides sind die Vermittler des ganzen Aristoteles in einer pantheistischen Ausdeutung an die christliche Theologie.

Franziskaner	Dominikaner
Alexander Halesius	Albertus Magnus
Bonaventura	Thomas von Aquin
Duns Scotus	

- Alexander Halesius (gest. 1245) besaß als erster Scholastiker eingehende Kenntnis des ganzen Aristoteles. Die aristotelische Philosophie verband er mit den Grundgedanken Augustins. Theologie ist für ihn eine Gotteserkenntnis, die durch göttliche Erleuchtung (illuminatio gratiae) des menschlichen Willens (voluntas) zustande kommt. Alexander ist damit der Begründer der franziskanischen Schule des sog. Voluntarismus.

- Bonaventura (1221-1274), Schüler Alexanders und Vertreter der franziskanisch-mystischen Theologie des Hochmittelalters. Die mystische Glaubenserfahrung vollzieht sich in der von Gott erleuchteten Seele (Illuminationstheologie). Der göttliche Krafteinfluß, vermittelt durch die Sakramente, führt zu einer gratia habitualis.

- Albertus Magnus (1200-1280) ist der erste bedeutende Dominikaner-Theologe des Hochmittelalters aus Deutschland. Naturerkenntnis und Theologie, Physik und Metaphysik waren für ihn eine Einheit (»Doctor universalis«). Albert hat die sog. Universalienlehre des Aristoteles übernommen: unter Universalien versteht man die obersten Zusammenfassungen der Dinge in der Welt. Sie sind als leitende Ideen im göttlichen Geist vorhanden (ante rem). In den Einzeldingen (in re) wirken sie als lebendige und tragende Form der Materie. Im erkennenden Geist des Menschen (post rem) ercheinen die Universalien als begriffliche Abstraktionen. Er folgte auch erkenntnistheoretisch Aristoteles und erklärte Gott als Schöpfer der menschlichen ratio, in der Theologie und Ethik folgte er Augustin.

- Thomas von Aquin (1225-1274) ist der bedeutendste scholastische Theologe. Er studierte unter Albert d.Gr. in Paris und Köln und lehrte an verschiedenen Schulen Italiens und in Paris. Thomas hat auf das Grundproblem des hohen Mittelalters, in welchem Verhältnis die beiden großen Traditionen Augustin und Aristoteles zueinander stehen, eine Antwort gegeben, die eine scharf durchdachte Synthese beider ermöglichte. Die inhaltliche Verschiedenheit des philosophischen und theologischen Denkens hat er bei der Entdeckung des wirklichen Aristoteles festgestellt (Problem der doppelten Wahrheit). Im thomistischen Denken kommt es zu einer harmonischen Doppelschichtigkeit. Bei den Fragen der philosophischen Einsicht folgt Thomas Aristoteles, bei den theologischen Fragen folgt er der augustinischen Tradition. Diese Unterschiedenheit hat Thomas dann auf Form und Inhalt übertragen. Jedes theologische Problem konnte inhaltlich gemäß der kirchlichen Dogmatik gelöst werden, indem man Augustin folgte, während die Darstellung dieses Problems in den Begriffen der aristotelischen Logik erfolgte.

Sein großes System stellt sich in harmonischer Weise dar. Grundlage für diese Harmonie ist die Überwindung des Dualismus von Gott und Welt: alle von Gott geschaffenen Dinge spiegeln sein Wesen wieder, jedoch nur in gebrochener Weise (»per analogiam«). Die natürliche Gotteserkenntnis der Vernunft bedarf der übernatürlichen Offenbarung, die sie ergänzt und vollendet. Philosophie und Theologie, Natur und Gnade, Wissen und Glauben können so im Bild eines zweistöckigen Hauses beschrieben werden. Der untere Teil der Philosophie leistet Hilfsdienste für den oberen Teil der Theologie. Alle Wissens- und Glaubensaussagen stehen somit in einem differenzierten, ganzheitlichen Verhältnis zueinander. Das kommt in der *»Summa Theologica«*, dem Hauptwerk des Thomas, zum Ausdruck (1265-1273).

Die Rechtfertigungs-, Sakraments- und Bußlehre ist bei Thomas in das Schema von Natur und Gnade eingeordnet. In der Rechtfertigungslehre steht Thomas näher beim antipelagianischen Augustin als die franziskanische Theologie. Der Empfang der Gnade ist freilich allein an die kirchlichen Sakramente gebunden, deren Empfang heilsnotwendig ist. In der Theologie des Thomas spiegelt sich die führende Stellung der Papstkirche im 13. Jh. wider.

Die Armutsbewegung im 12. Jahrhundert

- Die Vormachtstellung des Papsttums im 13. Jh. und ihre theologische Fundierung in der Theologie des Thomas beherrschen die Kirchen- und Theologiegeschichte des hohen Mittelalters. Aber zum Gesamtbild gehört auch die Frömmigkeitsgeschichte. Hier sind schon im 12. Jh. zum ersten Mal seit der Alten Kirche wieder bedeutsame kirchliche Gegenbewegungen entstanden, die sich gegen den Reichtum und die weltliche Macht in der Papstkirche richteten. Das arme Leben Jesu und seiner Apostel rückte in den Vordergrund und wurde zum kritischen Maßstab gegenüber einer verweltlichten Kirche.

- Schon im Zeitalter Bernhards rief der Prediger Arnold von Brescia seit 1147 in Rom zur apostolischen Armut auf.

- Die beiden bedeutsamsten Armutsbewegungen im 12. Jh. waren die Katharer und die Waldenser.

- Das dualistisch-gnostische Gedankengut der Katharer (die »Reinen«, davon »Ketzer«) läßt sich bis in die Antike zurückverfolgen. Sie werden deshalb auch »Neumanichäer« genannt. In ihrer Forderung nach einer reinen Kirche und in ihrer Abwendung von der sündhaften Welt, lehnten sie die Ehe, die kirchlichen Sakramente, Bilder, Heiligen und Reliquien ab. Sie praktizierten eine strenge Askese.

- Im Unterschied zu den Katharern waren die Waldenser eine Bewegung, die das »Gesetz Christi« in der Bibel verkündigten und ohne Beeinflussung von nichtchristlichem Gedankengut dem Leben Jesu und seiner Apostel in Armut nachzufolgen versuchten. Begründet wurde sie von dem Lyoner Kaufmann Waldes 1176. Angestoßen durch die Aussendungsrede (Mt 10) bildete sich um Waldes ein Verein von Männern und Frauen, die umherzogen und Buße predigten. Die sich rasch ausbreitende Bewegung wurde von der katholischen Hierarchie sofort bekämpft (Albigenserkriege, 1209-1229 und die Errichtung der Inquisition seit 1232).

- Hauptverbreitungsgebiet sowohl der Katharer wie der Waldenser waren Südfrankreich und Oberitalien.

Die Entstehung der Bettelorden am Anfang des 13. Jahrhunderts

- Der mächtigste Papst des Mittelalters, Papst Innocenz III., versuchte durch Unterstützung von Gemeinschaften innerhalb der Kirche, die ebenfalls das Armutsideal propagierten, die Armutsbewegung in die Kirche zu integrieren.

- Dieses Ziel haben vor allem die Bettelorden am Anfang des

13. Jhs. erreicht. Im Zusammenhang mit den aufstrebenden Städten war durch die Bettelorden in der Geschichte des Mönchtums eine neue Situation entstanden: nicht mehr an die Klausur gebunden, zogen sie umher und widmeten sich besonders der Seelsorge und Predigt unter der städtischen Bevölkerung. Sie folgten dem armen Leben Jesu und seiner Apostel in völliger Besitzlosigkeit nach. Durch die päpstliche Förderung dieser neuen Orden war die Armutsbewegung in die Kirche eingezogen.

- Der Dominikaner- oder Predigerorden (»Ordo fratrum praedicatorum«, O.P.) wurde durch den Spanier Dominikus (1170-1221) gegründet. Seine Hauptaufgabe fand er in der Predigt, in der Theologie an den Universitäten und der Mitwirkung an der Inquisition (errichtet unter Gregor IX. 1232) zur Reinhaltung der kirchlichen Lehre und Abwehr der Häresien.

- Die Armutsbewegung war auch zum großen Teil eine religiöse Frauenbewegung. Um ihre kirchliche Integration zu fördern, entstanden zahlreiche Dominikanerinnen-Klöster. Der Orden verbreitete sich rasch in vielen Ländern Europas.

- Der Franziskaner-Orden (»Ordo fratrum minorum«, O.F.M.) ist durch die überragende Gestalt seines Gründers Franz von Assisi (1182-1226) geprägt worden.

- Das Leben seiner Jugend in Reichtum wandelt sich unter dem Eindruck der Aussendungsrede an die Jünger (Mt 10) zur Nachfolge des armen Lebens Jesu und seiner Apostel. Franz »vermählt« sich mit der Armut (1208) und gewinnt bald Gesinnungsgenossen, mit denen er umherzieht. Der Kreis findet schon um 1210 die päpstliche Bestätigung.

- Die Frömmigkeit des Franziskus ruft bereits bei seinen Zeitgenossen eine regelrechte franziskanische Bewegung hervor. Die heitere und demutsvolle Frömmigkeit des Franziskus, seine Liebe zu Christus, den Menschen und allen Kreaturen, gibt die entscheidenden Anstöße für diese Bewegung, die anfangs ohne feste Organisation und Regel bleibt. Sehr bald jedoch, vor allem nach dem Tode des Franz, bemächtigt sich die Kirchenpolitik dieser Bewegung und rücken die alten Armutsideale in den Hintergrund. Darüber entstehen schwere Kämpfe, schließlich setzt sich die freiere, den Gegebenheiten angepaßte Richtung durch.

- Der Franziskanerorden erhielt in dem Clarissenorden seinen weiblichen Zweig. Die Frauen hatten nach mancherlei Kämpfen eine wichtige Stellung in den Bettelorden inne. Außerhalb der klösterlichen Organisation lebte die Frauenbewegung im Beginentum.
- Neben den Bettelorden entstand im 12. Jh. der Eremitenorden der Karmeliter von 1156 und im 13. Jh. der Augustiner-Eremiten-Orden (1256), der nach der »Regel Augustins« lebte und der für die Reformationsgeschichte durch Martin Luther eine besondere Bedeutung hat.

Literaturhinweise

HÄGGLUND, B., Geschichte der Theologie, 122-159.
MOELLER, B., Geschichte des Christentums, 184-199.
Ökumenische Kirchengeschichte, Bd 2, Abschnitt VI., 142-191.
SCHMIDT, K.D., Kirchengeschichte, 232-249.

XII. Das Spätmittelalter

Einstieg

Verschiedene Wandlungen während des 13. Jhs. zeigen an, daß das eigentliche Hochmittelalter von dem vielgestaltigen und widerspruchsvollen Zeitalter des sog. Spätmittelalters abgelöst wird.

Der Sieg des Papsttums über die Staufer war ein Pyrrhussieg. Nur mit Hilfe des französischen Königtums hat das Papsttum das Kaisertum bezwingen können. In Frankreich bildete sich während des 13. Jhs. zuerst die neue Herrschaftsform des werdenden Nationalstaates aus. Die verschiedenen Einzelgewalten wurden zu einer zentralen, nationalen Herrschaft zusammengefügt. Bisher stand der mittelalterlichen Kirche keine zentrale politische Gewalt gegenüber. Diese wesentliche Voraussetzung für die politische Machtstellung der Kirche ging nun verloren. Mit der neuen nationalen Herrschaftsform und dem wirtschaftlichen Aufstieg der Städte war auch das Rittertum an sein geschichtliches Ende gelangt. Auch das Zeitalter der Kreuzzüge war nun endgültig vorbei. 1291 wurde die Festung Akkon von den Mohammedanern erobert. Frömmigkeitsgeschichtlich ist das Jahr 1260 wichtig, da nach der Prophezeiung des Zisterzienserabtes Joachim von Fiore (gest. 1202) zu diesem Zeitpunkt ein neues Zeitalter des Geistes anbrechen sollte.

Kritik am Papsttum gab es nicht erst im Spätmittelalter. Aber erst jetzt wurde offensichtlich, wie tief Anspruch und Wirklichkeit in der mittelalterlichen Papstkirche auseinanderklafften. Die Veräußerlichung der Papstkirche und die rücksichtslose Verweltlichung am päpstlichen Hof wurden nun für jedermann offensichtlich.

Der Gegensatz zwischen Kurialismus bzw. Papalismus und dem Konziliarismus war schon im 14. Jh. deutlich geworden, noch bevor die großen Reformkonzilien in der ersten Hälfte des 15. Jhs. die Idee des Konziliarismus bekräftigt hatten. Sie hatte ihren Hintergrund in der schwersten Krise des Papsttums, dem Papstschisma seit 1378.

Das Renaissancepapsttum am Vorabend der Reformation (Julius II., Alexander VI. und Leo X.) war durchaus gefestigt und im allgemeinen Ansehen unbestritten. Im Gegensatz zu Frankreich, wo die französische Nationalkirche ihre »gallikanischen Freiheiten« gegenüber Rom verteidigte, blieben im Deutschen Reich alle Reformansätze stecken. Das Wiener Konkordat 1448 hatte die Reformen vereitelt, und die steuerliche Aussaugung und Bedrückung der deutschen Kirche durch Rom war in den letzten Jahrzehnten vor der reformatorischen Bewegung besonders groß. Seit dem Frankfurter Fürstentag von 1456 haben die deutschen Stände auf den Reichstagen immer wieder ihre »Gravamina der deutschen Nation« formuliert. In den Einzelterritorien des Deutschen Reiches konnten jedoch einige Fürsten eine gewisse Eigenständigkeit erreichen. Hier liegen die Anfänge des Landeskirchentums, das also älter als die Reformation ist.

Die ganze Entwicklung des Spätmittelalters ist gekennzeichnet durch Sprünge und Risse, die in dem großen universalen Bau des Corpus christianum immer deutlicher auftreten. Das zeigt auch das spätmittelalterliche theologische Denken, das durch eine zunehmende Differenzierung und Individualisierung geprägt ist.

»Das Spätmittelalter ist das Zeitalter der höchsten Steigerung der Kirchlichkeit« (B. Moeller). Das meint vor allen Dingen die kirchliche Bindung der gesamten Bevölkerung, d.h., daß die Kirche mit ihren weit verzweigten Institutionen das gesamte Leben

des spätmittelalterlichen Menschen beherrschte. Im Mittelpunkt der Frömmigkeit stand die Frage nach dem ewigen Heil der Seele.

Kritik an den Mißständen in der Kirche des Spätmittelalters, z.B. an dem Ablaßwesen und der Macht- und Geldpolitik der Kurie, übten besonders zwei Reformbewegungen, die mit den Namen Wiclif und Hus verbunden sind.

Geistesgeschichtlich gesehen gehen der Reformation zwei bedeutsame Bewegungen voraus: Renaissance und Humanismus.

Grundaspekte

Das Papsttum im Spätmittelalter

- Dem Sieg des Papsttums über das deutsche Kaisertum in der zweiten Hälfte des 13. Jhs. folgte bald eine tiefe Niederlage. Es gerät in die Abhängigkeit des französischen Königs.

- In Frankreich entsteht zuerst die neue Herrschaftsform des werdenden Nationalstaates. Sie bildet ein Gegengewicht zur politischen Machtstellung des Papstes.

- Die Bulle »*Unam sanctam*« 1302 von Bonifaz VIII. (1294-1303) faßt die bisherigen politischen Machtansprüche des Papsttums zusammen und erklärt den Gehorsam gegenüber dem römischen Bischof als heilsnotwendig.

- Philipp IV. von Frankreich (»der Schöne«) appellierte an ein allgemeines Konzil; der Papst drohte mit Bann. Philipp antwortet mit der Gefangennahme des Papstes (1303).
Hintergrund des Streites war die Besteuerung des Klerus und der Klöster in Frankreich und England.

- Von 1309-1376 »babylonische Gefangenschaft« der Päpste: Abhängigkeit von Frankreich, politische Ohnmacht und moralischer Verfall.

- Machtkampf zwischen Papst Johann XXII. und Ludwig dem Bayern (1314-1347). Letzter Kampf zwischen Kaisertum und Papsttum.

- »Goldene Bulle« 1356 regelt die Königswahl ohne päpstliche Bestätigung.

- Papstschisma von 1378-1415: je ein Papst in Rom und Avignon. Schwerste Krise des Papsttums.

- Kritik am Papsttum richtete sich vor allem gegen Mißbrauch im Gerichtswesen und in der Finanzwirtschaft.

- Mit zwei Namen ist das neue Denken über Kirche und Staat im Spätmittelalter verbunden: Marsilius von Padua (ca. 1290-1343) und seiner Schrift *»Defensor pacis«*. Gedanke der Volkssouveränität: alle weltliche Herrschaft ist vom Volke delegiert. Kirche und Papst haben allein geistliche Aufgaben. Oberste Vertretung der Kirche liegt beim Generalkonzil, dem auch Laien angehören. Wilhelm von Ockham (1285-1347): Die wahre Kirche ist die Communio sanctorum, nicht die sichtbare Papstkirche.

Der Konziliarismus

- Aus dem Niedergang des Papsttums erwuchs in der ersten Hälfte des 15. Jhs. die Reformbewegung des Konziliarismus. Sie wurde von zwei Theologen an der Pariser Universität getragen: Pierre d'Ailly (gest. 1420) und Jean Charlier, Johannes Gerson genannt (gest. 1429). Ziel war die Reform der Kirche an Haupt und Gliedern, Überordnung des Konzils über den Papst in Anlehnung an die Gedanken des *»Defensor pacis«* und Ockhams Gegenüberstellung von Konzil und Papst.

- Erstes Reformkonzil in Konstanz (1414-1418) von König Sigismund angeregt und geleitet, bringt einen ersten Sieg des Konziliarismus: Überwindung des Papstschismas durch Rücktritt der bisherigen Päpste und Wahl Martins V. (1417-1431). Im Dekret vom 6.4.1415 wurde der Grundsatz des Konziliarismus (Oberhoheit des Konzils über den Papst) zum kirchlichen Dogma erhoben. Auf dem gleichen Konzil jedoch führte die Verhandlung gegen Hus 1415 zu seiner Verurteilung und Verbrennung.

- Zweites Reformkonzil in Basel (1431-1447/49) bringt zunächst den Erfolg des Konziliarismus, indem es sich der Auflösungsbulle des Papstes widersetzte, der schließlich das Konzil anerkennen mußte.

- Papst Eugen IV. eröffnete ein Gegenkonzil in Ferrara und Florenz (1437-1439), das durch die verkündete Kirchenunion mit der Ostkirche (Dekret: *»Laetentur coeli«* vom 6.7.1439) Aufsehen erregte. Die Griechen hatten sich angesichts der Türkenbedrohung um Hilfe an den Papst gewandt.

- Papst Pius II. verdammt 1459 den Konziliarismus als Häresie und Majestätsbeleidigung. Die konziliaristischen Gedanken blieben dennoch weit bis ins 16. Jh. hinein aktuell.

- Das Papsttum ab der Mitte des 15. Jhs., das sog. Renaissancepapsttum, zeigt die Verweltlichung und Veräußerlichung der Kurie auf ihrem Höhepunkt. In geistlicher Hinsicht tiefer Verfall, kulturell jedoch von großer Bedeutung: Sixtus IX. (1471-1484), Alexander VI. (1492-1503), Julius II. (1503-1513) und Leo X. (1513-1521).

- Die französische Nationalkirche verteidigte ihre »gallikanischen Freiheiten« gegenüber Rom. Im Deutschen Reich dagegen blieben seit dem Wiener Konkordat 1448 die Reformen stecken. Vom Frankfurter Fürstentag 1456 an haben die deutschen Stände immer wieder auf den Reichstagen ihre »Gravamina der deutschen Nation« formuliert.

Die Theologie im Spätmittelalter

- Das spätmittelalterliche theologische Denken ist durch eine zunehmende Differenzierung und Individualisierung geprägt. Vier Theologen ragen heraus:

1. Duns Scotus (ca. 1270-1308)

- Englischer Franziskanertheologe, der noch in die Hochscholastik gehört, aber durch seine scharfe Kritik an Thomas besonders in seinem Sentenzenkommentar (»*Opus Oxoniense*«) für das theologische Denken im Spätmittelalter charakteristisch ist: die Harmonie zwischen Vernunft und Offenbarung in der Theologie des Thomas bricht nun auseinander.

- Das Gott-Mensch-Verhältnis wird neu definiert: statt ontologischer Kategorien aktuale-personhafte Beziehungen zwischen Gott und Mensch. Gott ist souveräner freier Wille, der Mensch versucht ihm in seinem eingeschränkten freien Willen zu antworten (Voluntarismus).

- Im Rechtfertigungsvorgang wirken beide Willen zusammen, jedoch die absolute Freiheit Gottes wird in Aufnahme der augustinisch-franziskanischen Lehre von der gratia habitualis und gratia infusa (vermittelt durch die Sakramente) betont.

- Die Willenslehre des Duns Scotus löst die hochscholastische Einheit von Theologie und Philosophie auf.

2. Wilhelm von Ockham (1285-1347)

- Ebenfalls englischer Franziskanertheologe.
Er trennt scharf zwischen Theologie und Philosophie: Gott ist durch die Vernunft nicht erkennbar, die Vernunft richtet sich nur auf das Irdische.

- Gott ist absoluter Wille (potentia absoluta). Er hat sich aber an die von ihm gesetzte Ordnung gebunden (potentia ordinata). Die Heilige Schrift gibt gültige Kunde von der Geschichtlichkeit der Offenbarung.

- Die Gnade Gottes ist als ein geistiges Gut verstanden, nicht als Eingießung der Gnade.

- Die Gnadenlehre Ockhams neigt dazu, alles Gewicht auf den würdigen Empfang der göttlichen Gnade auf seiten des Menschen zu legen: pelagianische Tendenzen (*»facere quod in se est«*). Der bedeutendste Theologe in der Nachfolge Ockhams: Gabriel Biel in Tübingen (gest. 1495). Seine Theologie beeinflußte das Studium Luthers in Erfurt.

- Die herrschenden scholastischen Schulrichtungen im Spätmittelalter sind:
die sog. »via antiqua« (Thomas von Aquin und die Dominikanertheologen) und
die sog. »via moderna« (Ockham, Biel, Franziskanertheologen).

3. Meister Eckhart (gest. 1327)

- Dominikaner, bedeutendster mystischer Theologe des Spätmittelalters.

- In seinem theologischen Denken ist er von Thomas, der neuplatonischen Tradition, der Theologie Augustins und Bernhards von Clairvaux geprägt.

- In der Tiefe der Seele gibt es ein sog. »Seelenfünklein«, ein »increatum«, in dem Gott Wohnung nehmen möchte. Das durch Welt- und Selbstliebe des Menschen verschüttete »Seelenfünklein« kann durch »Gelassenheit« (Abkehr von allem Weltlichen) dem Göttlichen wieder geöffnet werden. Dann geschieht die Einigung der Seele mit Gott, die unio mystica.

- Die geschichtliche Inkarnation tritt bei Eckhart zurück, entscheidend ist die Geburt des Sohnes in der gläubigen Seele. Die Vermittlung der Gnade durch die Sakramente steht in dieser mystischen Theologie nicht mehr im Mittelpunkt.

- Eckhart verfaßte ein scholastisches umfangreiches Werk: »*Opus tripartitum*«. Seine bedeutende Wirkungsgeschichte ging jedoch von seinen deutschen Predigten aus, die er vor allem in Dominikanerinnenklöstern hielt (Garten der deutschen Mystik).

- 1329 wurden einige Sätze Eckharts als häretisch und andere als verdächtig verworfen.

- Seine wichtigsten Schüler: Johannes Tauler (gest. 1361) und Heinrich Seuse (gest. 1366).

4. Nikolaus Cusanus (1401-1464)

- Kein Universitätstheologe, sondern Bischof und Kardinal. Großer, anregender Denker, der die scholastische Begrifflichkeit weit hinter sich läßt.

- Cusanus geht es vor allem um einen angemessenen Ausdruck für Gott und deren Verhältnisse zu Welt und Menschen. Gott ist die »coincidentia oppositorum«, das absolute possest, das nicht nur das Bestehende, sondern auch das Mögliche zusammenfaßt, und das non aliud zu allem, was existiert.

- Der Mensch kann sich Gott nur in »docta ignorantia« zu nähern versuchen.

- Bei Cusanus findet sich schon der Begriff vom »deus absconditus«.

Kirchliches Leben und Volksfrömmigkeit im Spätmittelalter

- Das Zeitalter ist von intensiver Frömmigkeit gekennzeichnet. Mittelpunkt des frommen Lebens war die Frage nach dem ewigen Heil der Seele. Die Antwort wurde allein in dem Angebot der Gnade durch die Kirche und ihre Sakramente gesucht und gefunden. Zentrum des kirchlichen Lebens war der Meßgottesdienst und das Bußsakrament.

- Neben den vielen Meßpriestern, die nicht predigten oder seelsorgerlich tätig waren, gab es in den Städten Prädikanten und Bettelmönche, die anschaulich und in der Volkssprache predigten.

- Verschiedene Klosterreformen suchten das oft verwahrloste

Mönchtum zu reformieren; Mönche und Meßpfaffen waren vielfachem Spott ausgeliefert.

- Das intensive Frömmigkeitsleben des Spätmittelalters kommt besonders in der Frömmigkeitsbewegung der sog. »Devotio moderna« zum Ausdruck. Sie erfaßte vor allem die bürgerlichen Schichten in den Städten. Bewährung des Glaubens in tätiger Nächstenliebe stand im Zentrum.

- Ende des 14. Jhs. entstand in Deventer die Reformbewegung der »Brüder vom gemeinsamen Leben«. Diese halbklösterlichen Gemeinschaften, die sich von den Niederlanden auch im nordwestlichen Deutschland verbreiteten, verbanden mystische Frömmigkeit mit humanistischer Weltaufgeschlossenheit. Bekannt wurden sie durch ihre pädagogische Tätigkeit. Aus ihren Kreisen ging die Reformbewegung der Windesheimer Kongregation hervor.

- Bekannter Prediger dieser Bewegung: Geert Groote (1340-1384). Das bedeutendste Erbauungsbuch der spätmittelalterlichen Mystik: die vier Bücher »De imitatione Christi«. Vf. wahrscheinlich Thomas von Kempen (gest. 1471).

- Für die spätmittelalterliche Volksfrömmigkeit sind eine intensive Heiligenverehrung, vor allem Marien- und Annenverehrung, ein blühendes Ablaß-, Reliquien- und Wallfahrtswesen charakteristisch. Die Werkfrömmigkeit findet ihren Ausdruck in reichhaltigen Stiftungen und durch das fromme Genossenschaftswesen.

- Christus wurde vor allem als Weltenrichter gesehen: Angst vor plötzlichem Tod und Gericht bestimmten die spätmittelalterliche Frömmigkeit.

- Auch schreckliche Judenverfolgungen und der Hexenwahn gehören in das Spektrum dieser Frömmigkeit.

Die sog. »Vorreformatoren«

- John Wiclif (1328-1384), Theologieprofessor in Oxford. Hauptwerk: *»Trialogus«*.

- Zunächst englischer Patriot im Kampf gegen das Papsttum, ist er zu einer biblisch begründeten Kritik weiter fortgeschritten: biblizistischer Ansatz, die Heilige Schrift ist das Gesetz Gottes. Wenn die Papstkirche diesem Gesetz widerspricht, ist sie die

Kirche, die der Antichrist regiert. Er übersetzt mit Hilfe von Freunden die Vulgata ins Englische.

- Scharfe Kritik übte er am Ablaßhandel, der Reliquienverehrung und am Mönchtum.

- Mit Augustin sah Wiclif die Kirche als die »communio praedestinatorum«.

- Bedeutsam ist Wiclifs Widerspruch gegen die der Wandlungslehre. Das Abendmahl versteht er sinnbildlich, allein für die Gläubigen geltend.

- Wiclif wurde zu Lebzeiten nicht verfolgt, seine Reformbewegung hatte in der englischen Kirche keine nachhaltigen Folgen.

- Johannes Hus (um 1370-1415). Wiclifs Gedanken kamen nach Böhmen und vor allem an die Universität Prag. Im Mittelpunkt stand hier Johannes Hus als Priester und Professor an der Universität Prag. Die Kirchenkritik von Hus hat biblische, soziale und nationale Motive; an der Wandlungslehre hält er fest. Hauptschrift: »*De ecclesia*« von 1412.

- Die Auseinandersetzungen um Hus begannen an der Prager Universität; seit 1410 schritt Papst Alexander V. gegen die Anhänger von Hus ein. Bücherverbrennung und Predigtverbot für Hus.

- Unter königlichem Geleit kommt er auf das Konstanzer Konzil, wo sein Prozeß 1415 auf dem Scheiterhaufen endet.

- Das war das Signal für den gewaltigen Aufstand seiner Anhänger, die sog. »Hussitenkriege« (1419-1436). Hauptforderung: Wiedereinführung des Laienkelches, da Priester und Laien gleichgestellt beim Heilsempfang sind.

- Die hussitische Bewegung ist in zwei Gruppen gespalten: die Prager und die sog. Taboriten (schwärmerischer Zug der Bewegung).

- In den »Böhmischen Brüdern« lebte das Hussitentum frömmigkeitsgeschichtlich weiter und beeinflußte die Geschichte der Reformation und den Pietismus.

- Zu den sog. Vorreformatoren werden auch (Petrus) Waldes (spätes 12. Jh.) und der Bußprediger Girolamo Savonarola (1452-1498) gezählt.

Renaissance und Humanismus
- Rückbesinnung auf die Kultur der heidnischen Antike; Abwertung der Epoche zwischen ihr und der jetzigen Gegenwart als »Mittelalter«.

- Entdeckung der Individualität des Menschen; kritischer Geist in den Wissenschaften: Laurentius Valla entlarvt 1440 die »Konstantinische Schenkung« als Fälschung. Das geistige und künstlerische Schaffen stand nicht mehr unmittelbar im Dienst der Kirche.

- Hauptland Italien im 14. und 15. Jh.

- In der Renaissance wird auch versucht, den neuen Geist mit der christlichen Religion in Einklang zu bringen. Philosophische Akademie in Florenz: Marsilio Ficino (gest. 1490) übersetzt den echten Plato und vergleicht diesen mit Paulus. Pico della Mirandola (1463-1494) zeigt einen christlichen Platonismus.

- Von der Renaissance wird die Bewegung des Humanismus im späten 15. Jh. unterschieden, vor allem in den Niederlanden, Deutschland, Frankreich und England.

- Das Ziel ist hier die Rückführung zu einer einfachen christlichen Frömmigkeit, die auf der Bibel und dem Leben und Glauben im Urchristentum gründet.

- Kirchenkritik und Reform wird durch Bildung und tätige Nächstenliebe (Nähe zur Devotio moderna!) erwartet.

- Schwerpunkt des Humanismus ist das wissenschaftlich philologische Interesse an Antike und Bibel.

- Bedeutende Vertreter des Humanismus: W. Pirkheimer, Freund Dürers in Nürnberg; K. Peutinger (Augsburg). Johannes Reuchlin (1455-1522), bekannt geworden durch die sog. »Dunkelmännerbriefe« von 1515 und 1517 gegen die Unbildung der Kölner Professoren.

- Der bedeutendste aller Humanisten um 1500 war Desiderius Erasmus von Rotterdam (1469-1536). Erasmus wollte die Kirche seiner Zeit wieder auf die Ursprünge, den schlichten Glauben der Urchristenheit zurücklenken. An den kirchlichen Zuständen und der scholastischen Theologie übte er scharfe Kritik. Sein Lebensideal war die humanitas christiana (»*Handbüchlein eines christlichen Streiters*«, 1500-1503, eine christliche Ethik). Mit der Herausgabe des griechischen Neuen Testaments 1516 schuf er eine wichtige Voraussetzung für die Theologie des jungen Luther und der Reformation.

Aspekte zur Wirtschafts- und Sozialgeschichte

- Zwei Ereignisse markieren im 15. Jh. einen tiefen Einschnitt: die Erfindung des Buchdruckes durch Johannes Gutenberg ca. 1450 und die Entdeckung neuer Erdteile und Meere am Ende des 15. Jhs.

- Seitdem das städtische Bürgertum immer mehr an Macht und Einfluß gewann, war die Geldwirtschaft an die Stelle der Naturalwirtschaft getreten. Dieser Wandel beeinflußte das wirtschaftliche und frömmigkeitliche Leben des städtischen Bürgertums. Im Tauschwert als maßgeblichem Wertfaktor und im Nützlichkeits- und Zweckdenken zeigte sich der neue frühkapitalistische Geist. Das kirchliche Zinsverbot des Mittelalters wurde im Laufe der Zeit immer mehr aufgehoben, wobei die Kurie selbst mit ihrer Geldpraxis voranging.

- Die romfeindliche Stimmung am Vorabend der Reformation hängt mit der Geldpolitik der Kurie eng zusammen. Kritik an Rom bedeutete jedoch gerade nicht Abstand von der kirchlichen Frömmigkeit. Im Gegenteil, in den Formen der kirchlichen Frömmigkeit suchte das reich gewordene Stadtbürgertum nach einer persönlichen Sicherheit. Dieses Streben ist Hauptantrieb für die vielfältigen Ausdrucksformen der spätmittelalterlichen Frömmigkeit.

Literaturhinweise

HÄGGLUND, B., Geschichte der Theologie, 151-159.
MÖLLER, B., Geschichte des Christentums, 200-223.
Ökumenische Kirchengeschichte, Bd. 2, Abschnitt VII., 195-274.
SCHMIDT, K.D., Kirchengeschichte, 253-270.

XIII. Martin Luthers Werdegang und die Anfänge der Reformation

Einstieg

Das Herrscherhaus Habsburg bestimmt im 15. und 16. Jh. die politische Szene in Europa. Karl V. besaß eine Machtfülle, wie sie vor ihm kein deutscher Kaiser besaß. Seine universale Herrschaft war nicht nur den anderen europäischen Mächten und dem Papsttum eine Bedrohung im Blick auf eigene politische Einflußnahme, sondern stand auch im Gegensatz zu den Machtinteressen der Landesfürsten. Längst kennzeichnete die zahlreichen Territorialstaaten ein Anwachsen der fürstlichen Macht, das bereits im 15. Jh. seinen Anfang genommen hatte. Die Auseinandersetzung von Territorial- und Zentralgewalt spielte schon bei der Kaiserwahl 1519 eine erhebliche Rolle und blieb für die gesamte Zeit der Reformation bestimmend.

Die nach mehr Unabhängigkeit strebenden Landesfürsten waren dabei aber nach wie vor auf die Stände im eigenen Land angewiesen, ohne die es weder finanziell noch personell zu einer wirksamen Regierung des Landes kommen konnte. In dieses Machtgefüge reihten sich die größeren Städte, insbesondere die freien Reichsstädte, mit dem stärker werdenden Stadtbürgertum ein.

Die politische Situation wurde besonders auch durch die veränderten wirtschaftlichen Verhältnisse beeinflußt. Ein neues Nutzethos und Zweckdenken bestimmten das wirtschaftliche Leben des städtischen Bürgertums. Zunehmend verdrängten frühkapitalistische Wirtschaftsformen die Naturalwirtschaft. Die erhebliche Stellung des Bankhauses Fugger hatte im frühen 16. Jh. wiederholt mit beträchtlichen Summen die politische Lage beeinflußt.

Alle diese politischen, wirtschaftlichen und sozialgeschichtlichen Veränderungen waren auch in Luthers sächsischer Heimat um 1500 spürbar. Das wettinische Kursachsen nahm Teil an der Auseinandersetzung zwischen Landesfürsten und Kaisertum. Friedrich der Weise (1486-1525) wußte dabei seine territorialen Ansprüche geltend zu machen. Wirtschaftlich beeinflußte gerade in Kursachsen der expandierende Bergbau das soziale Gefüge erheblich. Und schließlich sollte der immer intensivere Ablaßhandel gerade in Kursachsen zum Stein des Anstoßes werden.

Die Zeichen der Zeit standen zu Luthers Geburt auf Veränderung in allen gesellschaftlichen Bereichen. Geistesgeschichtlich hatten die Reformbewegungen des 14. und 15. Jhs. ebenso den Boden für die werdende Reformation mitbereitet wie der gerade in Deutschland religiös motivierte Humanismus.
Trotzdem: das Wirken des Mannes, mit dem die Reformation der Kirche im 16. Jh. aufs engste verknüpft ist, läßt sich nicht einfach auf die zeitlich gegebenen Umstände reduzieren. So facettenreich einerseits die geschichtliche Situation sich gestaltet, so eigentümlich und unverwechselbar ist andererseits das Leben und Wirken Martin Luthers, aus dessen intensivem Bibelstudium in der Wittenberger Klosterzelle die Anfänge der Reformation erwachsen.

Grundaspekte

Überblick über die einzelnen Phasen der Reformationsgeschichte bis 1555

Phase 1: 1517-1521

- Ablaßstreit und römischer Prozeß gegen Luther.

- Die neue reformatorische Theologie in der Heidelberger Disputation (April 1518), beim Augsburger Verhör vor Cajetan (Oktober 1518), in der Leipziger Disputation (Juni/Juli 1519) und in den reformatorischen Hauptschriften (1520).

- Die Reformation als literarische Bewegung (»Schriftenkrieg«).

Phase 2: 1521-1524

- Reformation als geschichtliche Bewegung. Zeit der spontanen Aufbrüche.

- Züricher Reformation unter Huldreich Zwingli.

- Sog. linker Flügel der Reformation: Karlstadt, Müntzer, Spiritualisten und Täufer.

- Luther nimmt Stellung zu Fragen des sozialen und wirtschaftlichen Lebens.

Phase 3: 1525

- Krisenjahr der Reformation: Bauernkrieg.

- Literarischer Streit zwischen Luther und Erasmus von Rotterdam über die Willensfreiheit.

Phase 4: 1525-1530
- Territoriale Konsolidierung der Reformation.
- Zwar weiterhin spontane Aufbrüche, schwerpunktmäßig aber jetzt eine »Fürstenreformation«. Anfänge des evangelischen Landeskirchentums.

Phase 5: 1530-1546/47
- Ausbreitung der Reformation im Reich mit Hilfe des Schmalkaldischen Bundes.
- Einführung der Reformation außerhalb der Reichsgrenzen im Norden und Osten Europas.

Phase 6: 1546/47-1555
- Schmalkaldischer Krieg führt zur Niederlage der Protestanten. Augsburger Interim 1548.
- Passauer Vertrag 1552 zeigt die politische und religiöse Pattsituation im Reich. Sie führt zum Augsburger Religionsfrieden 1555.

Luthers Werdegang bis zum Klostereintritt (1483-1505)
- Vorfahren Luthers väterlicherseits waren Bauern am Westrand des Thüringer Waldes (Grafschaft Mansfeld). Seine Mutter stammte aus einer bürgerlichen Familie in Eisenach.
- Luthers Vater war im Kupferbergbau tätig und brachte es vom einfachen Bergmann zum Hüttenmeister.
- Geburt Luthers am 10. Nov. 1483 in Eisleben.
- Schulbesuch in Mansfeld, Magdeburg und Eisenach.
- In sozialer, pädagogischer und frömmigkeitlicher Hinsicht zeigt das Elternhaus Luthers keinerlei Auffälligkeiten, die über den üblichen Rahmen des Spätmittelalters hinausgingen.
- Luthers Jugend ist von der spätmittelalterlichen Frömmigkeit geprägt: der gerechte und strafende Gott und der Weltenrichter Christus stehen im Vordergrund. Von seiner Erziehung und Frömmigkeit ist sein Klostereintritt nicht herleitbar.
- 1501-1505 studierte Luther an der Artisten-Fakultät der Uni-

versität Erfurt. Das Studium der sieben freien Künste gliederte sich in das sog. Trivium (Grammatik, Dialektik und Rhetorik) und das sog. Quadrivium (Geometrie, Arithmetik, Musik und Astronomie).

- In der Artisten-Fakultät in Erfurt herrschte der Occamismus (via moderna). Gabriel Biel (gest. 1495) galt als der maßgebliche Ausleger der Werke Ockhams. Die Lehrer Luthers waren: Jodocus Trutvetter aus Eisenach und Bartholomäus Arnoldi aus Usingen.

- Herbst 1502 promovierte Luther zum Baccalaureus der freien Künste, am 7. Januar 1505 wurde er Magister artium.

Luthers Klosterzeit bis zur Doktorpromotion (1505-1512)

- 17.7.1505 Eintritt in das Kloster der Augustiner-Eremiten in Erfurt.

- Gründe für den Klostereintritt: Gewittererlebnis bei Stotternheim (2.7.1505) ist der äußere Anlaß; dahinter steht die Angst vor einem plötzlichen Tod, bei dem man unvorbereitet vor den Richterstuhl Christi treten müsse. Todeserfahrungen in der Umwelt (Pest in Erfurt) und eigene gefährliche Verletzung. Geprägt vom Erfurter Occamismus wollte Luther die größte Heilssicherheit durch den Weg der Vollkommenheit im Mönchsstand erreichen (»facere quod in se est«).

- Frühjahr 1507 Priesterweihe Luthers im Erfurter Dom, anschließend Theologiestudium, dem folgende Werke zugrunde lagen: Sentenzen des Petrus Lombardus (gest. 1160) - Kommentare: Collectorium des Gabriel Biel und Quaestiones Wilhelm von Ockhams sowie Pierre d' Aillys. Für die Bibellektüre dienten die Glossa ordinaria (Walahfrid Strabo) und die Bibelerklärung des Nikolaus von Lyra (gest. 1340).

- Von Herbst 1508-1509 moralphilosophische Vorlesungen an der Artisten-Fakultät in Wittenberg, dort Absolvierung des biblischen Baccalaureus.

- Winter 1510/11 Romreise Luthers. Anlaß: Ordensstreitsache in der deutschen Augustinerkongregation. Die Romreise hatte keine Bedeutung für seine reformatorische Entwicklung.

- Im Sommer 1511 kommt Luther durch Vermittlung von Johannes von Staupitz (1468-1524), dem Generalvikar der observanten Augustinerklöster, endgültig nach Wittenberg. Staupitz ermuntert Luther zur Doktorpromotion im Oktober 1512 und zur anschließenden Übernahme seiner Bibelprofessur.

- Die Anfechtungen Luthers brachen durch das intensive Ernstnehmen der mönchischen Frömmigkeit auf: die vollkommene Liebe zu Gott wie zum Nächsten und die Herzensreue (contritio) vermochte er nicht in sich zu erfüllen. Als entscheidende Triebfeder entdeckte er vielmehr die Ich-Sucht, das »Eingekurvtsein« in sich selber (incurvatus in se). Vor dem gerechten und strafenden Gott und dem Richter Christus steigerten sich Furcht und Ängste. Sie wurden noch einmal verschärft durch die von Augustin übermittelte Lehre von der Prädestination.

- Staupitz, in der via antiqua theologisch gebildet und von der deutschen Mystik und der Devotio moderna geprägt, wurde zu Luthers wichtigstem Seelsorger im Kloster. Sein Hinweis auf Augustin und Bernhard lenkte Luthers Blick vom richtenden auf den gekreuzigten Christus hin, der Gottes Liebe zu uns zeigt.

- Die entscheidende Hilfe hat Luther jedoch weder von Staupitz noch von der Mystik und der älteren scholastischen Theologie empfangen, sondern aus dem Studium der Heiligen Schrift.

Luthers reformatorische Entdeckung

- Zwischen 1513 und 1518 hielt Luther die sog. Frühvorlesungen: erste Psalmenvorlesung (1513-15), Vorlesung über den Römerbrief (1515/16), Galaterbrief (1516/17) und Hebräerbrief (1517/18). In diesen Vorlesungen vollzieht sich das Werden der neuen reformatorischen Theologie.

- Die erste Psalmenvorlesung zeigt noch die Tradition des vierfachen Schriftsinnes (sensus litteralis, allegoricus, tropologicus und anagogicus). Besonderen Wert legt Luther auf den buchstäblichen und existentiellen Sinn (sensus litteralis und tropologicus). Einfluß der Mystik auf seine sog. Demutstheologie: der Mensch erkennt sich rückhaltlos als Sünder, dieses wahre Urteil erkennt Gott an, so daß der demütige Mensch aus einem Verdammten zu einem Gerechtgesprochenen wird.

- Die Römerbriefvorlesung zeigt die entscheidende Weiterentwicklung von Luthers Theologie. In späteren Rückblicken (Vorrede zum ersten Band der Gesamtausgabe seiner lateinischen Schriften 1545) sagt Luther, daß ihm die neue Erkenntnis am Begriff der Gerechtigkeit Gottes (iustitia dei) im Zusammenhang von Röm 1,17 aufgegangen sei. Er wäre geradezu von neuem geboren und durch die Pforten des Paradieses gegangen. Gerechtigkeit Gottes versteht Luther nun nicht mehr als Genitivus subjectivus (Gerechtigkeit als Qualität Gottes), sondern als Genitivus objectivus (Gerechtigkeit, die Gott dem Menschen schenkt). Diese Gerechtmachung geschieht durch Glauben, der von Gott durch sein Wort und den Heiligen Geist geweckt wird.

- Diese die ganze Bibel neu aufdeckende Erkenntnis sah Luther in der Gnadenlehre Augustins, vor allem in seiner Schrift »De spiritu et littera«, bestätigt.

- Der Zeitpunkt dieser reformatorischen Entdeckung wurde in der Forschung vielfach diskutiert. Man spricht von einer Früh- bzw. Spätdatierung im Rahmen von 1513-1518.

Der Ablaßstreit

- Eine eigentliche Ablaßtheologie kannte die spätmittelalterliche Kirche nicht.

- Der Ablaß gehört ins dritte Glied des Bußsakramentes: Reue des Herzens (contritio cordis), Bekennen mit dem Munde (confessio oris), Genugtuung mit dem Werk (satisfactio operis). Nachdem die Sünde in der Beichte durch die Absolution vergeben wurde, blieben noch die zeitlichen, d.h. befristeten Kirchenstrafen, die im Ablaß nachgelassen wurden. Die geforderten Bußleistungen waren austauschbar. In der Praxis bedeutete jedoch der Ablaß nicht nur Entlastung von kirchlichen Bußstrafen, sondern auch eine solche von befristeten Sündenstrafen, die Gott dem Menschen auferlegt hat (Krankheit, Krieg, Hungersnot, Fegefeuerstrafe). Gerade diese Verschränkung zwischen kirchlicher Bußstrafe und befristeter Sündenstrafe durch Gott ist charakteristisch für die Ablaßpraxis der spätmittelalterlichen Kirche.

- In der Scholastik wurde die Lehre ausgebildet, daß der Papst Ablaß aus dem Schatz der überschüssigen Werke Christi und der Heiligen (thesaurus bonorum operum) austeilen könne.

- Anlaß für Luthers 95 Thesen (»Disputatio pro declaratione

virtutis indulgentiarum«) war der sog. Petersablaß, den Papst Julius II. (1503-1513) zum Neubau der Peterskirche ausgeschrieben hatte. Papst Leo X. (1513-1521) übertrug diesen Ablaß für die Kirchenprovinzen Magdeburg und Mainz 1515 dem Erzbischof Albrecht von Mainz (1490-1545). In einem Handel mit der Kurie und dem Bankhaus Fugger in Augsburg sollte die Dispensgebühr für seine Ämterkumulation finanziert werden. Die praktische Durchführung übernahm der Dominikanerpater Johannes Tetzel (ca. 1465-1519).

- Der unmittelbare Anlaß für Luthers 95 Thesen waren seine Erfahrungen als Beichtvater und die Kenntnis der Ablaßinstruktion Albrechts (*»Instructio summaria«*).

- Weitere Schriften im Ablaßstreit: Tetzels Gegenthesen, verfaßt von Konrad Wimpina (Januar 1518); Luthers *»Resolutiones disputationem de indulgentiarum virtute«* (Februar 1518, gelehrte Schrift Luthers zum Ablaßproblem); *»Sermon von dem Ablaß und Gnade«* (März 1518, Erläuterung der Ablaßkritik für das Volk); *»De potestate papae«* (Streitschrift des Silvester Prierias); *»Obelisci«* (handschriftliche Stellungnahme Ecks zu Luthers Thesen); *»Asterisci«* (handschriftliche Reaktion Luthers auf die Vorwürfe Ecks).

Der römische Prozeß gegen Luther

- Durch Denunziation der deutschen Dominikaner im Juni 1518 eröffnet, zunächst auf Verdacht der Ketzerei.

- Luthers Äußerungen über die Kraft der Exkommunikation und den Bann führten zur Umwandlung des Verfahrens in notorische Ketzerei im August 1518. Binnen 60 Tagen sollte Luther in Rom erscheinen. Kurfürst Friedrich der Weise erreicht die Weiterführung der Verhandlung über die causa Lutheri auf deutschem Boden.

- Oktober 1518 Verhör Luthers vor Cajetan (1469-1534) in Augsburg. Zwei Hauptthemen: Leugnung Luthers, daß der Schatz der Kirche mit den Verdiensten Christi und der Heiligen identisch sei (58. Ablaßthese). In der 7. These seiner Erläuterungen sagt Luther, daß nicht das Sakrament als solches, sondern allein der Glaube rechtfertige. Der entscheidende Gegensatz zur kirchlichen Sakramentslehre wurde deutlich. Luther leistet den geforderten Widerruf nicht.

- Von Oktober 1518 bis Juni 1520 bleibt der Prozeß gegen Luther fast zwei Jahre ausgesetzt. Grund dafür ist vor allem die anstehende Kaiserwahl. Januar 1519 stirbt Kaiser Maximilian. Die Kurie will auf Kurfürst Friedrich den Weisen einwirken, um die Wahl Karls von Spanien zum neuen Kaiser zu verhindern.

- Im Juni 1520 ergeht die Bannandrohungsbulle *»Exsurge domine«*.

- Am 10. Dezember 1520 verbrennen Luther und seine Freunde am Elstertor in Wittenberg Werke des kanonischen Rechtes und der scholastischen Theologie. Auch ein Exemplar der Bannandrohungsbulle geht ins Feuer.

- Im Januar 1521 ergeht die Bannbulle *»Decet Romanum Pontificem«*, die Exkommunikation Luthers aus der Kirche.

- Im Wormser Edikt vom 26. Mai 1521 folgt darauf die Reichsacht.

Reformatorische Theologie in den Disputationen und Schriften des Jahres 1520

- Die Heidelberger Disputation (April 1518) entfaltet die Kreuzestheologie Luthers. Rechtfertigungslehre und Kreuzestheologie gehören zusammen: es gibt keinen freien Willen nach dem Sündenfall; der Mensch hat nur die Freiheit zum Bösen (Ablehnung des »facere quod in se est«). Erst die Verzweiflung am eigenen Vermögen (resignatio ad infernum) kann die Gnade Christi ergreifen. Die Theologie der Herrlichkeit spekuliert über das Wesen Gottes, die Theologie des Kreuzes erkennt Gottes Liebe in Schwachheit und Torheit gegenüber Macht und weltlicher Weisheit.

- In der Leipziger Disputation (27. Juni bis 16. Juli 1519) disputieren Eck und Luther über die Autorität des Papstes und der Konzilien. Eck kann Luther die Behauptung entlocken, daß der Papst und die Konzilien irren können. Damit schien Luther der »hussitischen Ketzerei« überführt. Mit der Leipziger Disputation ist der Bruch mit dem katholischen Kirchenbegriff vollzogen.

- Mit der Leipziger Disputation gewann Luther Anhänger unter den Humanisten.
Aus dem Kreis der Humanisten kam auch Philipp Melanchthon (1497-1560), bereits 1518 Professor für Griechisch an der Wit-

tenberger Universität. In Bretten geboren, studierte er in Heidelberg und Tübingen und wurde der wichtigste Mitarbeiter und Freund Luthers.

- Der »*Sermon von den guten Werken*« ist das Dokument der reformatorischen Ethik. Anhand der 10 Gebote zeigt Luther die neue Verhältnisbestimmung von Glaube und guten Werken: das erste und höchste gute Werk ist der Glaube an Christus. Unterscheidung zwischen profanen und heiligen Werken fällt dahin.

- Die Schrift »*An den christlichen Adel deutscher Nation von des christlichen Standes Besserung*« (Sommer 1520) entfaltet Luthers reformatorisches Programm: Niederreißung der drei Mauern der Romanisten, Überordnung der geistlichen Gewalt über der weltlichen; Auslegung der Schrift allein Sache des Papstes; ein Konzil darf nur vom Papst einberufen werden. Dagegen setzt Luther: durch die Taufe sind alle Christen geistlichen Standes (allgemeines Priestertum der Gläubigen). Damit fällt die Unterscheidung zwischen Kleriker und Laien. Die Bischöfe haben versagt, darum wendet sich Luther an die weltliche Obrigkeit. Der zweite Teil der Schrift bringt das Reformprogramm: Abschaffung des Kirchenstaates, des Zölibates und des Bettels. Dafür planvolle Armenfürsorge, Reform des Bildungswesens, Kampf gegen die Monopolgesellschaften.

- Die Schrift »*De captivitate Babylonica ecclesiae praeludium*« ist eine gelehrte Schrift, die sich vor allem der Sakramentslehre widmet. Das Sakrament wird durch die Verheißung (promissio) und durch den Glauben (fides) bestimmt. Das Wichtigste am Sakrament ist das Wort der Verheißung, das durch ein Zeichen bestätigt wird. Dieses Wort fordert wie alle Verkündigung den Glauben. Damit ist das Sakrament ein »verbum visibile«. Es wird dem Wort gleichgesetzt. Die überkommene Siebenzahl der Sakramente fällt dahin, da ein Sakrament nur von Christus selbst eingesetzt sein kann und ein äußeres Zeichen hat, zu dem die Verheißung hinzutritt. Taufe, Abendmahl und Buße sind die biblischen Sakramente. Im Abendmahl ist Christus in den Elementen gegenwärtig. Die Gabe dieses Sakramentes ist die Sündenvergebung. Die drei römischen Gefangenschaften des Abendmahls sind: Verweigerung des Laienkelches, Transsubstantiationslehre und der Opfercharakter der Messe. Mit dieser Schrift vollzieht Luther den Bruch mit dem Sakramentalismus der mittelalterlichen Kirche.

- In dem Traktat »*Von der Freiheit eines Christenmenschen*« (Spätherbst 1520) gibt Luther die »*Summe eines christlichen Lebens*«. So im Begleitbrief an Papst Leo X. Die Schrift ist gegliedert und bestimmt durch die beiden paradoxen Thesen: der Christenmensch zugleich als freier Herr und dienstbarer Knecht aller Dinge (nach 1Kor 9,19). Rechtfertigungstheologie und Christologie werden in die Spannung von innerem und äußerem Menschen gestellt: durch den »fröhlichen Wechsel« gewinnt die glaubende Seele Anteil an allen Gütern Christi, während sie ihre Sünde, Ungerechtigkeit und Schmach auf Christus legt. In diesem Glauben ist der Mensch frei von allen sog. frommen Werken. Der äußerliche Mensch dient als dienstbarer Knecht dem Nächsten mit guten Werken. Aber nicht das gute Werk macht den Menschen gut, sondern nur der Glaube.

Literaturhinweise

MOELLER, B., Geschichte des Christentums, 228-239.
ROGGE, J., Der junge Luther 1483-1521. Der junge Zwingli 1484-1523 (Kirchengeschichte in Einzeldarstellungen II/3 u. 4), Berlin 1983, 139-159 u. 194-211.
SCHMIDT, K.D., Kirchengeschichte, 275-285 u. 327- 332.
SCHWARZ, R., Luther, (KIG 3, Lieferung I) Göttingen 1986, 23-62.
WALLMANN, J., Kirchengeschichte Deutschlands seit der Reformation, Tübingen ^{4}1993, 15-44.

XIV. Reformationsgechichte vom Wormser Reichstag 1521 bis zum Augsburger Reichstag 1530

Einstieg

Mit Bann und Wormser Edikt schien der Luthersache ein deutlicher Riegel vorgeschoben zu sein. Luther und seinen Freunden kam jedoch die politische Lage zur Hilfe. Es fand sich keine Macht, die das Wormser Edikt in den deutschen Territorien durchsetzen konnte.

Karl V. hat unmittelbar nach dem Wormser Reichstag das Deutsche Reich verlassen. Nicht die Innenpolitik des Reiches, sondern die Außenpolitik seines riesigen Imperiums stand in den folgenden Jahren im Vordergrund seines Wirkens. Zum Augsburger Reichstag 1530 kommt er schließlich für kurze Zeit wieder ins Reich, um sich der inneren Angelegenheiten zu widmen. Während der kaiserlichen Abwesenheit hat das Reichsregiment unter Ferdinand, dem Bruder Karls, die eigentliche Regierungsgewalt im Reich wahrgenommen. Die Abwehr der Türken forderte die Hilfeleistung aller Stände. So wurde die Durchführung des Wormser Ediktes immer wieder hinausgeschoben. Die Stände verwiesen auf die noch nicht abgestellten Gravamina der deutschen Nation und forderten die baldige Einberufung eines Konzils auf deutschem Boden. Erst jetzt wurde ganz deutlich, daß die lange Hinausschiebung des Prozesses gegen Luther die Ausbreitung seiner Gedanken erheblich gefördert hatte. Nach Worms kommt es nicht nur in Kursachsen, sondern auch in oberdeutschen Städten und freien Reichsstädten und über die Reichsgrenzen hinaus zu einer reformatorischen Bewegung. In den Niederlanden, in der Schweiz, Österreich, Böhmen, bis nach Ostpreußen breitet sie sich aus.

Andere Reformatoren zeigen ein eigenständiges Profil gegenüber Luther, so Martin Bucer in Straßburg und Huldreich Zwingli in Zürich. Bald nach dem Wormser Reichstag wird auch deutlich, daß die reformatorische Bewegung einen radikalen Seitenflügel erhält, die von Luther sog. »Schwärmer«. Sie wollen die Freiheit des Evangeliums unmittelbar und teilweise mit Gewalt in die kirchliche und politische Praxis umsetzen. Die Auseinandersetzung mit Rom tritt gegenüber dieser innerevangelischen Kampfsituation zuweilen zurück.

Seit den frühen 20er Jahren hatte sich die reformatorische Bewegung durch wandernde Prädikanten weiter ausgebreitet. In den oberdeutschen Städten und in der Schweiz bildet sich das zweite Zentrum der Reformation. Seine besondere Prägung gegenüber Kursachsen ist von zwei geschichtlichen Voraussetzungen bestimmt. Durch das Genossenschaftswesen war in der Bürgerschaft ein sittlich-politisches Verantwortungsbewußtsein lebendig, das sich selbstverständlich auch auf alle kirchlichen Angelegenheiten bezog. Nicht nur in sozialer, sondern auch in kultureller Hinsicht war der Südwesten des Reiches gegenüber Mitteldeutschland weiter entwickelt, was sich besonders in der starken Präsenz des Humanismus zeigt. Humanismus und reformatorische Bewegung kommen hier eng zusammen, die meisten Theologen sind unmittelbar aus dem Humanismus hervorgegangen. Das gilt auch für Huldreich Zwingli, dem Reformator von Zürich.

Als bedeutendste Seitenbewegung der Reformation bildete sich in der Mitte der 20er Jahre die Bewegung des Täufertums. Die Wittenberger und Züricher Reformation steht in der Tradition der antidonatistischen Entscheidungen der Alten Kirche. Die wahre Kirche ist nicht außerhalb der verfaßten Kirche sichtbar zu statuieren. Im Täufertum fand dagegen wieder der alte Gedanke aus der vorkonstantinischen Zeit von der wahren Kirche als der Gemeinschaft der wahrhaft Frommen und Heiligen lebhafte Zustimmung. Über das von den Obrigkeiten bestimmte äußere Kirchenwesen mit seinen offenkundigen Mängeln enttäuscht, hoffte man auf die reale Erneuerung der Kirche durch den Geist Christi.

Das Jahr 1525 ist das Krisenjahr der deutschen Reformationsgeschichte. Die Verquickung der reformatorischen Bewegung mit dem Bauernkrieg und Luthers literarische Stellungnahmen haben die inneren Gegensätze zwischen Reformation, Schwärmertum und Humanismus noch weiter verschärft. Seit 1525 lief die politische Geschichte im Reich auf eine womöglich gewaltsame Ausrottung der lutherischen Lehre hin. Dennoch führte die Uneinigkeit der altgläubigen Mächte ab dem Reichstag in Speyer 1526 zu einem planmäßigen evangelischen Kirchenaufbau. In den Reichstag von Augsburg 1530 setzten die protestantischen Stände große Hoffnung, die jedoch nicht erfüllt wurde.

Grundaspekte

Die Situation nach dem Wormser Reichstag 1521

- Politische Gründe schieben die Durchführung des Wormser Ediktes immer wieder hinaus: Abwesenheit Karls V. vom Reich und die notwendige Hilfeleistung aller Stände zur Abwehr der Türken. Die Stände verweisen auf das in Aussicht genommene Konzil auf deutschem Boden.

- Aus dem reformatorischen Gedankengut wird nach Worms eine reformatorische Bewegung: in Kursachsen, Oberdeutschland und den freien Reichsstädten. Außerhalb des Reiches: Niederlande, Schweiz, Österreich, Böhmen und Ostpreußen. Verbreitung von Lutherschriften in West- und Südeuropa.

- Reformatoren neben Luther mit eigenem Profil: Huldreich Zwingli in Zürich und Martin Bucer in Straßburg.

- Die reformatorische Bewegung erhält einen radikalen Seitenflügel: Andreas Bodenstein, genannt Karlstadt, Thomas Müntzer, Täufer und Spiritualisten. Die Auseinandersetzung mit den sog. Schwärmern ist vorherrschend.

Luthers Wartburgzeit

- Unter dem Schutz Friedrichs des Weisen hält sich Luther vom 4. Mai 1521 bis 3. März 1522 auf der Wartburg auf.

- Briefliche Kontakte und Vertiefung der Freundschaft vor allem mit Melanchthon. Weitere Briefe gehen an Georg Spalatin, Nikolaus von Amsdorff und an Justus Jonas.

- Werke auf der Wartburg: *»Wider Latomus«*, Thesen über den Zölibat und *»De votis monasticis«*, *»Eine treue Vermahnung, sich zu hüten vor Aufruhr und Empörung«*, *»Vom Mißbrauch der Messe«*.

- Die bedeutendsten Werke unpolemischen Charakters sind: Übersetzung des NT ins Deutsche und die *»Kirchenpostille«*.
Luther benutzte das griechische NT des Erasmus von 1519 mit einer lateinischen Übersetzung. In seinem Deutsch knüpft Luther an die sog. sächsische Kanzleisprache an. *»Das Neue Testament Deutsch«* erschien im September 1522 in Wittenberg. Die *»Kirchenpostille«* ist ein Predigtwerk, womit Luther zu einer evangeliumsgemäßen Predigt anleiten wollte. Er hat später daran weitergearbeitet und sie für sein bestes Werk gehalten.
Auf der Wartburg vollendete Luther auch seine Auslegung des Lobgesangs der Maria (Magnificat).

Die Wittenberger Unruhen

- Während Luthers Abwesenheit kam es zu ersten Veränderungen im alten Kirchenwesen. Unter dem Einfluß Karlstadts wurden praktische Reformen angestrebt: Abschaffung von Zölibat, Meßgottesdienst und Verehrung der Bilder.

- Weihnachten 1521 hält Karlstadt einen Abendmahlsgottesdienst in beiderlei Gestalt, wobei er auf geistliche Kleidung, Opfergebete, Konsekrationsworte und vorangehende Beichte verzichtet.

- Die sog. »Zwickauer Propheten« Nikolaus Storch und Thomas Drexel kamen nach Wittenberg und beriefen sich auf persönliche innere Geistoffenbarungen und forderten die Abschaffung der Kindertaufe.

- Im Januar 1522 erläßt der Rat der Stadt Wittenberg die erste städtische Reformationsordnung. Trotz dieser Ordnung kam es Anfang Februar 1522 zum Bildersturm. Der Rat der Stadt wendet sich mit einem Hilferuf an Luther.

- Entgegen der Mahnung des Kurfürsten verläßt Luther die Wartburg und hält seit dem 9. März seine sog. Invokavit-Predigten in der Wittenberger Stadtkirche. Mit diesen Predigten konnte Luther die Reformen in geordnete Bahnen lenken. Luther übt nicht an dem Inhalt, sondern an der Art und Weise der Reformen in Wittenberg Kritik. Sie entbehrten der Liebe und der Rücksicht auf die Schwachen. Luther will nichts mit Zwang und Gewalt ausgerichtet wissen. Er sieht den eigentlichen Feind nun vor allem in den eigenen Reihen, besonders in dem Wirken Karlstadts.

Schriften zur Gottesdienstreform

- Anders als in Oberdeutschland und der Schweiz kommt in Wittenberg zunächst eine lateinische Gottesdienstordnung heraus: »*Formula Missae et Communionis*« (1523), ohne Heiligen- und Marienfeste, ohne Kanon missae.

- 1523: »*Das Taufbüchlein, verdeutscht*«.

- 1524: Erstes Gemeindegesangbuch, größtenteils aus Lutherliedern bestehend.

- 1526: »*Deutsche Messe*« (Anlehnung an die Meßform, Predigt und Abendmahl bilden die beiden Zentren des Gottesdienstes).

- 1523 hat Thomas Müntzer bereits ein »*Deutsches Kirchenamt*« und eine »*Deutsche evangelische Messe*« in Allstedt herausgegeben.

Schriften zur sozialen Neuordnung

- 1522: »*Vom ehelichen Leben*«. Ehe ist ein »*göttlicher, seliger Stand*«, doch »*ein äußerlich leiblich oder weltlich Ding*«. Sie gehört zum ersten Artikel, nicht zur Erlösung.

- 1523: »*Ordnung eines Gemeinen Kastens*«, sog. Leisniger Kastenordnung. Das Kirchengut soll zur Armenpflege und zum Kirchen- und Schulwesen der Gemeinden verwendet werden.

- 1523: *»Daß eine christliche Versammlung ... Recht und Macht habe, alle Lehre zu urteilen«.* Eine neue Gemeindeordnung auf biblischer Grundlage. Das Recht der Gemeinde geht dem Recht des Papst- und Bischofsamtes vor.

- 1524: *»Von Kaufshandlung und Wucher«.* Scharfe Kritik an der frühkapitalistischen Wirtschaftsweise. Der theologische Kern seiner Kritik: Gier des Menschen, alles für sich haben zu wollen.

- 1524: *»An die Ratsherren ..., daß sie christliche Schulen aufrichten und erhalten sollen«.* Reformatorisches Bildungsprogramm aus dem Geist des Humanismus, antischwärmerisch.

- 1523: *»Von weltlicher Obrigkeit, wie weit man ihr Gehorsam schuldig sei«.* Wichtigste Schrift dieser Zeit, in drei Teile gegliedert:
1. Biblische Begründung der obrigkeitlichen Gewalt (Röm 13) und Aussagen der Bergpredigt stehen scheinbar im Widerspruch. Die mittelalterliche Antwort einer Zweistufenethik (»concepta« und »consilia«) führt nicht weiter. Luther unterscheidet das Reich Gottes vom Reich der Welt, geistliches und weltliches Regiment Gottes. Schwert und Wort sind die beiden Mittel, durch die Gott in seiner Schöpfung handelt.
2. Grenzen der obrigkeitlichen Gewalt: sie erstreckt sich nur über das Äußere, den Leib, nicht die Seele. Diese Ausführungen sind das Hauptstück der Schrift.
3. Fürstenspiegel, Grundsätze für den sog. gerechten Krieg.

Andreas Bodenstein, genannt Karlstadt (ca. 1480-1541)

- Aus bürgerlicher Familie stammend, nach Studium in Erfurt und Köln ab 1504 in Wittenberg. 1512 Doktorvater Luthers.

- Von der thomistischen Theologie geprägt, wird Karlstadt durch Luther ab 1517 zum augustinischen Theologen und Mitstreiter Luthers.

- Nach den Wittenberger Unruhen übernimmt Karlstadt 1523 eine Pfarrstelle in Orlamünde. Schrift gegen die Kindertaufe. Abstand von der Gewalt im Bauernkrieg. 1529 aus Sachsen nach Kiel vertrieben, dort Begegnung mit dem Täuferprediger Melchior Hoffmann. Ab 1530 Aufnahme bei Zwingli in Zürich. Als Professor in Basel gestorben.

- Seine radikalen Reformen sind biblizistisch begründet: auch der Dekalog enthält zeremonielle und gesetzliche Vorschriften, die einzuhalten sind (Bilderverbot und Sabbatheiligung). Karlstadt bestreitet radikal die Realpräsenz Christi in den Elementen. Er schloß sich der symbolischen Deutung der Einsetzungsworte des niederländischen Humanisten Hoenius an. Abendmahl als inneres, vom Heiligen Geist geleitetes Gedächtnismahl (Einfluß der Mystik). Auch für den Glaubenden hat das Gesetz Bedeutung: tertius usus legis.

Thomas Müntzer (ca. 1490-1525)

- Um 1490 in Stolberg/Harz geboren; Theologiestudium in Leipzig und Frankfurt/Oder; Kontakt zu Luther spätestens seit der Leipziger Disputation; 1520 Prediger in Zwickau, vermittelt durch Luther. Die weiteren Stationen: Böhmen, Allstedt (1523/24), Mühlhausen, Süddeutschland (Bauernaufstände), Folter und Hinrichtung nach der Schlacht bei Frankenhausen (Juli 1525).

- Wichtige Werke: *»Prager Manifest«* (1521); *»Deutsches Kirchenamt«*, *»Deutsche evangelische Messe«* (1523); *»Fürstenpredigt«* (1524); *»Hochverursachte Schutzrede wider das geistlose sanftlebende Fleisch zu Wittenberg«* (1524).

- Müntzers reformatorische Predigt vereinigt Einflüsse Luthers mit *Aspektenn* aus der spätmittelalterlichen Mystik (J. Tauler). Die mystischen Gedanken mischen sich schon im *»Prager Manifest«* mit apokalyptisch-chiliastischen *Ansichten*. Der Glaube entsteht aus der Erfahrung des Geistes im Inneren des Menschen (inneres Wort). Kritik an den Wittenbergern mit ihrem Pochen auf das äußere Wort. Zu den mystischen und spiritualistischen Elementen treten apokalyptische: Müntzer versteht sich als »Knecht der Auserwählten Gottes«. Die Zeit der Scheidung sei gekommen. Die Regenten fordert er auf, sich des Evangeliums endlich tapfer anzunehmen (Fürstenpredigt).

- Erst spät wird Müntzer in die Bauernaufstände verwickelt, in denen er das Gericht Gottes anbrechen sieht.

Huldreich Zwingli (1484-1531) und die Reformation in Zürich

- Bäuerlicher Herkunft, Studium in Wien und Basel, von der via antiqua und vom Humanismus geprägt.

- 1506-1516 Pfarrer in Glarus. Begegnung mit Erasmus von Rotterdam in Basel (1516). Ab 1516 Pfarrer in Einsiedeln.

- Ab 1519 Leutpriester am Großmünster in Zürich. 1522 sog. »Fastenstreit« als Aufbruch zur Reformation in der Stadt.

- 1531 Tod Zwinglis als Feldprediger während der zweiten Schlacht bei Kappel.

- Die Reformation in Zürich wie in Oberdeutschland hat gegenüber Kursachsen besondere soziale und geistesgeschichtliche Prägungen: genossenschaftliche Verfassungsordnungen stärkten die sittlich-politische Verantwortung der Bürgerschaft. Starker humanistischer Einfluß auf die reformatorische Bewegung.

- Zwingli kommt 1516 zur Klarheit der Schrifterkenntnis: der buchstäbliche Sinn ist das Tor zur rechten Schriftauslegung. Erasmus gegenüber ist Zwingli dankbar für die Erschließung des Urtextes des NT. Neben den biblischen Studien treten Kirchenväterstudien, vor allem Augustins.

- Im sog. »*Pestlied*« (Sommer 1519) evtl. erste reformatorische Anklänge (umstritten).

- Seit Berufung nach Zürich Bruch mit üblicher Perikopenordnung: Reihenpredigten über ganze biblische Bücher.

- 1522 erreicht Zwingli Verbot des sog. »Reislaufens« (Söldneranwerbung) in Stadt und Land Zürich. Den Verstoß gegen das kirchliche Fastengebot seiner Anhänger verteidigt Zwingli mit der Schrift »*Vom Erkiesen und Freiheit der Speisen*«.

- 1523 zwei Disputationen mit altgläubigen Vertretern über Schriftprinzip, Bilder und Messe.

- Ab 1525 Einführung der evangelischen Abendmahlsfeier. Kirchenerneuerung praktisch abgeschlossen: Abschaffung der Messen, nur noch schriftgemäße Predigt, Verbot der Bilder, geregelte Armenpflege, Abschaffung der Hurerei durch Schließung der Bordelle, Einrichtung eines theologischen Seminars (sog. »Prophezei« zur Übersetzung und Auslegung der Bibel).

- 1528 sog. Berner Disputation. Die Reformation kommt von Bern bis Genf.

- 1529 »Christliche Vereinigung« der katholischen Stände und der bewaffnete Kampf für eine evangelische Schweiz führten zum ersten und zweiten Kappeler Krieg und zur konfessionellen Spaltung der Schweiz.

- Hauptschriften Zwinglis:
»Von Erkiesen und Freiheit der Speisen« (1522).
»Auslegen und Gründe der Schlußreden« (67 Schlußreden für die erste Züricher Disputation, erste deutschsprachige evangelische Dogmatik).
»Commentarius de vera et falsa religione« (1525).

- Zwingli kam auf eigenständigem Wege zur reformatorischen Erkenntnis. Seit der Leipziger Disputation ist er von Luthers Kritik an der Papstkirche beeindruckt. Die Theologie Zwinglis ruht auf folgenden Elementen: Scholastik im Sinne der via antiqua, Humanismus (stoisch geprägtes Tugendideal, Studium der Bibel im Urtext), Kirchenväterstudien, vor allem Augustin.

- Unterschiede gegenüber Luther: Der Priester Zwingli leidet mehr unter der Not seines Volkes als unter Fragen des persönlichen Seelenheils. Seine scharfe Kritik am katholischen Kirchenwesen gipfelt im Vorwurf der Kreaturvergötterung, d.h. der Abgötterei. Damit richtet er sich gegen die Werkgerechtigkeit und den spätmittelalterlichen Sakramentalismus. Das Evangelium erhebt Anspruch auf das gesamte menschliche Leben. Zwinglis Reformation strebte eine religiöse und gesellschaftliche Erneuerung an.

Täufer und Spiritualisten

- Die Täufer traten zuerst als Abspaltung der Züricher Reformation auf. Ihre Kritik an der Kindertaufe wurzelt in ihrem Kirchenbegriff, der Rechtgläubigkeit und Heiligkeit der Kirche vereinen möchte. Am 21.1.1525 erste Glaubenstaufe in Zürich.

- Zwei Namen stehen am Anfang der Täuferbewegung: die beiden humanistisch gebildeten Züricher Bürger Konrad Grebel (ca. 1498-1526) und Felix Mantz (ca. 1500-1527). Als erster Täufer wird im Januar 1527 Felix Mantz vom Züricher Rat zum Tode verurteilt. Dieser Märtyrertod führt die Bewegung über die Schweiz nach Österreich, Süd- und Mitteldeutschland. Die unterschiedlich strukturierten Täufergemeinden bildeten sich vornehmlich in den Städten; im Zuge der Ausbreitung der Bewegung kamen spiritualistische, mystische und apokalyptisch-eschatologische Gedanken in das Täufertum.

- Michael Sattler verfaßte 1527 die sog. Schleitheimer Artikel. Für das frühe Täufertum sind folgende Kennzeichen charakteristisch: Gemeindekirche nach urchristlichem Vorbild, Abgrenzung von Rom und den Kirchen der Reformation. Absonderung von der »Welt«, Verweigerung von Eid, Kriegsdienst und Zinszahlung. Keine obrigkeitlichen Ämter. Abendmahl als Gemeinschaftsmahl.

- Weitere Täufer: Balthasar Hubmaier (verbrannt 1528), Hans Hut (gest. 1527), Menno Simons (1496-1561), Jakob Huter (1536 in Innsbruck hingerichtet).

- Das Wirken des Geistes im Inneren der Seele unter Ablehnung aller äußeren Mittel haben insbesondere die Spiritualisten vertreten: Hans Denck (ca. 1500-1527), Rektor der Sebaldusschule in Nürnberg; Sebastian Franck (1499-1542). Mit seiner »*Türkenchronic*« (1531) ist Franck der erste evangelische Geschichtsschreiber mit konsequent spiritualistischem Ansatz. Zu den Spiritualisten gehört auch der schlesische Adlige Kaspar von Schwenckfeld (1489-1561), er vertritt eine spiritualistische Abendmahlslehre. Seine Anhänger sammelten sich in Schlesien, Süddeutschland und später in der Neuen Welt.

Luther und Erasmus

- Schon vor 1524/25 wurde deutlich, daß zwischen beiden die Unterschiede größer waren als die Gemeinsamkeiten.

- September 1524 erscheint die Schrift des Erasmus gegen Luther: »*Diatribe de libero arbitrio*«.
September 1525 Luthers Gegenschrift: »*De servo arbitrio*«.
Februar 1525 Antwort des Erasmus: »*Hyperaspistes*«. Daraufhin antwortete Luther nicht mehr, entschuldigte sich jedoch in einem Brief an Erasmus für sein heftiges Temperament.

- Die Schrift des Erasmus stellt die Stellen aus AT und NT zusammen, die für den freien Willen des Menschen sprechen. Dann versucht er die Stellen zu entkräften, die in der Bibel offenbar gegen den freien Willen sprechen. Zum Schluß faßt er seine Ansicht zusammen im Gegenüber der Auffassungen seiner Gegner. Der freie Wille nach Erasmus ist: »*Eine Kraft, durch die der Mensch sich zu dem hinwenden kann, was zum ewi-*

gen Heile führt oder davon wegführt.« Erasmus denkt im Schema des Sowohl-als-auch. Jeder extreme Radikalismus ist ihm fremd. Das Verhältnis von Gnade und Natur sieht er im Grunde ähnlich wie Thomas: die Gnade hebt die Natur nicht auf, sondern vollendet sie (gratia perficit naturam).

- In Luthers großer Entgegnung werden folgende theologische Themen erörtert: Schrifterkenntnis, Kirchenverständnis, Rechtfertigung (Anthropologie und Christologie), Gottesbild (deus absconditus und revelatus).

- Luther sieht in der Heiligen Schrift den unfreien Willen des Menschen gegenüber Gott klar bezeugt. Er vergleicht den Menschen in seiner Unfreiheit einem Reittier, auf dem entweder Gott oder der Teufel reitet. Gegenüber Erasmus geht es Luther vor allem um die Frage der Heilsgewißheit. Er hebt die Klarheit der Schrift und die Alleinwirksamkeit Gottes hervor.

Der Bauernkrieg und Luther

- Bauernbündnisse im 15. Jh. gegen überhöhte Forderungen: »Arme Konrad«, »Bundschuh« - Stärkung des Selbstbewußtseins der Bauern im Zuge der veränderten wirtschaftlichen und gesellschaftlichen Bedingungen des 15. Jhs.

- 1524/25 Bauernaufstände von Kärnten bis Thüringen, außer Bayern und Nordostdeutschland.

- Programmschrift der oberschwäbischen Bauern: »*Zwölf Artikel der Bauernschaft in Schwaben*«, März 1525. Verfasser: Sebastian Lotzer und Christoph Schappeler aus Memmingen. Forderungen: freie Pfarrwahl, Abschaffung der Leibeigenschaft, Erleichterung der Abgaben.

- Luthers Antwort: »*Ermahnung zum Frieden*« (April 1525). Fürsten und Bauern fordert er zum friedlichen Ausgleich auf, in dieser Sache geht es um weltliches Recht. Die Fürsten sind die Hauptschuldigen, aber die Bauern haben kein Recht, sich bei ihren Forderungen auf das Wort Gottes zu berufen.

- Angesichts der Aufstände in Thüringen gibt Luther die Schrift ein zweitesmal heraus (Mai 1525) mit einem Anhang: »*Auch wider die räuberischen und mörderischen Rotten der anderen Bauern*«. Dieser Anhang wird separat gedruckt mit dem Titel: »*Wider die räuberischen und mörderischen Rotten der Bauern*«. Damit entstand der Eindruck, daß Luther sich allein auf die Seite der Fürsten geschlagen habe. Der tiefe Haß Luthers gegenüber den aufrührerischen Bauern kommt aus seiner apokalyptischen Sicht. Im Bauernkrieg sah er den letzten Anlauf des Teufels gegen den Sieg des Evangeliums.

- 14. Mai 1525: Schlacht bei Frankenhausen; Bauern vom Bundesheer altgläubiger und reformatorischer Fürsten vernichtend geschlagen, 6000 Tote.

- In seinem »*Sendbrief von dem harten Büchlein wider die Bauern*« (Juli 1525) rechtfertigt sich Luther gegenüber der Kritik an seinen Worten gegen die Bauern.

- Auch nach dem Bauernkrieg ging die Reformation als Volksbewegung weiter, der Weg im Bündnis mit der fürstlichen Macht war jedoch vorgezeichnet.

Territorialer Ausbau der Reformation

- 1524-26 entstehen verschiedene fürstliche Bündnisse: 1524 Regensburger Bund (kath. Mächte unter Führung Bayerns); 1525 Dessauer Bund (altgläubige Mächte Norddeutschlands, Brandenburg, Kurmainz, Braunschweig-Wolfenbüttel). Dagegen steht der Torgauer Bund 1526 (Landgraf Philipp von Hessen und Kurfürst Johann von Sachsen).

- Der erste Reichstag zu Speyer 1526 sollte endgültig dem Wormser Edikt zur Durchführung verhelfen. Die Lage für die altgläubigen Stände währte jedoch nicht lange: Sieg Karls V. über Franz I. führte zu einem Bündnis zwischen Papst und Frankreich, der sog. Liga von Cognac 1526.

- Im Zuge der Uneinigkeit der altgläubigen Mächte kommt es in Speyer 1526 zu einer Kompromißformel, die in Hessen und Sachsen zur eigenständigen Kirchenreformation führt.

- Die Homberger Synode von 1526 zeigt das hessische Modell: Kirchenaufbau von unten, Einzelgemeinden wählen Delegierte zu einer Generalsynode. Deutliche Unterscheidung von Glaubensgemeinde und Bürgergemeinde. Die Mitglieder der Glaubensgemeinde sollen in Reinheit, Zucht und Heiligkeit leben (strenge Kirchenzucht). Luther protestierte: ihm war diese Ordnung nichts anderes als ein »*Haufen Gesetze*«.

- In Kursachsen kirchliche Organisation durch eine landesherrliche Kommission: »Kursächsische Kirchen- und Schulvisitation von 1526-30«. Kommissionen von Juristen und Theologen sorgten durch landesherrliche Edikte für die Einheit des Gottesdienstes, der Lehre und des Unterrichtes.

- Luther hat die kursächsische Visitation selbst veranlaßt. Der Landesherr sollte als Notbischof tätig werden, weil die anderen Bischöfe versagt haben.

- Das kursächsische Modell setzte sich durch; aus der Übergangslösung wurde die dauerhafte Einrichtung des »landesherrlichen Kirchenregimentes«. Melanchthon gab die theologische Legitimation: die weltliche Obrigkeit ist Hüterin beider Tafeln der Gebote (custodia utriusque tabulae).

Der Abendmahlsstreit

- Am Beginn steht Luthers Auseinandersetzung mit Karlstadt. Zwischen 1526 und 1529 ist der Abendmahlsstreit ein literarischer Streit zwischen Luther und Zwingli.

- Zwingli trat Ende 1524 erstmals mit der symbolischen Deutung der Einsetzungsworte hervor (das »est« als »significat« verstanden im Anschluß an den niederländischen Humanisten Hoenius). Auch die Reformatoren von Basel und Straßburg: Ökolampad und Bucer, traten für die symbolische Auffassung ein.

- Die wichtigsten Schriften:
Zwingli: *»Amica exegesis«*.
Luther: *»Daß diese Worte: das ist mein Leib, noch feststehen, wider die Schwarmgeister«*.
Zwingli: *»Daß diese Worte ... ewiglich den alten Sinn haben werden«*.
Luther: *»Vom Abendmahl Christi. Bekenntnis«* (März 1528).

- Zwingli betont die Ehre und Majestät Gottes. So war ihm das unmittelbare Eingehen Gottes in das Kreatürliche ein letztlich undenkbarer Gedanke. Eine leibliche Anwesenheit Christi auf Erden ist ausgeschlossen. Zwingli unterschied scharf zwischen der göttlichen und der menschlichen Natur Christi, zwischen Himmel und Erde. Dagegen setzt Luther seine Inkarnationstheologie, er wisse von keinem anderen Gott als von dem, der Mensch geworden ist.

- Der Abendmahlsstreit kommt 1529 in den Strudel der Verquickung von Religion und Politik. Auf dem 2. Reichstag zu

Speyer 1529 wurde die Aufhebung des Abschiedes von 1526 beschlossen. Dagegen legten fünf Fürstentümer und 14 freie Reichsstädte ihre Protestation am 19.4.1529 ein (Hessen, Kursachsen, Brandenburg-Ansbach, Braunschweig-Lüneburg und Anhalt).

- Von dieser Protestation kommt der Name »Protestantismus« (protestari = Zeugnis ablegen für etwas, für die Gewissensfreiheit bezüglich des Evangeliums).

- Auf dem Marburger Religionsgespräch vom 1.-4.10.1529 wollte Landgraf Philipp von Hessen einen antihabsburgischen Bund von Süd nach Nord aufbauen. Dagegen stand die Uneinigkeit im Abendmahlsverständnis. In 15 Punkten wurde Einigkeit festgestellt. In der Art und Weise der Gegenwart Christi in den Elementen konnte nur Uneinigkeit konstatiert werden. Diskutiert haben in Marburg: Luther und Melanchthon, Zwingli und Ökolampad. Weiter anwesend waren: Jonas, Brenz, Osiander und Bucer.

Der Augsburger Reichstag 1530

- Karls Einladung zum Reichstag war in versöhnlichem Ton gehalten.

- Melanchthon arbeitete im Auftrag des Kurfürsten Johann von Sachsen eine Bekenntnisschrift aus, wobei er die Schwabacher und die Torgauer Artikel von 1529 mit heranzog.

- Die »*Confessio Augustana*« wurde am 25.6.1530 vor dem Reichstag verlesen.

- Vier oberdeutsche Städte (Straßburg, Memmingen, Konstanz und Lindau) reichten die »*Tetrapolitana*« ein.

- Zwingli ließ seine »*Fidei ratio ad Carolum imperatorem*« einreichen.

- Johann Eck erarbeitete im Auftrag des Kaisers eine Widerlegung des Augsburgischen Bekenntnisses: die »*Confutatio*«. Durch ihre öffentliche Verlesung auf dem Reichstag hielt Karl V. die CA für widerlegt. Er forderte Unterwerfung.

- Melanchthon arbeitete daraufhin seine »*Apologie der Augsburgischen Confession*« aus.

- Nach Abreise der meisten evangelischen Stände wird das Wormser Edikt erneuert.

- Die »*Confessio Augustana*«, die von der irenischen Art Melanchthons geprägt ist, gliedert sich in zwei Teile:
1. Teil: Art. 1-21 über Glauben und Lehre. Betonung der Übereinstimmung der reformatorischen Position mit der Heiligen Schrift und den altkirchlichen Bekenntnissen. Der Streit mit den Altgläubigen gehe daher nur um einige Mißbräuche.
2. Teil: Art. 22-28 behandeln die kontroversen Fragen wie Messe, Kelchentzug, Zölibat, Fasten, Mönchsgelübde.

- Luther war während des Augsburger Reichstages auf der Veste Coburg. Das Lob über die CA verbindet er mit dem Fehlen der Kritik am Primat des Papsttums und an der Fegefeuervorstellung.

Literaturhinweise

MOELLER, B., Geschichte des Christentums, 240-253.
SCHMIDT, K.D., Kirchengeschichte, 332-344.
SCHWARZ, R., Luther, 109-156.
STUPPERICH, R., Die Reformation in Deutschland, Gütersloh ^{3}1988, 42-99.
WALLMANN, J., Kirchengeschichte, 45-81.

XV. Reformationsgeschichte von Augsburg 1530 bis zum Religionsfrieden 1555

Einstieg

Nach dem Augsburger Reichstag 1530 glaubten die evangelischen Stände, daß der Kaiser und die katholischen Fürsten demnächst gewaltsam gegen sie vorgehen werden. Um sich vor einer solchen gewaltsamen Durchführung des Reichstagsbeschlusses zu schützen, schlossen die Unterzeichner der CA im Februar 1531 ein Schutzbündnis, den Schmalkaldischen Bund. Im Falle eines Angriffes wollten die Evangelischen ihre Errungenschaften zu behaupten versuchen. Dies schloß nötigenfalls auch einen bewaffneten Widerstand gegen den Kaiser ein. Landgraf Philipp von Hessen war die treibende Kraft in diesem Bündnis, dem er eine deutlich antihabsburgische Ausrichtung gab. Auch die süddeutschen Reichsstädte, an der Spitze Straßburg, traten dem Schmalkaldischen Bund bei. Aus der reformatorischen Bewegung ist damit eine politisch wie militärisch ernstzunehmende Größe im Reich geworden. Sie bestimmte nun für eineinhalb Jahrzehnte die deutsche Reformationsgeschichte.

Die von Anfang an vielgestaltige reformatorische Bewegung erlebte auf ihrem sog. linken Flügel am Anfang der 30er Jahre eine schwere Katastrophe. Das stille, gewaltlose Täufertum wurde durch die apokalyptische Predigt eines einzelnen in eine gewaltsame religiöse Hysterie geführt. Melchior Hoffmann (ca. 1500-1543), ein Kürschner aus Schwäbisch Hall, erwartete den Anbruch des Reiches Gottes zunächst in Straßburg, sodann in Münster in Westfalen.

In den 30er Jahren drang die reformatorische Bewegung in immer neue Gebiete ein und konnte sich in größeren Territorien innerhalb wie außerhalb des Reiches durchsetzen. Die Reformation hat sich regional unterschiedlich entwickelt. Meistens haben die Fürsten die entscheidende Rolle gespielt, weshalb man auch von der sog. Fürstenreformation spricht, d.h. von einer Reformation von oben. Die Annahme der Reformation kam jedoch auch jetzt noch vielfach aus den Gemeinden selbst.

Zwei theologisch bedeutsame Ereignisse fallen in die 30er Jahre: eine Annäherung im Abendmahlsstreit zwischen Oberdeutschland und der Wittenberger Reformation in der Wittenberger Konkordie und die *»Schmalkaldischen Artikel«* Luthers von 1537 als Zusammenfassung der evangelischen Lehre.

Nachdem Karl V. durch das Ende der auswärtigen Kriege freie Hand bekam und mit dem Papst eine Verständigung über die Einberufung des Konzils nach Trient erfolgte (1545), kommt es zum Ausbruch des Schmalkaldischen Krieges. Er beginnt im Todesjahr Luthers 1546 und endet 1547 mit der Niederlage der Protestanten. Verschiedene politische Verwicklungen verhinderten jedoch ein geschlossenes Vorgehen gegen die Protestanten. Nach dem Passauer Vertrag von 1552 entstand eine Pattsituation zwischen den beiden religiösen Gruppierungen im Reich, die im Augsburger Religionsfrieden von 1555 faktisch festgeschrieben werden sollte.

Der Augsburger Religionsfriede von 1555 schuf die Voraussetzung für das Verhältnis der zwei großen Konfessionen im Reich, nachdem die religiöse Einheit zerbrochen war. Für die Folgezeit ist nun die konfessionelle Ausrichtung und Gestaltung des Kirchenwesens in den Territorien, vor allem die obrigkeitliche Kirchenverfassung im deutschen Protestantismus, charakteristisch. Die Beschlüsse des Augsburger Religionsfriedens haben die spezifische Struktur sowohl des deutschen Katholizismus wie des Protestantismus tief geprägt und die konfessionelle Landkarte Deutschlands bis in die Gegenwart hinein geformt. In der deutschen Geschichte hat das Jahr 1555 deshalb die Bedeutung eines Epochenjahres, während in der europäischen Gesamtgeschichte der Augsburger Religionsfriede diesen Rang nicht einnimmt.

Grundaspekte

Der Schmalkaldische Bund

- Im Februar 1531 in Schmalkalden an der kurchsächsisch-hessischen Grenze gegründet. Grund: Schutz vor dem in Augsburg 1530 wieder in Kraft gesetzten Wormser Edikt und der gewaltsamen Zurückdrängung der Protestanten.

- Aufgabe des Bündnisses: gegenseitige Waffenhilfe im Verteidigungsfall, Aufstellung eines Bundesheeres und gemeinsames Vorgehen gegen die Prozesse am Reichskammergericht, die die Reformation aufzuhalten versuchten.

- Zum Bund gehörten: die Unterzeichner der CA (Kursachsen, Hessen, Ansbach, Braunschweig-Lüneburg, Anhalt); Städte nicht nur in Norddeutschland (Lübeck, Magdeburg, Bremen), sondern vor allem auch in Süddeutschland mit Straßburg an der Spitze. Das kaisertreue Nürnberg blieb außerhalb des Bundes.

- Die Theologen, besonders Luther, hatten schwere Bedenken, einem bewaffneten Widerstand gegen den Kaiser zuzustimmen. Sie ließen sich schließlich von den Juristen belehren, daß die eigentliche Obrigkeit die Landesfürsten seien und der Kaiser nach der Wahlkapitulation nur von den Fürsten gewählt und eingesetzt sei. Die Strukturen des werdenden frühneuzeitlichen Territorialstaates kündigen sich an. Der Schmalkaldische Bund bestimmt für eineinhalb Jahrzehnte die Reformationsgeschichte.

Die territoriale Ausbreitung des Protestantismus

- Die Gründung des Schmalkaldischen Bundes und die andauernde Türkengefahr gewähren den Protestanten einen ersten befristeten Religionsfrieden im »Nürnberger Anstand« (1532). Der Kaiser ist auf die protestantischen Stände angewiesen.

- 1534 ging das Herzogtum Württemberg zur Reformation über. Herzog Ulrich führte die Reformation in Verbindung mit drei Reformatoren ein: Ambrosius Blarer (von der Schweizer und oberdeutschen Reformation geprägt), Erhard Schnepf und Johannes Brenz (1499-1570), beide streng lutherisch gesonnen.

- 1534 zog die Reformation in das Herzogtum Pommern ein. Johannes Bugenhagen (1485-1558) schuf die Kirchenordnung; vorher hatte er schon die Kirchenordnungen für Braunschweig (1528), Hamburg (1529) und Lübeck (1531) geschaffen. Später erstellte er noch die Kirchenordnungen für Dänemark (1537), Holstein (1542) und Braunschweig-Wolfenbüttel (1543).

- 1539 führte Herzog Heinrich die Reformation im Herzogtum Sachsen ein, nachdem Herzog Georg gestorben war.

- Im selben Jahr bekannte sich auch das Kurfürstentum Brandenburg unter Kurfürst Joachim II. zur Reformation. Sie erhielt hier ein konservatives Gepräge, indem die katholische Liturgie und die alten Gebräuche beibehalten wurden.

- Der größere Teil Deutschlands ist Anfang der 40er Jahre evangelisch geworden. Auch die meisten Reichsstädte, so auch Augsburg.

- Schon in den 20er Jahren war die reformatorische Bewegung über die Reichsgrenzen hinausgeschritten: in Polen-Litauen, Ungarn, vor allem Siebenbürgen und Skandinavien.

- 1525 hat Albrecht von Preußen das Ordensland in ein weltliches Herzogtum umgewandelt und die Reformation eingeführt. 1544 Gründung der Universität Königsberg mit starker geistiger Ausstrahlung.

- 1527 erklärte sich der Reichstag von Schweden zur Reformation. Erstmals trennte sich ein ganzer Staat von Rom.

- In den 30er Jahren kamen zwei weitere bedeutende Staaten hinzu: 1534 England unter König Heinrich VIII. und 1536 Königreich Dänemark unter König Christian III., zugleich auch Norwegen.

Die Katastrophe des Täuferreiches in Münster

- Das gewaltlose Täufertum wurde von katholischen wie evangelischen Obrigkeiten seit Speyer 1529 gnadenlos verfolgt.

- Durch Melchior Hoffmann (ca. 1500-1543), einem Kürschner aus Schwäbisch-Hall, kamen apokalyptisch-enthusiastische Gedanken in das Täufertum. Sie gipfelten in der Aufforderung zur gewaltsamen Vernichtung aller Gottlosen. Nachdem Hoffmann in Schweden, Ostfriesland, in den Niederlanden und in Straßburg viele Anhänger gewonnen hatte (die sog. Melchioriten), warteten sie auf den Anbruch des Gottesreiches in Münster in Westfalen. Der Prediger Bernhard Rothmann hatte hier seit 1533 täuferische Gedanken verbreitet. Aus Holland kamen die Melchioriten in großen Scharen und konnten die Mehrheit im Stadtrat und die Herrschaft über die Bewohner erlangen (Jan Bockelson aus Leiden und Jan Matthys aus Haarlem). Sie errichteten ein apokalyptisches Königreich mit Gütergemeinschaft, Polygamie und gewaltsamer Herrschaft über alle Bürger.

- 1535 erobert der Bischof von Münster die Stadt nach über einjähriger Belagerung. Grausame Vergeltung wird geübt, die katholische Herrschaft wiederhergestellt.

- Das ganze Täufertum erlitt durch das Täuferreich in Münster die schwerste Katastrophe; das Täuferreich in Münster diente dann immer wieder als Vorwand für Verfolgungen.

Die Wittenberger Konkordie 1536

- Martin Bucer (1491-1551) versuchte nach dem Abendmahlsstreit mehrfach zwischen den Wittenbergern und den Oberdeutschen zu vermitteln.

- 1536 wird der Abendmahlsstreit in Deutschland mit der Wittenberger Konkordie beendet. Man einigt sich auf die Anerkennung der CA, der Apologie und einer Kompromißformel: sakramentale Einheit und Speisung der Unwürdigen (unio sacramentalis; manducatio indignorum). Die Abendmahlsgabe hängt nicht ab von der Würdigkeit oder Unwürdigkeit des Empfängers.

- 1540 hat Melanchthon eine geänderte Fassung der CA vorgelegt (»CA-Variata«). Hier ist u.a. der Abendmahlsartikel X der CA verändert worden.

- Zürich blieb außerhalb dieser Verständigung. Der Nachfolger Zwinglis, Heinrich Bullinger, verfaßte mit anderen 1536 die »Confessio Helvetica prior«.

- 1549 einigten sich Genf und Zürich über das Abendmahl im »Consensus Tigurinus«.

Konzilspläne und Luthers Schmalkaldische Artikel

- 1536 schreibt Papst Paul III. ein Konzil nach Mantua aus. Februar 1537 beraten die protestantischen Stände auf der Bundesversammlung in Schmalkalden über die Teilnahme am Konzil. Sie lehnen das Konzil als unfrei ab. Angenommen wird Melanchthons »*Tractatus de potestate et primatu papae*«.

- Für das Konzil hatte Luther auf Wunsch des sächsischen Kurfürsten ein Gutachten ausgearbeitet: die »*Schmalkaldischen Artikel*«. Auf dem Konvent 1537 war Luther nicht anwesend (schwer erkrankt); Melanchthon verhinderte die offizielle Annahme der Artikel, sie wurden nur von den Theologen unterschrieben. Erst im Konkordienbuch 1580 wurden die Schmalkaldischen Artikel als Bekenntnisschrift aufgenommen.

- Luther teilt die Artikel in drei Teile:
1. Die von allen anerkannten Lehrinhalte der altkirchlichen Glaubensbekenntnisse (Trinität und Christologie).
2. Lehrinhalte, über die man verhandeln und diskutieren kann.
3. Artikel, die unter keinen Umständen aufgegeben werden können: Rechtfertigung sola fide, Ablehnung des Meßopfers, der Stifte und Klöster und des göttlichen Rechts des Papsttums.

Die Religionsgespräche

- Das Konzil kam nicht zustande; im wiederauflebenden Türkenkrieg war der Kaiser auf die evangelischen Stände angewiesen. Der »Frankfurter Anstand« 1539 erneuert einen befristeten Religionsfrieden für die Protestanten.

- Karl V. versucht nun mit dem Mittel von Religionsgesprächen die Protestanten in die katholische Kirche zurückzuführen. Sie fanden in Hagenau (1540), in Worms (1540/41) und in Regensburg (1541) statt.

- In Worms diskutierten Melanchthon und Eck über die Erbsünde auf der Grundlage der CA und konnten sich in einigen Artikeln verständigen (»Wormser Buch«).

- In Regensburg konnte man sich im Artikel von der Rechtfertigung verständigen, aber über die Transsubstantiationslehre, über Beichte und Absolution sowie über die päpstliche Autorität in der Kirche konnte nur der Dissens konstatiert werden. Die Religionsgespräche scheiterten.

Schwächung des Schmalkaldischen Bundes und Schmalkaldischer Krieg

- Nach den erfolglosen Religionsgesprächen rückt die Gefahr einer gewaltsamen Auseinandersetzung der beiden Gruppierungen im Reich immer näher.

- Günstige Umstände verhalfen Karl V., zwei wichtige Fürsten vom Schmalkaldischen Bund zu isolieren: da die Doppelehe Landgraf Philipps von Hessen 1540 gegen Reichsrecht verstieß, mußte er sich die Gunst des Kaisers erkaufen und von seiner evangelischen Politik Abstand nehmen. Zudem nutzte Karl die alte Rivalität zwischen dem albertinischen und ernestinischen Sachsen aus, indem er Moritz von Sachsen die Kurwürde versprach. Moritz trat aus dem Schmalkaldischen Bund aus.

- Obwohl am Anfang der 40er Jahre die Reformation noch in verschiedene Gebiete drang (die Stadt Regensburg im Süden und Braunschweig-Wolfenbüttel im Norden), konnte Karl V. gegen den Herzog von Kleve 1543 siegreich sein, weil der Schmalkaldische Bund nicht eingriff (Abkommen Philipps mit dem Kaiser). Dadurch wurden auch die evangelischen Regungen im Erzstift Köln unter Erzbischof Hermann von Wied wieder zurückgedrängt.

- Paul III. berief zum 15. März 1545 das Konzil nach Trient ein. Kaiser und Papst hatten sich darauf verständigt, das immer wieder hinausgeschobene Konzil konnte nun endlich beginnen; die Protestanten blieben fern.

- 1546 eröffnete der Kaiser den Schmalkaldischen Krieg mit dem Vorwand, Sachsen und Hessen hätten Landfriedensbruch begangen. Der Schmalkaldische Krieg war ein Religionskrieg, bei dem Kaiser und Papst den Protestanten gegenüberstanden. Der Krieg wurde in Süd- und Norddeutschland geführt. Da Moritz von Sachsen auf der Seite des Kaisers kämpfte, wurde Kurfürst Johann Friedrich in der Schlacht bei Mühlberg auf der Lochauer Heide (24.4.1547) besiegt. In der Wittenberger Kapitulation vom 19.5.1547 ging die Kurwürde von Johann Friedrich auf Moritz von Sachsen über. Der sächsische Kurfürst wurde gefangengenommen.

Das Augsburger Interim und der politische Umschwung unter Moritz von Sachsen

- 1547 ließ der Papst das Konzil von Trient nach Bologna verlegen, vom südlichsten Punkt des Reiches in den Kirchenstaat. Nach dem Sieg Karls fürchtete der Papst eine zu große Macht des Kaisers. Karl V. protestierte gegen die Verlegung des Konzils, die Verhandlungen in Bologna wurden suspendiert.

- Auf dem Augsburger Reichstag 1548 wird das »Augsburger Interim« verkündet, eine kaiserliche Erklärung, die bis zu einem Konzilsbeschluß gelten soll. Die Religionsfrage hatte der Kaiser nun wieder selbst in die Hand genommen.

- Das »Augsburger Interim« ist der Versuch, nach der Niederlage der Protestanten im Schmalkaldischen Krieg die katholische Kirche soweit wie irgend möglich wiederherzustellen. Vor allem katholische Theologen haben es ausgearbeitet (Pflug und Helding), einziger evangelischer Theologe: der brandenburgische Hofprediger Johann Agricola.

- Den Protestanten wird bis zu einem Konzilsentscheid nur das Abendmahl unter beiderlei Gestalt und die Priesterehe zugestanden.

- In Süddeutschland konnte man sich gegen das Interim kaum wehren, in Norddeutschland gab es erheblichen Widerstand, vor allem in den Städten (Magdeburg).

- In Kursachsen erging im Dezember 1548 das »Leipziger Interim«, hauptsächlich verfaßt von Melanchthon. Es wird erklärt, daß Zugeständnisse nur in den »Adiaphora« (Mitteldingen), also den Zeremonien und Riten möglich seien, nicht aber in den zentralen Glaubensartikeln.

- Das »Leipziger Interim« stieß bei den strengen Lutheranern auf heftige Kritik (Matthias Flacius und Nikolaus von Amsdorf).

- 1552 kommt es zum politischen Umschwung zugunsten der Protestanten: Moritz von Sachsen, der »Judas von Meißen«, stellt sich gegen den Kaiser. Gründe: nichteingehaltene Zusagen Karls an ihn, Kränkung durch die Gefangenschaft seines Schwiegervaters, des Landgrafen Philipp von Hessen. Moritz wird zum Anwalt der Verteidigung fürstlicher Selbständigkeit gegenüber einem zu starken monarchischen kaiserlichen Regiment. Der frühneuzeitliche Territorialstaat kündigt sich an.

- Im Frühjahr 1552 überfällt Moritz den völlig überraschten Kaiser in Innsbruck, der gerade noch fliehen kann.

- Im Passauer Vertrag wird die vor dem Schmalkaldischen Krieg bestehende Rechtsordnung wiederhergestellt, das »Augsburger Interim« aufgehoben.

Der Augsburger Religionsfriede 1555

- Der Augsburger Reichstag 1555 (Karl V. nicht anwesend, geleitet von seinem Bruder, König Ferdinand) verabschiedet einen unbefristeten Religionsfrieden zwischen den beiden Religionsparteien bis zur Wiederkehr der Glaubenseinheit (Reichstagsabschied vom 25.9.1555).

- Die Religionsfreiheit bezieht sich nur auf die Wahl zwischen den beiden »Religionen«: Altgläubige und Augsburger Konfessionsverwandte. Die Seitenbewegungen der Reformation wie Täufertum, Antitrinitarier, Spiritualisten und auch die Anhänger Zwinglis blieben außerhalb des Religionsfriedens.

- Keine allgemeine Religionsfreiheit. Es gilt das Prinzip: cuius regio - eius religio (wessen das Land, dessen die Religion). Nur die Landesherren können zwischen den Konfessionen wählen, die Untertanen müssen ihnen hier folgen (ius reformandi).

- Das alte Ketzerrecht wurde außer Kraft gesetzt; andersgläubige Untertanen hatten das Recht zur Auswanderung (ius emigrandi). Bei der Übersiedlung in ein Territorium der eigenen Konfession wurde ihr Gut und das der Familie unter Eigentumsschutz gestellt.

- Für die geistlichen Fürstentümer gilt eine Ausnahme: das sog. »Reservatum ecclesiaticum« (geistlicher Vorbehalt). Ein geistlicher Reichsfürst wird durch den Konfessionswechsel Privatmann, er verliert seine geistlichen Würden und weltlichen Herrschaftsrechte.

- Freie Reichsstädte, in denen beide Konfessionen vorhanden sind, sollen in dieser Doppelheit fortbestehen bleiben.

- Zur CA gehörende Städte und Gemeinden in den geistlichen Fürstentümern können evangelisch bleiben. Diese Bestimmung wurde zwar nicht in den Religionsfrieden aufgenommen, aber in einer persönlichen Erklärung König Ferdinands den Protestanten bewilligt, die sog. »Declaratio Ferdinandea«.

- Karl V. legte 1556 seine Ämter nieder und verzichtete auf die Kaiserkrone; er starb 1558 in Spanien.

- Mit dem Augsburger Religionsfrieden endet im Deutschen Reich die Zeit eines einheitlichen christlichen Bekenntnisses, es beginnt das konfessionelle Zeitalter.

Literaturhinweise

KIRCHNER, H., Reformationsgeschichte von 1532-1555/1566 (Kirchengeschichte in Einzeldarstellungen II/6), Berlin 1987, 21-46.
SCHMIDT, K.D., Kirchengeschichte, 344-352.
STUPPERICH, R., Die Reformation, 102-141.
WALLMANN, J., Kirchengeschichte, 82-97.

XVI. Überblick über das konfessionelle Zeitalter

Einstieg

Der Begriff »Konfessionelles Zeitalter« für die Zeit vom Augsburger Religionsfrieden 1555 bis zum Westfälischen Frieden 1648 ist erst in unserem Jahrhundert von dem Religionssoziologen Ernst Troeltsch (1865-1923) und dem Historiker Otto Brunner (1898-1982) geprägt worden. In der Darstellung der allgemeinen Geschichte und der Kirchengeschichte hat er sich durchgesetzt, wobei das Jahr 1555 nicht mehr den Zäsurcharakter hat, den es in der traditionellen Epochengliederung einer Reformationsgeschichte bis 1555 und einer daran anschließenden Zeit der Gegenreformation inne hatte. Für die Situation im Deutschen Reich ist zweifellos der Augsburger Religionsfriede 1555 ein wichtiger Einschnitt, der den konfessionellen Grundzug des Zeitalters besonders deutlich macht.

Das eigentlich Neue gegenüber dem Spätmittelalter und der Reformation seit 1555 ist, daß das gesamte Leben unter die Signatur des Konfessionellen, d.h. der konfessionellen Gegensätze getreten ist. Die religiösen Bewegungen des Spätmittelalters und auch die Anfänge der Reformation kennen diese konfessionelle Polarisierung nicht. Die Aufspaltung der mittelalterlichen christlichen Einheitskultur in eine Vielheit von Konfessionen und Kirchen, Staaten und politischen Entwürfen, die sich gegenseitig abgrenzen und differenzieren, ist das eigentlich bestimmende Element der Epoche. Der konfessionelle Grundzug des Zeitalters zeigt sich in der Politik bei den großen Kriegen im 16. und 17. Jh., aber auch bei der christlichen Mission und der kolonialen Expansion der europäischen Mächte in fremde Kontinente.

In der Kirchengeschichte dieses Zeitalters vollziehen sich die Prozesse der lutherischen, calvinistischen und katholischen Konfessionalisierung. Dieser konfessionelle Grundzug des Zeitalters steht aber im Zusammenhang mit einem scheinbar gegenläufigen Prozeß, nämlich mit der in dieser Zeit immer deutlicher werdenden Säkularisierung, d.h. der Verweltlichung aller Lebensbereiche. Konfessionalisierung und Säkularisierung treten in ein dialektisches Verhältnis zueinander. Je stärker die Konfessionen und ihre gegenseitige Abgrenzung alle Lebensbereiche bestimmten, um so mehr wurden aus zunächst religiös motivierten Konflikten rein politische Auseinandersetzungen. Die Überlagerung von Politik und Religion zeigt im Deutschen Reich der Dreißigjährige Krieg. Je länger er dauerte, um so deutlicher brachen die reinen Machtinteressen durch.

Der konfessionellen Streitigkeiten überdrüssig, wurde in Theologie und kirchlicher Frömmigkeit die Bewährung des Glaubens im praktischen Leben das wichtigste Anliegen. Der Pietismus hat im Deutschen Reich erheblich zur Entkonfessionalisierung des Christentums beigetragen.

Im Konfessionellen Zeitalter hat sich der frühmoderne Territorialstaat herausgebildet. Auch dieser wichtige Vorgang macht den Zusammenhang von Konfessionalisierung und Säkularisierung deutlich.

Das Konfessionelle Zeitalter zeigt keineswegs nur konfessionelle Erstarrung, sondern auch eine erstaunliche geistige Lebendigkeit und geistliche Vertiefung.

Grundaspekte

Zur allgemeinen Charakteristik des Zeitalters

- Mit dem Begriff »Konfessionelles Zeitalter« wird allgemein die Zeit nach der Reformation im engeren Sinne, die Zeit vom Augsburger Religionsfrieden 1555 bis zum Westfälischen Frieden 1648 bezeichnet. Der Zäsurcharakter von 1555 gilt besonders für das Deutsche Reich, wird aber in der neueren Forschung relativiert. Der Prozeß der »Konfessionalisierung« wird schon in die erste Hälfte des 16. Jhs. verlegt.

- In der Forschung werden auch die Begriffe »Spätreformation« und »Zweite Reformation« (Eindringen des Calvinismus in lutherische Gebiete) verwandt und diskutiert.

- Das Neue gegenüber Spätmittelalter und Reformation: das gesamte Leben tritt unter die Signatur der konfessionellen Gegensätze. Die mittelalterliche christliche Einheitskultur spaltet sich in mehrere Konfessionen und Kirchen, Staaten und politische Entwürfe auf, die sich voneinander abgrenzen und differenzieren. Dieser Prozeß wird Konfessionsbildung bzw. Konfessionalisierung genannt.

- Die Konfessionalisierung steht im Zusammenhang mit einer fortschreitenden Säkularisierung: aus zunächst religiös motivierten Konflikten werden reine politische Auseinandersetzungen. Die Überlagerung von Politik und Religion zeigt im Deutschen Reich besonders der Dreißigjährige Krieg (1618-1648).

- Im Konfessionellen Zeitalter hat sich der frühmoderne Territorialstaat herausgebildet. Auch dieser wichtige Vorgang zeigt den Zusammenhang von Konfessionalisierung und Säkularisierung.

- Neben konfessionelle Konsolidierung und Erstarrung tritt eine erstaunliche geistige Lebendigkeit und geistliche Vertiefung. Sie zeigt sich nicht nur in der Bewegung des mystischen Spiritualismus und der Dogmenkritik der Antitrinitarier, die gegen die offizielle Lehre standen, sondern auch in der orthodoxen Theologie selbst und vor allem in der Frömmigkeitsbewegung des älteren Luthertums.

Die Entwicklung des Luthertums zur Konfessionskirche

Die innerlutherischen Lehrstreitigkeiten

- Die Entwicklung zu einer eigenständigen lutherischen Konfessionskirche kam erst in einem längeren Prozeß im Verlauf des 17. Jhs. zu einem gewissen Abschluß. Der Weg zu dieser Entwicklung führt über heftige theologische Streitigkeiten. Erst nachdem sie einigermaßen geklärt waren, konnte eine gemeinsame Basis des Luthertums gefunden werden.

- Die Streitigkeiten sind durch die Verknüpfung von politischen Gegensätzen (z.B. zwischen Kursachsen und Kurpfalz) und theologischen Kontroversen bestimmt. Die unterschiedlichen theologischen Ansätze bei Luther und Melanchthon (humanistisches Gedankengut) machen sich nach dem Tode Luthers stärker bemerkbar.

- Der Streit geht zwischen den Philippisten, den Schülern Melanchthons (G. Major, J. Pfeffinger), und den Gnesiolutheranern, genuine Lutherschüler (M. Flacius, N. v. Amsdorf).

- Um folgende Fragen wurde zwischen diesen beiden Gruppierungen gerungen und diskutiert:
»Adiaphoristischer Streit« (1548-1552): Protest des Flacius gegen die von Melanchthon im Leipziger Interim gemachten Zugeständnisse an die katholische Kirche, Bestimmungen über Recht und Ritus als gleichgültige Nebendinge zu betrachten.
»Majoristischer Streit« (1552-1558): Verhältnis von Rechtfertigung und Heiligung, guten Werken und ewiger Seligkeit.
»Synergistischer Streit« (1556-1560): die alte Problematik der menschlichen Willensfreiheit im Verhältnis zu Gott.
»Osiandrischer Streit« (1550-1566): Andreas Osiander (1488-1552) lehrte die Gerechtmachung des Sünders durch den Einzug der göttlichen Natur Christi in das Innere des Menschen. Dagegen standen Philippisten und Gnesiolutheraner und betonten die forensische Rechtfertigungslehre Melanchthons (Zurechnung der Gerechtigkeit Christi gegenüber dem Sünder).

- Streitigkeiten um das Verständnis des Abendmahls: den Melanchthonschülern wurde heimliche Zuneigung zum Calvinismus vorgeworfen (»Kryptocalvinisten«). Christologische Streitigkeiten gingen um die Höllenfahrt Christi und die Lehre von der Allgegenwart des erhöhten Herrn (Ubiquitätslehre).

Konkordienformel (1577) und Konkordienbuch (1580)

- Im römischen Katholizismus und im Calvinismus war schon länger die Entwicklung auf eine systematische Festlegung der Lehre zugelaufen (Tridentinum und Calvins »*Institutio*«).

- Die treibende Kraft zu einer lehrmäßigen Einigung im Luthertum ging von den Fürsten aus. Kurfürst August von Sachsen ließ das sog. Torgische Buch erarbeiten. Wichtigster Theologe ist Jakob Andreae (1528-1590).

- Dieses Dokument wurde den lutherischen Territorialkirchen zur Begutachtung zugeleitet und erhielt schließlich die Formulierung: »*Solida Declaratio*«, feste Erklärung (SD). Ein kurzer Auszug (Epitome) wurde der Erklärung vorangestellt. Epitome und Solida Declaratio bilden zusammen die »*Formula concordiae*« (FC).

- Die Konkordienformel versteht sich als abschließender und verbindlicher Kommentar zur CA. Sie ist kein selbständiges Bekenntnis.

- Ihr Ziel ist nach innen: Ausgleich zwischen den zerstrittenen Positionen. Nach außen: klare lehrmäßige Abgrenzung gegenüber dem römischen Katholizismus und Calvinismus.

- Wichtige Grundentscheidungen der FC: die Heilige Schrift wird als einzige Regel und Richtschnur bezeichnet, nach der alle Lehren und Lehrer zu beurteilen sind. Die drei altkirchlichen Bekenntnisse (Apostolicum, Nicaenum und Athanasianum) sowie die lutherischen Bekenntnisse aus der Reformationszeit werden als Wahrheitszeugen (testes veritatis) bezeichnet. Die Heilige Schrift ist das Fundament der Glaubenswahrheit, zu der die Bekenntnisse den Weg eröffnen.
Mit Hilfe der Theologie Luthers lehnt die FC den freien Willen bei der Bekehrung und Wiedergeburt des Menschen strikt ab. Sie hebt jedoch den forensischen Charakter der Rechtfertigungslehre im Sinne Melanchthons hervor.

- Die Transsubstantiationslehre, das Meßopfer und die Verweigerung des Laienkelches werden ebenso abgewiesen wie die nur geistig-sinnbildliche Abendmahlsauffassung. Realpräsenz von Leib und Blut Christi in den Elementen (manducatio indignorum, manducatio impiorum).
Gegenüber Calvins Prädestinationslehre wird die allgemeine Gnade Gottes (gratia universalis) herausgestellt.

- Zum 50. Jahrestag der CA erschien in Dresden das Konkordienbuch, das folgende Bekenntnisschriften für die lutherischen Gebiete zusammenfaßte:
die drei altkirchlichen Symbole (Apostolicum, Nicaeno-Constantinopolitanum und Athanasianum);
CA und Apologie;
Schmalkaldische Artikel Luthers;
Melanchthons Traktat »De potestate et primatu papae«;
Großer und Kleiner Katechismus Luthers;
Konkordienformel.

- Nicht alle lutherischen Kirchen haben die FC angenommen. Lutherische Territorialkirchen ohne FC sind: Pommern, Holstein, Braunschweig-Wolfenbüttel und die Reichsstadt Nürnberg. In Hessen-Kassel und in Anhalt versuchte der Calvinismus einzudringen.

Die lutherische Orthodoxie

- Die lutherische Orthodoxie ist Teil der altprotestantischen Orthodoxie im späten 16. und im 17. Jh. Hauptkennzeichen ist die Konzentration auf die reine Lehre und ihre Verteidigung gegenüber den Angriffen von seiten des römischen Katholizismus und des Calvinismus. Dogmatik und Polemik bilden die beiden Hauptdisziplinen der Theologie.

- Von dem um die wahre Lehre kämpfenden Luther führt durchaus ein Weg zur lutherischen Orthodoxie. Der Artikel der Rechtfertigung steht auch im Mittelpunkt der lutherisch-orthodoxen Theologie.

- Hauptwegbereiter für die lutherische Orthodoxie ist jedoch Melanchthon. Seine »*Loci theologici*« von 1521 sind Vorbild für Titel und Methode bedeutender Werke der Frühorthodoxie:
Martin Chemnitz (1522-1586): »*Loci theologici*«;
Leonhard Hutter (1563-1616): »*Compendium locorum theologicorum*«;
Johann Gerhard (1582-1637): »*Loci theologici*« (1610-1625), Hauptwerk der lutherischen Orthodoxie.

- Diese Werke folgen Melanchthon in der Anwendung der aristotelischen Logik auf die Darbietung der theologischen Dogmatik. Theologische Zentralbegriffe werden in eine logische Ordnung gebracht (Loci-Methode). Der Einzug der aristotelischen Metaphysik in die lutherische Theologie ist ein Hauptkennzeichen der lutherischen Orthodoxie. Er steht im Zusammenhang mit dem Geist des Späthumanismus und der Notwendigkeit, mit exakter Begrifflichkeit die Angriffe der Gegner abzuwehren.

- Hauptvertreter der Hochorthodoxie:
Johann Andreas Quenstedt (1610-1688);
Abraham Calov (1612-1688);
David Hollaz (1648-1713).
Diese Theologen der Hochorthodoxie bedienen sich der sog. analytischen Methode. Theologie wird als praktische Wissenschaft vom Heilsweg verstanden. In systematischer Geschlossenheit wird der dogmatische Stoff von der Schöpfung bis zur Vollendung, dem Heilsziel der ewigen Seligkeit, dargestellt.

- Neben dem Wiedereinzug der aristotelischen Philosophie in die Theologie ist die orthodoxe Lehre von der Heiligen Schrift ein weiterer Grundzug der lutherischen Orthodoxie. In der Anwendung der aristotelischen Kategorie des Prinzips auf die Schrift entsteht die Lehre vom Schriftprinzip: die Schrift ist aus sich selbst heraus wahr und keiner weiteren Beglaubigung bedürftig. Sie besitzt auctoritas (Autorität), perfectio (vollkommene Wahrheit), sufficientia (volle Genügsamkeit) und perspicuitas (durchsichtige Klarheit). Die gesamte Heilige Schrift wird bis zu den einzelnen Buchstaben vom göttlichen Geist inspiriert verstanden (Verbalinspirationslehre).

- Diese logisch ausgebaute orthodoxe Schriftlehre wurde zum Einfallstor für die historische Kritik an der Bibel, da es in ihrem Ansatz selbst lag, mit Vernunftkritik an die biblischen Schriften heranzugehen.

Georg Calixt und der sog. Synkretistische Streit

- Georg Calixt (1586-1656) lehrte an der damals bedeutenden Universität Helmstedt (Helmstedter Theologie). Gegenüber der Hochburg der lutherischen Orthodoxie, der Universität Wittenberg, war hier der Geist des Späthumanismus besonders ausgeprägt.

- Auch Calixt war orthodox-lutherischer Theologe, aber von Melanchthon herkommend an einer Überwindung des christlichen Konfessionshaders interessiert. Unter dem Eindruck der Verwüstungen des Dreißigjährigen Krieges wollte er auf das allen Konfessionen gemeinsame Fundament zurücklenken, um von hier aus zu einer Übereinkunft in den gegenwärtigen Streitigkeiten zu gelangen. Dieses Fundament sah er im apostolischen Glaubensbekenntnis und in den Lehrentscheidungen der ersten fünf Jahrhunderte. Dieser sog. Consensus quinquesaecularis wurde von den orthodoxen Theologen (Abraham Calov) in Wittenberg als Religionsmengerei (Synkretismus) bekämpft.

- Seit dem Thorner Religionsgespräch 1645 wurde der Synkretistische Streit erbittert geführt: die Wittenberger warfen Calixt eine Relativierung von Luther und der Reformation vor. Im Zusammenhang mit diesen Streitigkeiten ist der Begriff »lutherische Kirche« gebildet worden.

- Calixt legte in seiner Theologie besonderen Akzent auf die Ethik. Auf ihn geht es letztlich zurück, daß Dogmatik und Ethik als zwei theologische Disziplinen auseinandertreten, die freilich nicht getrennt werden dürfen. Auch mit seiner Unterscheidung zwischen Fundamentalartikeln des Glaubens, zu denen er freilich nicht die Theologie der Reformatoren rechnete, und weniger fundamentalen Artikeln, steht Calixt schon im Übergang zu einer neuen Zeit.

Die lutherische Erbauungsliteratur

- Das Zeitalter der lutherischen Orthodoxie ist das klassische Zeitalter der Erbauungsliteratur, der Frömmigkeit und der geistlichen Dichtung. Die Blüte dieses Erbauungsschrifttums um 1600 wird mit einer »Frömmigkeitskrise« bzw. »Frömmigkeitswende« (W. Zeller) in Verbindung gebracht. Die sich mit Hilfe der aristotelischen Metaphysik immer mehr rationalisierende Theologie gab dem Bedürfnis nach gelebtem Glauben, nach Frömmigkeit keine Impulse. Theologie und Frömmigkeit traten in der dritten nachreformatorischen Generation besonders stark auseinander. Für das Entstehen der Frömmigkeitsbewegung um 1600 können aber auch Ängste vor übermächtigen Gegnern (Papsttum als Antichrist) und Furcht vor den drohenden Zeichen der Endzeit in Anschlag gebracht werden. Zudem bot die Rechtfertigungslehre in der melanchthonischen Fassung wenig Raum, die dem Sünder zugerechnete Gerechtigkeit in einem erneuerten, heiligen Leben erfahrbar werden zu lassen. So werden die Anleihen verständlich, die bei der altkirchlichen, hoch- und spätmittelalterlichen Mystik sowie bei naturphilosophischen Strömungen genommen werden, um das Bedürfnis nach Verinnerlichung, Konkretisierung und Individualisierung des christlichen Glaubens befriedigen zu können.

- Bedeutendster Autor und wichtigstes Werk der Frömmigkeitsbewegung um 1600 ist Johann Arndt (1555-1621) mit seinen »*Vier Bücher vom wahren Christentum*« (1605-1610). Bis ins 19. Jh. hinein erlebte dieses Werk eine enorme Verbreitung. Arndt wollte vom Fundament der lutherischen Rechtfertigungslehre ausgehend »*die Lehre Christi ins Leben verwandeln*«. Damit gilt heute Arndt als Begründer des Pietismus in frömmigkeitsgeschichtlicher Hinsicht (J. Wallmann).

- Neben Arndt stehen weitere bedeutende Vertreter der Frömmigkeitsbewegung mit ihren Werken:
Stephan Prätorius (1536-1603): »*Geistliche Schatzkammer*« (1636).
Philipp Nicolai (1556-1608): »*Freudenspiegel des ewigen Lebens*« (1599).
Valerius Herberger (1562-1627): »*Herz-Postillen*«.
Johann Gerhard (1582-1637): »*Meditationes sacrae*« (1606).
Bei Gerhard wird besonders das Anliegen deutlich, Frömmigkeit und gelehrte Theologie zusammenzuhalten.

- Diese Frömmigkeit steht mit zahlreichen Reformbestrebungen im Zusammenhang: Arndt-Schüler J.V. Andreae (1586-1654) und J.A. Comenius (1592-1670). Die kirchlichen, politischen und sozialen Gegebenheiten werden oft scharf kritisiert (Anklageliteratur). Dazu gehören u.a. J.B. Schupp (1610-1661), Th. Großgebauer (1627-1661), (»*Wächterstimme aus dem verwüsteten Zion*«), J. Saubert (1592-1646), J.M. Dilherr (1604-1669) und Johann Schmidt (1594-1658).

- Die lutherische Erbauungsliteratur wirkte auch auf die geistliche Dichtung Paul Gerhardts (1607-1676) ein. An diesem großen protestantischen Liederdichter wird zugleich die enge Verbindung von Orthodoxie und tiefempfundener Frömmigkeit deutlich, die das ganze 17. Jh. kennzeichnet. Viele Lieder Gerhardts sind von der Frömmigkeit Arndts geprägt, bes. von seinem »*Paradiesgärtlein*« (1612). Die mystisch gefärbte Frömmigkeitssprache Johann Arndts beeinflußte auch die Texte der Kantaten und Passionen J.S. Bachs.

- In die lutherische Erbauungsliteratur wirkten auch die Schriften des mystischen Spiritualismus ein. Hauptvertreter: Valentin Weigel (1533-1588); Joachim Betke (1601-1663); Christian Hoburg (1607-1675). Mit seiner spekulativ-mystischen Gedankenwelt nimmt der Görlitzer Philosoph Jakob Böhme (1575-1624) eine besondere Stellung ein.

Der Calvinismus

Johannes Calvin (1509-1564) - biographischer Überblick

- Am 10. Juli 1509 in Nordfrankreich als Sohn eines bischöflichen Notars geboren.

- Juristische und humanistische Studien in Paris, Orléans und Bourges.

- Von 1533 an Mitglied eines Humanistenkreises an der Universität Paris, der von reformatorischen Gedanken erfüllt war (Faber Stapulensis).

- In einer »*plötzlichen Bekehrung*« Hinwendung zur reformatorischen Erkenntnis (1527/28 oder später, 1533/34).

- Ende 1534 muß Calvin wegen der Protestantenverfolgungen unter Franz I. Frankreich verlassen. Über Straßburg kommt er Anfang 1535 nach Basel. Hier entsteht sein erstes und gleichzeitig bedeutendstes Werk: »*Institutio religionis Christianae*« (1536). Ein klassisches Werk der reformatorischen Theologie, als Katechismus evangelischer Lehre in Anlehnung an Luthers Katechismen konzipiert. Auch sollten mit diesem Werk die Evangelischen in Frankreich vor falschen Anschuldigungen verteidigt werden. Mehrmalige Auflagen: 1539, 1541 und 1559.

- Nach kurzen Aufenthalten in Oberitalien und Südfrankreich durch Wilhelm Farel in Genf unterwegs festgehalten mit der Bitte, bei der Durchführung der Reformation in der Stadt mitzuarbeiten. Zwistigkeiten in der Bürgerschaft ließen nicht zu, daß sich Farel und Calvin in Genf halten konnten. 1538 wurden sie ausgewiesen.

- Calvin übernimmt auf Drängen Martin Bucers die Leitung der französischen Flüchtlingsgemeinde in Straßburg. Teilnahme an den Religionsgesprächen Anfang der 40er Jahre in Hagenau, Worms und Regensburg. Persönliche Beziehungen zu Melanchthon. Kommentar zum Römerbrief.

- Anhänger Calvins in Genf versuchten, seine Rückkehr zu erreichen. Ab 1541 zweiter Genfer Aufenthalt. Beginn seines reformatorischen Wirkens unter anhaltenden Kämpfen. Erster

Erfolg: Annahme der Genfer Kirchenordnung durch den Rat, die »*Ordonnances ecclésiastiques*«.

- 1553 führen die politischen und religiösen Kämpfe zum Prozeß gegen den Antitrinitarier Michael Servet. Er endet mit seiner Verbrennung.

- Seit 1555 hatte sich Calvin gegenüber seinen Gegnern durchgesetzt. Er wird zum reformatorischen Führer und Berater für die Evangelischen in West- und Osteuropa.

- 1559 Gründung der theologischen Akademie in Genf.

- 1564 stirbt Calvin in Genf. Theodor Beza (1519-1605) wird sein Nachfolger in der Leitung der Genfer Kirche.

Theologische Grundanschauungen Calvins

- Calvin, der größte Schüler Luthers, ist sowohl als Dogmatiker wie als Exeget und Prediger bedeutsam. Er hat die reformatorische Theologie abschließend zusammengefaßt. Nach Luther haben auf seine Theologie die Einflüsse von Augustin, Erasmus, Martin Bucer und Melanchthon eingewirkt.

- Gegenüber Luther machen sich bei Calvin zwei theologische Akzentverschiebungen bemerkbar: der biblizistische Ansatz in der Stellung zur Heiligen Schrift und die Betonung von Gottes Souveränität, Majestät und Ehre in Calvins Gottesverständnis.

- An der lehrmäßigen Zusammenschau des gesamten biblischen Zeugnisses im AT und NT ist Calvin besonders interessiert. Die Autorität der Schrift erwächst aus der inneren Selbstbezeugung des Heiligen Geistes (testimonium spiritus sancti internum). Calvin wollte die Einseitigkeit des lutherischen, von Paulus her interpretierten Bibelverständnisses vermeiden, verlor jedoch die Freiheit, mit der Luther zwischen Wort Gottes und Heiliger Schrift unterschied.

- Calvin betont die völlig freie Gnade Gottes, die der Berufung durch das Wort und dem Glauben vorausgeht. Auch Calvin sieht wie Luther die Erwählung und Rechtfertigung Gottes im Zusammenhang, stellt aber seit 1539 der Erwählung die Verwerfung logisch gegenüber, so daß er zu einer Lehre von der doppelten Prädestination (praedestinatio gemina) kommt. Sie wird das besondere Kennzeichen des Calvinismus in schweren Auseinandersetzungen nach innen und außen. Im Calvinismus des 17. Jhs. bildet sich auch die Vorstellung aus, daß die Erwählung an sichtbaren Früchten des Glaubensgehorsams ablesbar sei (Syllogismus practicus).

- Die ethische Akzentuierung der Theologie Calvins hängt mit ihrem streng theozentrischen Charakter zusammen. Der Ehre Gottes gebührt der Glaubensgehorsam, so daß Calvin von dem dreifachen Nutzen des Gesetzes spricht (triplex usus legis). Das Gesetz hat auch im neuen Leben des gerechtfertigten Christen seine Gültigkeit.

- Im Verständnis des Abendmahls hebt Calvin die reale Gegenwart Christi hervor, die durch den Geist gewährt wird (Spiritualpräsenz). Eine manducatio impiorum lehnt Calvin ab.

Calvins kirchliches Wirken in Genf

- Calvins Bild der Kirche zeigt sich schon in der Genfer Kirchenordnung von 1541 (*»Ordonnances ecclésiastiques«*). Die Verfassungsform der Kirche ist im NT vorgebildet. Sie umfaßt vier Ämter: Prediger, Lehrer, Älteste und Diakone. Für die calvinistischen Gemeinden ist besonders das Ältestenamt charakteristisch, das die Kirchenzucht übt und Laien übertragen ist. Die strenge Kirchenzucht Calvins wollte die Ehre des Namens Christi wahren. Auch Unterricht und Sozialfürsorge sind unmittelbare Tätigkeitsbereiche der Gemeinde.

- Charakteristisch für die calvinistische Kirche ist die wechselseitige Durchdringung von bürgerlicher und kirchlicher Gemeinde. Calvin hält an der volkskirchlichen Struktur fest, ohne jedoch einen Unterschied zwischen der großen Masse und den ernsthaften Christen zu machen.

- Nach vielen politischen und theologischen Streitigkeiten setzt sich Calvin schließlich durch; die Genfer Kirche wird Modell für viele calvinistische Kirchen in Westeuropa.

Die Ausbreitung des Calvinismus in Westeuropa

- Sie fällt in die Zeit der westeuropäischen Konfessionskämpfe und des wiedererstarkten Katholizismus. Deshalb stärkere gesellschaftspolitische Aktivität des Calvinismus im Vergleich zum Luthertum.

Frankreich

- Die »*Confessio Gallicana*« (1559) wurde das Fundament für eine französische protestantische Kirche.

- Der politische und religiöse Gegensatz führt zu acht grausamen Hugenottenkriegen (1562-1598). Höhepunkt der Protestantenverfolgung in der sog. Bartholomäusnacht (1572). Heinrich IV. gewährt den Hugenotten im Edikt von Nantes (1598) Gewissens- und Religionsfreiheit sowie die bürgerliche Gleichberechtigung.

- Nach dem Edikt von Nantes hatte der französische Calvinismus eine bedeutende geistige und politische Stellung in Frankreich inne. Unter Ludwig XIV. begann eine erneute schwere Leidenszeit. Er hob 1685 das Edikt von Nantes auf, viele Hugenotten mußten Frankreich verlassen und fanden in anderen Ländern Europas Aufnahme. Kurfürst Friedrich Wilhelm von Brandenburg hatte im Edikt von Potsdam (1685) die Glaubensflüchtlinge in sein Land gerufen. Sie spielen seitdem im wirtschaftlichen, kulturellen und geistigen Leben Brandenburg-Preußens eine wichtige Rolle.

Niederlande

- Im Zusammenhang mit dem niederländischen Befreiungskampf von der spanischen Herrschaft (1566-1609) erringt der Calvinismus in den nördlichen Provinzen - anders als in Frankreich - die Position der Staatsreligion.

- Grundlegendes Bekenntnis der calvinistischen Kirche ist die »*Confessio Belgica*« (1561).

- Im Konfessionellen Zeitalter sind die Niederlande das Land mit der am weitesten gewährten Religionsfreiheit. Wirtschaftlicher und geistig-kultureller Aufschwung im 17. Jh.

- Hauptstreitpunkt in der orthodoxen calvinistischen Theologie war die Frage nach der Gültigkeit der Prädestinationslehre. Der sog. »Arminianische Streit« (von Jakob Arminius, einem entschiedenen Gegner der Prädestinationslehre) wurde auf der Synode von Dordrecht (1618/19) mit der Bestätigung der Prädestinationslehre entschieden. Sie wurde damit für den gesamten Calvinismus verbindlich.

- An den neu gegründeten Universitäten Leiden, Groningen

und Utrecht entfaltete sich eine bedeutende calvinistische Theologie. Hauptvertreter:

Giesbert Voetius (1588-1676), der Begründer des niederländischen Präzisismus (Ausweis einer lebendig-konkreten, »präzisen« Frömmigkeit).

Johannes Coccejus (1603-1669): bekannt durch seine »Föderaltheologie«, eine auf den biblischen Bundeschlüssen (foedera) aufgebaute heilsgeschichtliche Theologie.

Hugo Grotius (1583-1645) stellte für das Zusammenleben der Völker allgemeinverbindliche Grundsätze von Sitte und Recht auf (natürliches Recht), mit denen er ein Wegbereiter für die europäische Aufklärung wurde.

Schottland

- Im Königreich Schottland war der Calvinismus durch den Reformator John Knox (1505-1572) in besonders strenger Form zum Siege gekommen. Die schottische calvinistische Kirche hatte ihre Bekenntnisgrundlage in der »*Confessio Scotica*« (1560) gefunden.

England

- Die Errichtung der anglikanischen Staatskirche 1534 durch Heinrich VIII. hatte dynastisch-politische Gründe.

In der Regierungszeit von Königin Elisabeth (1558-1603) vertrat die englische Staatskirche in der Lehre einen gemäßigten Calvinismus (»*39 Artikel*« von 1563), Kultus und Verfassung blieben in katholischen Formen.

- Die Bewegung des Puritanismus nahm seit der Mitte des 16. Jhs. calvinistisches Gedankengut auf. Die Grundsätze einer strengen Lebensheiligung, vor allem im städtischen Bürgertum, standen im Gegensatz zur absolutistischen Politik des Königshauses und der anglikanischen Staatskirche.

- Der staatliche Druck auf die Puritaner führte schließlich zur Auswanderung vieler in die Niederlande und von dort nach Nordamerika. Seitdem haben die Puritaner die Geschichte des amerikanischen Protestantismus wesentlich beeinflußt.

- In der englischen Revolution von 1640-60 hatte der Puritanismus auch politisch Erfolg. Oliver Cromwell (1599-1658) führte als bedeutender politischer Führer das Parlamentsheer der »Heiligen« an. Unter Cromwell beschränkte Religionsfreiheit und strikte Trennung von Staat und Kirche.

- Den strengen Puritanern (Kongregationalisten oder Independenten) standen die Presbyterianer gegenüber. Beide Richtungen waren durch die Westminster-Confession (1646) in der Lehre geeint, geschieden jedoch im Kirchenverständnis. Die Kongregationalisten kannten nur völlig unabhängige Einzelgemeinden, während die Presbyterianer an der Verschränkung von bürgerlicher und kirchlicher Gemeinde festhielten und einen synodalen Kirchenaufbau forderten.

- Nach Cromwells Tod Wiedererrichtung der bischöflichen Staatskirche. Der Rekatholisierungsversuch der Stuarts scheiterte. In der Toleranzakte von 1689 wurde den protestantischen Dissenters Religions- und Gewissensfreiheit gewährt, jedoch eingeschränkte bürgerliche Rechte. Katholiken und Sozinianer blieben außerhalb der Toleranz.

- Aus der englischen Revolutionszeit ist besonders die Gruppe der Quäker bedeutsam (Gesellschaft der Freunde). Sie wurde von dem Schuster George Fox (1624-1691) gegründet. Durch ihren strikten Grundsatz der Toleranz wirkten sie in der Sozialgeschichte der Neuzeit bahnbrechend (Gleichberechtigung der Frau, Gefängnisreform, später Sklavenbefreiung).

- Die puritanische Erbauungsliteratur wirkte in zahlreichen Übersetzungen auf die deutsche Theologie- und Kirchengeschichte ein, sie ist eine wichtige Wurzel für den deutschen Pietismus. Bekanntestes puritanisches Erbauungsbuch »*Practice of Piety*« von Lewis Bayly .

Deutschland

- Gegenüber Westeuropa blieb der Calvinismus im Deutschen Reich verhältnismäßig schwach. Er mußte sich unter die CA und das landesherrliche Kirchenregiment stellen.

- 1560 wird die ehemals lutherische Pfalz unter Kurfürst Friedrich III. calvinistisch. 1563 Kirchenordnung der Kurpfalz, die den »*Heidelberger Katechismus*« enthält (als Unionskatechismus gedacht: abgeschwächte calvinistische Lehre; ohne doppelte Prädestination).

- 1613 tritt Kurfürst Johann Sigismund von Brandenburg aus politischen Gründen zum Calvinismus über. Er verzichtet auf sein »ius reformandi«, die Bevölkerung bleibt lutherisch.

- Weitere calvinistische Gebiete: Bremen, Anhalt, Hessen-Kassel und Lippe-Detmold.

- Ursprünglicher Calvinismus nur am Niederrhein: Cleve, Jülich und Berg. Die sich hier ausbildende synodale Kirchenverfassung wirkte auf die ersten synodalen Strukturen in den deutschen Landeskirchen des 19. Jhs. ein.

Der römische Katholizismus nach der Reformation

»Katholische Reform« und »Gegenreformation«

- Mit diesen beiden Begriffen ist die katholische Kirche nach der Reformation sinnvoll bezeichnet. Der Begriff »Gegenreformation« macht deutlich, daß die Reformation und das Auftreten Luthers das entscheidende Ereignis auch für den römischen Katholizismus im 16. Jh. ist. Er ist in der zweiten Hälfte des Jhs. ein anderer als in der ersten.

- Der neuere Begriff »katholische Konfessionsbildung« im Zusammenhang mit der lutherischen und der reformiert-calvinistischen Konfessionsbildung hat seine eigene Berechtigung, der Begriff »Gegenreformation« ist dennoch unverzichtbar.

- Der Begriff »katholische Reform« macht deutlich, daß die Erneuerung des römischen Katholizismus nicht nur eine Gegenbewegung darstellt. Er hat sich durch eine innere Reformbewegung erneuert, die ihre Impulse aus den alten katholischen Ländern Spanien und Italien empfängt. Die Quelle dieser Impulse ist die mystische Frömmigkeit in Spanien, die eng an die Kirche gebunden ist. Hauptvertreterin: die Heilige Theresa von Avila (1515-1582). Sie wird die Begründerin des Ordens der »unbeschuhten Karmeliterinnen«. Die katholische Reform ist vor allem eine Bewegung der Neugründung von Orden oder erneuerter älterer Orden: Kapuziner, Theatiner, Oratorium der göttlichen Liebe. Neben dem Ordensleben kam es auch zu einer Erneuerung der Theologie in der Schule von Salamanca.

- Das Konzil von Trient und die Tätigkeit des Jesuitenordens machen die Anliegen der katholischen Reform und der Gegenreformation besonders deutlich.

Das Konzil von Trient (1545-1563)

- Im Konzil von Trient (Tridentinum) hat die katholische Kirche auf die Herausforderung der Reformation in Lehr- und

Reformdekreten geantwortet. Sie eröffnen die Geschichte des neuzeitlichen Katholizismus. Die katholische Lehre mußte in zentralen Fragen, die durch die reformatorische Theologie gestellt waren (Rechtfertigungs- und Schriftlehre), erst definiert werden. In der mittelalterlichen Theologie waren sie nicht endgültig geklärt.

- Die tridentinische Rechtfertigungslehre richtet sich gegen das »sola fide« der Reformation wie auch gegen pelagianisierende Strömungen in der Spätscholastik (Möglichkeit des Verdienens der göttlichen Gnade durch gute Werke). Die göttliche Gnade kann sich der Mensch nicht verdienen, sie geht dem Glauben und der Rechtfertigung voraus. Die Rechtfertigung ist aber wesentlich eine Gerechtmachung, die Eingießung der Gnade erfolgt in den Sakramenten. In der Heiligung und Erneuerung kann der Mensch, wenn er nicht willentlich einen Riegel vorschiebt, mit der göttlichen Gnade zusammen an seinem Heil mitwirken. Die tridentinische Rechtfertigungslehre geht somit einen Mittelweg zwischen Glaubens- und Werkgerechtigkeit.

- Als Quellen der Kirchenlehre werden gleichberechtigt Schrift und kirchliche Tradition bestimmt. Das richtet sich gegen das »sola scriptura« der Reformation. Schrift und Tradition gebührt die »gleiche Ehrfurcht«. Das kirchliche Lehramt gibt die authentische Auslegung der Heiligen Schrift. Maßgeblicher Bibeltext ist die lateinische Übersetzung (Vulgata). Dem reformatorischen »sola scriptura« steht die katholische Trias gegenüber: Schrift, Tradition und Lehramt.

- Weitere Lehrdekrete betreffen die Erbsünde, Fegefeuer und die Sakramentslehre (die sieben Sakramente: Taufe, Firmung, Buße, Eucharistie, Ehe, Priesterweihe, Letzte Ölung).

- Die Reformdekrete betreffen vor allem die Reform des bischöflichen Amtes. Keine Reform des Papsttums. Für die Bischöfe wird die Residenzpflicht, die Errichtung theologischer Seminare für den Priesternachwuchs und die Pflicht zur Abhaltung von Synoden und Visitationen vorgeschrieben. Weiterhin wurde eine Reihe von Mißständen abgestellt, vor allem der Ablaß für Geld.

- Weitere wichtige Reformmaßnahmen nach Abschluß des Konzils: die *»Professio fidei Tridentinae«*, das Tridentinische Glaubensbekenntnis, das von jedem Priester abgelegt werden muß; Verzeichnis der verbotenen Bücher (*»Index librorum pro-*

hibitorum«), ein verbessertes Brevier und ein einheitliches Meßbuch (»*Missale Romanum*« 1570).

- Ein der kirchlichen Reform aufgeschlossenes Papsttum wachte über die Durchführung der Konzilsbeschlüsse.

- Bedeutende Bischöfe im Geist des Konzils: Karl Borromäus (1538-1584), Erzbischof von Mailand und Julius Echter von Mespelbrunn (1545-1619), Erzbischof von Würzburg.

Ignatius von Loyola und der Jesuitenorden

- Ignatius von Loyola (1491-1556) entstammte baskischem Adel. Er schlägt zunächst die Offizierslaufbahn ein. Durch eine Verwundung veranlaßt, erfolgt die entscheidende Wendung in seinem Leben: er bricht mit seiner weltlichen Vergangenheit, liest geistliche Bücher und begibt sich auf Wanderschaft.

- Die Erfahrungen dieser Wanderjahre schlagen sich nieder in den »*Exercitia spiritualia*«. Es sind geistliche Übungen mit dem Ziel der Selbstüberwindung und der völligen Ergebung in den Willen Gottes.

- Bald findet Ignatius die ersten ihm ergebenen Genossen, die sich zur Mission nach Palästina verpflichten. Wenn dies nicht möglich sei, wollten sie sich dennoch in bedingungslosem Gehorsam dem Papst unterstellen.

- Paul III. bestätigte 1540 den neuen Orden der Gemeinschaft Jesu (Societas Jesu). Er erhielt eine strenge hierarchische Verfassung, Verzicht auf Ordenstracht und gemeinsames Gebet in Klausur. Gelübde des unbedingten Gehorsams gegenüber dem Papst. Damit wurde der Jesuitenorden das Hauptinstrument des Papsttums im Dienste der Gegenreformation.

- Haupttätigkeiten des Ordens waren große Missionsaktivitäten in China und Japan, das Unterrichts- und Erziehungswesen in eigenen Schulen, Kollegien und Universitäten sowie Seelsorge und Beichttätigkeit beim Volk und als Beichtväter an Fürstenhöfen. Dadurch gewannen sie oft erheblichen Einfluß auf die Politik im Dienst der Kurie.

- Nach außen hin hat der nachtridentinische Katholizismus mit Hilfe der Inquisition das neue naturwissenschaftliche Weltbild bekämpft (Giordano Bruno und Galileo Galilei). Nach innen haben die Jesuiten die Reformbestrebungen der Jansenisten

(Cornelius Jansen, 1585-1638) bekämpft. Jansen versuchte auf der Grundlage der augustinischen Sünden- und Gnadenlehre die Kirche und Theologie seiner Zeit zu erneuern.

- Der jesuitische Katholizismus hat in der Armen- und Krankenpflege, im Kirchenbau, in der Musik, in Wissenschaft und Dichtung Bedeutendes geleistet.

Literaturhinweise

HÄGGLUND, B., Geschichte der Theologie, 230-252.
KIRCHNER, H., Reformationsgeschichte, 101-124 u. 149-171.
MOELLER, B., Geschichte des Christentums, 266-283.
SCHMIDT, K.D., Die katholische Reform und die Gegenreformation, (KIG 3, Lieferung L, 1. Teil), Göttingen 1975, 4-52.
WALLMANN, J., Kirchengeschichte, 98-132.

XVII. Pietismus und Aufklärung

Einstieg

Pietismus und Aufklärung sind nicht nur zentrale Phänomene der neueren Theologie-, Frömmigkeits- und Geistesgeschichte, sondern auch der Kirchengeschichte. Insofern ist es berechtigt, die eigentliche Neuzeit in der Kirchengeschichte mit diesen beiden Bewegungen beginnen zu lassen. Allerdings sind die Aspekte äußerst vielgestaltig, in denen sich ein neues Zeitalter in der Kirchengeschichte ankündigt. Eine eindeutige Zäsur wird man zwischen dem Konfessionellen Zeitalter und dem Zeitalter des Pietismus und der Aufklärung nicht setzen können. Aber in der politischen, sozialen und geistigen Geschichte Europas gibt es seit der Mitte des 17. Jhs. viele Anzeichen dafür, daß in alle Lebensbereiche ein neuer Geist einzieht, der mit dem unbestimmten Begriff »Neuzeit« freilich nur unzureichend bezeichnet ist.

Der Dreißigjährige Krieg, aus fortwährenden Streitigkeiten in der Verquickung von religiösen und politischen Faktoren entstanden und schließlich auf deutschem Boden um die Vormachtstellung in Europa ausgetragen, ging mit dem Frieden von Münster und Osnabrück 1648 zu Ende. Im Westfälischen Frieden 1648 wurden nun auch die Calvinisten reichsrechtlich anerkannt. Daß Katholiken, Lutheraner und Calvinisten gleichberechtigt nebeneinander standen, war ein Kompromiß, der den neuen Geist in Politik und Recht zum Ausdruck brachte.

Das Zeitalter des Pietismus und der Aufklärung ist in der politischen Geschichte das Zeitalter des fürstlichen Absolutismus. Die absolute Monarchie fand in Frankreich unter Ludwig XIV. (1643-1715) ihren Höhepunkt. Der pragmatisch-rationale, auf das Zentrum des Hofes mit seiner Beamtenschaft und dem stehenden Heer ausgerichtete politische Geist beeinflußte nachhaltig die Kirchen und veränderte das gesamte gesellschaftliche Gefüge. Der moderne absolutistische Staat unterscheidet sich erheblich von dem mittelalterlichen Ständestaat. Der Zentralismus des Hofes setzte sich gegen die alten Rechte und Privilegien des niederen Adels durch, der besonders das Recht zur Erhebung von Steuern hatte.

Auch in den Territorien des Deutschen Reiches wird der neue Pragmatismus in der Politik seit dem Ende des Dreißigjährigen Krieges immer deutlicher. Angesichts der verheerenden Verwüstungen durch den Krieg auf allen Lebensgebieten mußte eine Wiederaufbauarbeit geleistet werden, die nicht zuletzt die Kirchen selbst betraf.

Der Pietismus wird in der gegenwärtigen Pietismusforschung als die bedeutendste Frömmigkeitsbewegung bzw. religiöse Erneuerungsbewegung des Protestantismus seit der Reformation bezeichnet (M. Brecht und J. Wallmann). Individuelle Glaubenserfahrung, Gottseligkeit, stehen im Zentrum des pietistischen Glaubens, Denkens und Handelns. Damit gehört der Pietismus in den größeren Zusammenhang vergleichbarer religiöser Bewegungen, z.B. dem Jansenismus und Quietismus im nachreformatorischen Katholizismus.

Aus den geschichtlichen Bedingungen des 17. Jhs. ist nicht nur der Pietismus, sondern auch die Aufklärung als europäische Bewegung hervorgegangen. Die Vorstellungen über die Theologiegeschichte der Neuzeit sind noch immer von einem Dreierschema in der Abfolge von Orthodoxie, Pietismus und Aufklärung bestimmt. Nicht nur die vielfältige räumliche und zeitliche Verschränkung dieser drei Phänomene kommt dabei erheblich zu kurz, sondern auch der Blick dafür, daß mit der Aufklärung sich eine Weltanschauung Bahn bricht, die ihre Intentionen nicht mehr unmittelbar aus dem geschichtlichen Zusammenhang von Kirche und Theologie gewonnen hat. Gewiß ist die

Aufklärung in Westeuropa und erst recht in Deutschland weder eine antireligiöse noch eine antichristliche Bewegung. Auch hat es schon lange vor der radikalen Aufklärung erhebliche, scharfe Kritik an der Kirche gegeben. Dennoch ist das Christentum in seiner bisherigen Kirchen- und Theologiegeschichte durch keine andere Bewegung so herausgefordert worden wie durch die Aufklärung. Da die Geschichte der Aufklärung seit ihrer Entstehung im 17. Jh. keineswegs beendet ist, besteht die Herausforderung fort. Auch die Aufklärung hat als geschichtliche Bewegung ihre Traditionszusammenhänge; ihre geistigen Wurzeln kann man in den kirchenkritischen Bewegungen des Hochmittelalters und vor allem in der Renaissance des 15. und 16. Jhs. sehen. Das Neue an der Aufklärung ist jedoch ihre konsequente Zukunftsorientierung. Nicht die Rückschau in eine bessere Vergangenheit, sei es die Antike oder das Urchristentum, kennzeichnet das aufklärerische Verständnis von Geschichte, sondern der optimistische Blick in eine stetig sich verbessernde Zukunft der Menschheit.

Grundaspekte

Der Beginn der Neuzeit in der Kirchengeschichte

- Mit Pietismus und Aufklärung beginnt die eigentliche Neuzeit in der Kirchengeschichte. Eine eindeutige Zäsur zwischen dem Konfessionellen Zeitalter (Frühe Neuzeit) und dem Zeitalter des Pietismus und der Aufklärung läßt sich nicht setzen. Seit der Mitte des 17. Jhs. gibt es jedoch viele Anzeichen dafür, daß in alle Lebensbereiche ein neuer Geist einzieht.

- Für die deutsche Kirchengeschichte kann die zeitliche Abgrenzung dieser Epoche sowohl aus der politischen Geschichte wie aus der Theologiegeschichte genommen werden:
1648-1806 (Westfälischer Friede bis Untergang des alten Reiches).
1675-1799 (Speners »*Pia desideria*« bis Schleiermachers »*Reden über die Religion*«).

- Seit dem Dreißigjährigen Krieg lockert sich die bisherige enge Verbindung zwischen politischen und kirchlichen Ereignissen. Die Kirchengeschichte wird immer mehr zu einer Geschichte der inneren Vorgänge in den jeweiligen Kirchentümern.

- Das Zeitalter des Pietismus und der Aufklärung ist in der politischen Geschichte Europas das Zeitalter des fürstlichen Absolutismus. Besonders ausgeprägt in Frankreich unter Ludwig XIV. (1643-1715).

- Der fürstliche Absolutismus beeinflußte nachhaltig die Situation der Kirchen: nach dem Dreißigjährigen Krieg setzte sich ein rein zweckrationales, weltlich-immanentes Politik- und Staatsverständnis durch, das auf religiös-ethische Kriterien bewußt verzichtete. Reine Machtpolitik verdrängt die konfessionellen Gegensätze. Charakteristisch für den neuen Geist ist der »Leviathan« des Engländers Thomas Hobbes (1588-1679). Im Rückgriff auf Machiavelli wurde das zweckrationale Staatsverständnis im Begriff der Staatsräson zusammengefaßt. Im Luthertum Kampf gegen die Staatsräson (Antimachiavellismus).

- Auswirkungen des Absolutismus auf das landesherrliche Kirchenregiment lassen zwei kirchenrechtliche Theorien entstehen: Episkopalismus und Territorialismus. Episkopalismus meint, die bischöflichen Rechte sind seit 1555 auf die Landesherren übergegangen. Sie sind weltliche und kirchliche Obrigkeit, allerdings nur über die äußeren Kirchenangelegenheiten (circa sacra), nicht über die inneren wie Predigt, Sakramentsverwaltung, Seelsorge, was dem Pfarramt vorbehalten blieb (in sacra). Im Territorialsystem wurde die Kirchengewalt des Landesherren unmittelbar aus seiner Landeshoheit abgeleitet. Es entsprach dem fürstlichen Absolutismus und sicherte auch theoretisch den faktischen Einbau der Kirchen in die Staatsverwaltung.

- Nach dem Dreißigjährigen Krieg entwickelt sich in den deutschen Territorien ein eigentliches Staatskirchentum. Die Regierungen benutzen die Kirche für die »Sozialdisziplinierung« (G. Oestreich) der Bevölkerung.

- Weitere Charakteristika des Zeitalters:
Durch die verheerenden Folgen des Dreißigjährigen Krieges bleibt Deutschland gegenüber Westeuropa in seiner gesamten Entwicklung weit zurück.
Pietismus und Aufklärung sind vor allem zentrale Phänomene des neuzeitlichen Protestantismus. Der römische Katholizismus wird von ihnen wesentlich weniger berührt.
Durch die neuen naturwissenschaftlichen Erkenntnisse und Erfindungen entsteht ein neues Weltbild. Konflikt mit dem Weltbild der Orthodoxie, vor allem mit der altprotestantischen

Schriftlehre: die Bibel wird auf naturwissenschaftlichem Gebiet nicht mehr als Lehrmeisterin anerkannt.

Begriffsbestimmung und Wurzeln des Pietismus

- In der gegenwärtigen Pietismusforschung wird der Pietismus als die bedeutendste religiöse Erneuerungsbewegung bzw. Frömmigkeitsbewegung des Protestantismus seit der Reformation bezeichnet (J. Wallmann und M. Brecht). Individuelle Glaubenserfahrung, Gottseligkeit, und ein tätiger Glaube, praxis pietatis, stehen im Zentrum des pietistischen Glaubens, Denkens und Handelns.
Im nachreformatorischen Katholizismus sind der Jansenismus und Quietismus verwandte Phänomene.

- Anfang des 17. Jhs. fast gleichzeitig in England, den Niederlanden und Deutschland entstanden, verläuft die Geschichte des Pietismus weitgehend parallel mit der europäischen Aufklärung. Der Pietismus hat sich darüber hinaus in der Schweiz, Skandinavien, Osteuropa und in Nordamerika verbreitet.

- Hauptzeit des lutherischen Pietismus in Deutschland ist das Wirken Speners und Franckes ca. zwischen 1675 und 1720. Als praktische Reformbewegung hat der Pietismus in Deutschland ähnliche Ziele wie die Aufklärung: praxis pietatis, sozialethische Impulse, Überwindung der konfessionellen Polemik (Abstand zum römischen Katholizismus jedoch eher vertieft). Im Verständnis von Sünde, Gnade und Rechtfertigung sind Pietismus und Aufklärung geschieden.

- Als Frömmigkeitsbewegung im weiteren Sinn beginnt der Pietismus mit Johann Arndt und den von ihm ausgehenden Impulsen: Ergänzung der Reformation der Lehre durch die Reformation des Lebens.
Im engeren Sinn als sozial greifbare pietistische Bewegung ist Philipp Jakob Spener der Begründer des Pietismus im Luthertum.

- Durch zwei Kennzeichen hebt sich der Pietismus charakteristisch von Orthodoxie und beginnender Aufklärung ab: Sammlung der Frommen in Konventikeln als Kerngemeinde in der Kirche (ecclesiola in ecclesia) und durch eine Hoffnung auf baldige Besserung für die Kirche auf Erden, d.h. Abkehr von der Erwartung eines nahen Jüngsten Tages (J. Wallmann).

- Vom kirchlichen Pietismus wird der radikale Pietismus unterschieden, der zum Auszug aus der Volkskirche (»Babel«) auffordert.

- Zu den Wurzeln des Pietismus gehören auch die puritanische Erbauungsliteratur in England und die spätmittelalterliche Mystik bzw. der mystische Spiritualismus des 16. und 17. Jhs. Verhältnis zwischen Pietismus und Mystik wird aber heute nicht mehr im Sinne Albrecht Ritschls (»*Geschichte des Pietismus*«, 1880-86) gesehen: nicht weltflüchtig-mystische Tendenzen dominieren im Pietismus, sondern seine sozialethischen Impulse.

Philipp Jakob Spener - Überblick über Leben und Wirken

- Im Lebensgang Speners begegnen viele Impulse, die am Entstehungsprozeß des Pietismus beteiligt sind.

- 1635 im Elsaß als Sohn eines Juristen geboren. Unter dem Eindruck puritanischer Erbauungsbücher und Johann Arndts *»Vier Bücher vom wahren Christentum«* wächst Spener auf. Selbständige Aneignung des zeitgenössischen Wissens in Philosophie (Justus Lipsius) und Naturwissenschaften schon vor dem Universitätsstudium.

- Seit 1651 Studium an der Universität Straßburg, 1653 philosophischer Magistergrad (kritische Auseinandersetzung mit Thomas Hobbes).

- Nach philosophischen und historischen Studien von 1654-59 Theologiestudium in Straßburg. Bedeutende Lehrer an der streng lutherischen Fakultät: J. Schmidt, S. Schmidt, J.G. Dannhauer (gründliche Schulung in lutherisch-orthodoxer Dogmatik).

- In Basel Weiterbildung in Hebraistik, in Genf Begegnung mit Jean de Labadie (1610-1674), der Begründer des seperatistischen Pietismus in der reformierten Kirche der Niederlande.

- Durch die Reformschrift des Rostocker Theologen Th. Großgebauer, *»Wächterstimme aus dem verwüsteten Zion«* wird Spener auf die Verderbnis der Volkskirche hingewiesen.

- Seit 1663 Freiprediger am Straßburger Münster, 1664 theologischer Doktor (Arbeit über die Johannesapokalypse).

- Von 1666-1686 Senior der lutherischen Pfarrerschaft in

Frankfurt a.M. Zunächst Wirken im Sinne der Reformbestrebungen der lutherischen Orthodoxie. Intensives Lutherstudium.

- Nach einer Predigt Speners über die falsche Gerechtigkeit der Pharisäer (1669) kommt es zur Sammlung ernsthafter Christen im kleinen Kreis. 1670 entsteht das Frankfurter Collegium pietatis, von dem der Pietismus als kirchliche Reformbewegung seinen Ausgang nimmt. Der führende Kopf des Frankfurter Collegium pietatis war der Jurist J.J. Schütz, der Hauptvermittler des labadistischen Gedankengutes (ecclesiola extra ecclesiam) an den Frankfurter Kreis. Seit 1675 versammeln sich die sog. Saalhofpietisten, die später in die Separation abwanderten.

- Als Vorrede zu einer Neuausgabe der Evangelienpostille von J. Arndt kommt 1675, auch separat gedruckt, die Schrift heraus: *»Pia Desideria oder Hertzliches Verlangen nach gottgefälliger Besserung der wahren Evangelischen Kirchen«*, die sog. Programmschrift des Pietismus.

- Von 1686-1691 war Spener Oberhofprediger in Dresden am Hof Kurfürst Georgs III. Reformbemühungen durch öffentliche Katechismusübungen mit Erwachsenen und Kindern. Streitigkeiten zwischen der lutherischen Orthodoxie und der pietistischen Bewegung in Leipzig und Hamburg. Spannungen zwischen Spener und Kurfürst Georg III.

- Von 1691-1705 war Spener Konsistorialrat und Propst an der Berliner Nikolaikirche. Hier erreichte er den Gipfel seines kirchlichen Einflusses. Umfangreicher Briefwechsel. 1694 Gründung der preußischen Reformuniversität in Halle an der Saale, die vom Pietismus Speners und Franckes besonders geprägt wurde.

- 1705 stirbt Spener als »Patriarch des Pietismus«.

Die »Pia Desideria« - Programmschrift des Pietismus

- Die Schrift ist dreigeteilt:
1. Diagnose des verderbten Zustandes der Kirche in allen drei Ständen (Obrigkeit, Predigerstand und Gemeinden).
2. Prognose: Hoffnung besserer Zeiten für die Kirche auf Erden aufgrund der noch ausstehenden biblischen Verheißungen (Judenbekehrung und Fall des päpstlichen Rom).

3. Kirchenreformprogramm in sechs Punkten:
   1. Häufiges Lesen der gesamten Bibel und Austausch darüber in eigenen Versammlungen neben dem Gottesdienst (Konventikelvorschlag).
   2. Verwirklichung des allgemeinen Priestertums der Gläubigen.
   3. Beim christlichen Glauben kommt es vor allem auf die Praxis, weniger auf die Theorie an.
   4. Konfessionelle Streitigkeiten sind auf das Notwendige zu beschränken.
   5. Reform des Theologiestudiums als Kern der Kirchenreform: gelebter Glaube ist wichtiger als angelerntes Wissen.
   6. Die Predigten haben im Sinne Arndts der Förderung des Glaubens und seiner Früchte zu dienen, nicht der Eitelkeit der Prediger und ihrer Gelehrsamkeit.

Die auf Luther und Arndt fußenden Reformvorschläge Speners zeigen traditionelle und neue Gesichtspunkte. Das Neue gegenüber der lutherischen Orthodoxie ist: die sog. Hoffnung besserer Zeiten für die Kirche auf Erden (gemäßigter Chiliasmus) und die Wiedereinrichtung der apostolischen Kirchenversammlungen nach 1Kor 14. Seit 1676 faßt Spener sein Kirchenreformprogramm in der Formel »ecclesiola in ecclesia« zusammen. Nicht mehr von der Besserung und Förderung der Unfrommen des großen Haufens, sondern von der Sammlung und Förderung der Frommen erhofft er sich die Besserung der Kirche.

August Hermann Francke (1663-1727) und der hallische Pietismus

- Mit dem Wirken Franckes setzt sich der Pietismus als neue Reformbewegung durch. Vom hallischen Pietismus gehen zahlreiche Impulse auf vielen Gebieten bis zur Gegenwart aus.

- Franckes Lebensgang wirkt sich charakteristisch auf den hallischen Pietismus aus. In seiner Jugend empfängt er in Gotha am Hof Herzog Ernsts d. Frommen wichtige Reformanregungen für die Kirchen- und Schulreform. Sein Bekehrungserlebnis 1687 in Lüneburg markiert die Wende zwischen einem gelehrten Studium und der persönlichen Betroffenheit durch das Wort Gottes. Es bestand in einer Gebetserhörung, bei der sich die tiefsten Zweifel über die Wahrheit der Bibel und die Existenz Gottes plötzlich in eine unerschütterliche Gewißheit verwandelten: »*Denn wie man eine Hand umwendet, so war alle mein Zweifel hinweg.*« Eine datierbare Bekehrung und ein vorausgehender »Bußkampf« werden zum Kennzeichen des hallischen Pietismus. Zweifel und Anfechtungen gehören nicht zum Glauben des wiedergeborenen Christen. An der Lehre von der Taufwiedergeburt hält Francke fest (gegen Großgebauer).

- Vor seiner Berufung nach Halle 1692 wirkte Francke an der Leipziger Universität, in Hamburg und in Erfurt.

- Im Doppelamt als Pfarrer und Professor an der entstehenden Universität Halle begann das große Reformwerk Franckes mit pädagogischen Initiativen: Aufbau einer Armenschule, eines Waisenhauses und schließlich Schulen für alle Stände (angelehnt an das soziale Drei-Stände-Schema). Auch eine eigene Lehrerbildungsanstalt wurde gegründet. Ziel der Pädagogik Franckes war: »wahre Gottseligkeit« und »christliche Klugheit«, d.h. Frömmigkeit und Tüchtigkeit (Einführung des Realienunterrichts).

- Die von Spener geforderte Reform des Theologiestudiums hat Francke in Halle verwirklicht: Ausrichtung auf die praxis pietatis, Konzentration auf die biblische und praktische Theologie bei Einschränkung der konfessionellen Polemik, Verknüpfung von Studium und Praxis durch pädagogische Einsätze der Studenten in Franckes Anstalten - diese Reformmaßnahmen zogen viele Studenten nach Halle.
An der Theologischen Fakultät wirkten neben Franke J.J. Breithaupt und P. Anton.

- Der brandenburgische Staat begünstigte den Aufbau von Franckes Anstalten (König Friedrich Wilhelm I.) und verdrängte den Widerstand von seiten der Orthodoxie.

- Francke gründete mit Carl Hildebrand von Canstein die erste deutsche Bibelanstalt (1710). Verbilligtes Herstellungsverfahren von Bibeln. Der Pietismus erweist sich als Bibelbewegung, der die Bibeln in die Häuser brachte.

- Die Reformimpulse Franckes gingen weit über Preußen und über Deutschland hinaus. Sie sind in dem »*Großen Aufsatz*« (1704) niedergelegt. Besondere Kontakte bestanden mit Schlesien, Ostpreußen (Universität Königsberg), Baltikum, Skandinavien und ost- und südosteuropäischen Länder, vor allem Rußland.

- Mit dem hallischen Pietismus ist die Entstehung der Äußeren Mission verbunden: die Dänisch-Hallische Mission in Trankebar (Südindien). Die Missionare Ziegenbalg und Pützschau bauten auf damals dänischem Territorium eine lutherische Volkskirche auf.

Die Aktivität des hallischen Pietismus kann mit dem Schlagwort zusammengefaßt werden: »*Weltverwandlung durch Menschenverwandlung*« (M. Schmidt).

Grundzüge der Theologie Speners und Franckes

- Speners Theologie kommt besonders in seinen Predigten zum Ausdruck (»*Evangelische Glaubenslehre*«, 1688, auf der Grundlage eines Predigtjahrgangs). Fundament ist die reformatorische Rechtfertigungslehre. Sie fast Spener vor allem im Begriff der Wiedergeburt (regeneratio) zusammen, von der er die Erneuerung (renovatio) unterscheidet. Die allein von Gott gewirkte Wiedergeburt versteht Spener als Voraussetzung und Fundament für das Wachsen im Glauben, die Erneuerung, auf die es ihm vor allem ankommt. Die praxis pietatis ist eine »*Reise zur Vollkommenheit*«, die sich jedoch in diesem Leben nicht vollendet. Das Kirchenverständnis Speners (ecclesiola in ecclesia) kommt von der Unterscheidung von Wiedergeburt und Erneuerung her. Hier legt er den Hauptakzent auf die Besserung der schon wiedergeborenen Christen. Das Festhalten an der lutherischen Rechtfertigungslehre und die Abkehr vom mystischen Spiritualismus zeigt freilich eine Schwerpunktverlagerung von der Rechtfertigung auf die Heiligung, die durch die Erfordernisse der Zeit verursacht ist.

- Auch Franckes Theologie steht in der Tradition Luthers mit einer betont christozentrischen Theologie und einem tiefen Sündenverständnis. Ihm lag vor allem an einem existentiellen Bezug der Heilstatsachen auf den einzelnen Menschen. Durch die Betonung von Bußkampf und einmaliger, benennbarer Bekehrung wirkt sich eine anthropologisch-psychologische Betrachtungsweise aus, die das lutherische simul iustus et peccator nicht durchzuhalten vermag. Gegenüber Luthers Theologie bedeutet dies eine nicht unwesentliche Akzentverschiebung.

Gottfried Arnold (1666-1714)

- Bei Arnold kommt der Einfluß des mystischen Spiritualismus auf den Pietismus zum Ausdruck. Neben den Kontakten zu

Spener zeigt sich bei Arnold jedoch auch schon früh radikalpietistische Kirchenkritik (*»Babels Grablied«*).

- Zwei bedeutsame kirchengeschichtliche Werke Arnolds: *»Die erste Liebe der Gemeinden Jesu Christi«* (1696) und *»Unparteiische Kirchen- und Ketzerhistorie«* (1699/1700).
Schon in dem ersten Werk hat Arnold die sog. Verfallstheorie angewandt: die wahre Kirche der miteinander in Glaube und Liebe Verbundenen stehe unter Kreuz und Verfolgung und sei seit dem Urchristentum immer mehr in weltliche Verstrickungen verfallen.

- In der *»Unparteiischen Kirchen- und Ketzerhistorie«* wendet Arnold diese Verfallsidee auf die gesamte Kirchengeschichte an. Das Christentum sei vor allem seit Kaiser Konstantin immer mehr abgesunken. Schuld daran: das Bündnis der Kirche mit dem Staat, die Priesterherrschaft und der Dogmenzwang. Der Verfall betrifft keineswegs nur die Papstkirche, sondern auch die reformatorischen Kirchen. Die stillen, friedliebenden, ihren Glauben lebenden Christen bilden die innere Herzenskirche, die sich von den »Mauerkirchen« abhebt. Zu ihnen gehören auch die Ketzer und Abweichler von der Amtskirche, aber die Ketzer werden auch nicht einfach zu Heiligen stilisiert. Maßstab bei Arnold ist eine »unparteiische«, d.h. über den Konfessionen stehende Betrachtungsweise, die den individuellen Gestaltungsweisen des Christentums gerecht zu werden versucht. Arnold warf die Frage nach der Schuld in der Kirchengeschichte auf und öffnete den Blick für das Wirken der Laien und Frauen in der Christentumsgeschichte.
Dieses Werk Arnolds ist eines der berühmtesten Werke aus der Geschichte des Pietismus mit nachhaltiger Wirkung in der Zeit von Aufklärung und Klassik.

Der kirchenkritische, radikale Pietismus

- In die Geschichte des kirchlichen Pietismus gehören von Anfang an auch kirchenkritische Strömungen, die zur Separation von der Volkskirche aufrufen. Die soziale Gestaltung dieser Strömungen ist unterschiedlich: es gibt Gemeinschaftsbildung wie extremen Individualismus bis zum Rückzug aus der Welt und Verzicht auf Ehe. Nicht nur an der Institution, sondern auch an der Lehre der Kirche üben die radikalen Pietisten vielfach Kritik: Hauptkennzeichen sind chiliastische Zukunftshoffnungen mit der Erwartung des tausendjährigen Reiches (Apk

20), Kritik an der Rechtfertigungslehre im Sinne einer Gerechtmachung und die Lehre von der Allversöhnung, d.h. Ablehnung der »ewigen Höllenstrafen«.
Die Grenzen zwischen diesem radikalen Pietismus und dem mystischen Spiritualismus sind oft fließend.

- Hauptvertreter des radikalen Pietismus sind:
J.J. Schütz (1640-1690):
J.W. Petersen (1649-1727) und dessen Ehefrau;
J.E. Petersen geb. von und zu Merlau (1644-1724);
J.K. Dippel (1673-1734);
E.Chr. Hochmann von Hochenau (1670-1721);
Eva von Buttlar (1670-1710).
Auch Gottfried Arnold war in seiner Frühzeit radikaler Pietist, vor seiner Heirat und dem Eintritt ins kirchliche Amt.

Zinzendorf und die Herrnhuter Brüdergemeine

- Nikolaus Ludwig Graf von Zinzendorf (1700-1760) ist neben Spener, Francke und Arnold die vierte Hauptgestalt des deutschen Pietismus. Bedeutsam in seiner Theologie und Frömmigkeit, ging er vor allem als Begründer und Gestalter der Herrnhuter Brüdergemeine in die Geschichte ein.

- Aus einem österreichischen Adelsgeschlecht entstammend, das wegen seines evangelischen Glaubens nach Sachsen emigrierte, wurde Zinzendorf 1700 in Dresden als Sohn eines Ministers geboren. Auf dem Gut seiner Großmutter, der Freifrau Henriette Katharina von Gersdorf, wächst er in der Oberlausitz im Geist Arndts und Speners, aber auch unter mystisch-spiritualistischen Einflüssen auf. Die Großmutter Zinzendorfs war eine der gebildetsten Frauen ihrer Zeit.

- Von 1710 bis 1716 besuchte Zinzendorf das Pädagogium in Halle bei Francke, mit dem er in engeren Kontakt trat. Bleibende Eindrücke durch die Missionsunternehmungen des hallischen Pietismus.

- Juristisches Studium an der orthodoxen Universität Wittenberg, anschließend Bildungsreise durch Westeuropa: Begegnung mit dem Geist der Frühaufklärung, dem Calvinismus und Jansenismus.

- Wichtig für seine Theologie und Frömmigkeit war die Verbindung zum Grafenhof Reuß-Ebersdorf. Die überkonfessionelle, »philadelphische Gemeinschaft« verschiedener Christen wurde das Modell für die spätere Herrnhuter Brüdergemeine. Als Hof- und Justizrat in Dresden ab 1721 versammelte er philadelphische Gemeinschaften und war literarisch im Sinne des Pietismus tätig.

- Ab 1722 gestattet Zinzendorf mährischen Glaubensflüchtlingen auf seinem Besitz in der Oberlausitz die Ansiedlung. Es entsteht die Siedlung Herrnhut unter Führung des Zimmermanns Christian David. Diese Exulanten waren Nachfahren der alten, aus der hussitischen Bewegung hervorgegangenen Brüderunität.

- Nach schweren inneren Konflikten erlebte die Gemeinde am 13. August 1727 bei einer gemeinsamen Abendmahlsfeier ihre innere Neugeburt. Durch Zinzendorfs Wirken war die Verbindung zur lutherischen Ortsgemeinde hergestellt, aber auch alte, selbständige Gemeindetraditionen wurden erneuert.

- Kennzeichen der Herrnhuter Brüdergemeine: Bewußtsein der engen Verbindung mit dem Heiland, der von Sündenstrafen erlöst und den Zugang zum barmherzigen Vater eröffnet. Ausgeprägtes Gemeindebewußtsein auf der Grundlage einer religiösen Erfahrung, die zu Dankbarkeit und Aktivität drängt. Neue gottesdienstliche Formen: Liebesmahl und Fußwaschung. Gemeindegliederung nach Geschlecht und Familienstand in »Chöre« und durch persönliche Zuneigung in »Banden«. Lospraxis: ein Bibelwort oder Liedvers als Losung für den nächsten Tag.

- Die weltzugewandte Aktivität des Herrnhuter Pietismus kommt in der spontanen, aus der Gemeinde hervorgehenden Missionsbewegung zum Ausdruck. Durch Verzicht auf konfessionelle Prägung bei den Missionsgemeinden und Unabhängigkeit von Kolonialmächten war die Herrnhuter Mission bald derjenigen aus Halle überlegen. Begonnen in Westindien und Grönland, zogen bis 1760 über 200 Brüdermissionare in viele Gebiete der Erde.

- Die Herrnhuter Brüdergemeine als ecclesiola in ecclesia in Speners Sinn konnte Zinzendorf aufgrund des Selbstbewußtseins der Brüder nicht verwirklichen. Nach vielen Spannungen und Konflikten gelang ihm jedoch 1747 in Sachsen die Anerkennung der Herrnhuter als Augsburger Konfessionsverwandte.

- Zinzendorfs »Tropentheorie« beschreibt die Stellung Herrnhuts zu den konfessionellen Kirchentümern: die christlichen Konfessionen und Gruppierungen sind unterschiedliche Erziehungsweisen Gottes (»tropoi paideias«). Nicht als neue Konfession, aber in den Konfessionen will die Herrnhuter Brüdergemeine als eine besondere Gemeinschaft zum Segen der ganzen Christenheit wirken. Durch die vielen Reisen Zinzendorfs entstanden zahlreiche Tochtergründungen Herrnhuts.

- Die Theologie Zinzendorfs erneuert die theologia crucis Luthers: Gotteserkenntnis gibt es nur durch Christus am Kreuz, Ablehnung jeder natürlichen Gotteserkenntnis: »Wer Gott im Kopfe weiß, der wird ein Atheist«; »Ohne Jesus wäre ich Atheist«. Die christliche Heilszuversicht entsteht durch emotionale Betroffenheit gegenüber dem Gekreuzigten und seinem stellvertretenden Strafleiden. Die christozentrische Heilszuversicht findet in religiösen Gefühlserlebnissen ihren Ausdruck (»Blut- und Wundentheologie«).
Sowohl die Herrnhuter Brüdergemeine wie auch die Theologie Zinzendorfs hatten in Aufklärung und Klassik (Lessing, Goethe und Herder) und in der Theologiegeschichte des 19. Jhs. eine bedeutende Wirkung. Schleiermacher nannte sich einen »Herrnhuter höherer Ordnung«.

Pietismus am Niederrhein und in Württemberg

- Im reformierten Protestantismus am Niederrhein wirkten Theodor Undereyck (1635-1693) und G. Tersteegen (1697-1769). Am Niederrhein zeigt der Pietismus, besonders bei Tersteegen, eine mystisch-seelsorgerlich-erbauliche Ausrichtung.

- Von allen deutschen Ländern ist besonders Württemberg vom Pietismus geprägt worden. Zu dem mystisch-besinnlichen Element treten hier grüblerisch-spekulative Aspekte hinzu. Bedeutsam sind: J.A. Bengel (1687-1752), vor allem durch seine bibelwissenschaftlichen Arbeiten (Griechisches NT, 1737 und »Gnomon Novi Testamenti«, 1742). Sodann der von Jakob Böhme beeinflußte F.Chr. Oetinger (1702-1782). Hauptwerk: »Theologia ex idea vitae deducta«, 1765.

Wurzeln und allgemeine Charakteristik der Aufklärung

- Als eine im 17. Jh. entstehende europäische Bewegung hat die Aufklärung ihre älteren Traditionszusammenhänge: die kirchenkritischen Bewegungen des Hochmittelalters und die Renaissance des 15. und 16. Jhs.

- Im 17. Jh. wirken bei der Entstehung der Aufklärung zahlreiche Faktoren zusammen: Träger der Aufklärung ist das reich und selbstbewußt gewordene Bürgertum in den Handelsstädten. Hier entsteht ein rationales, zweckorientiertes Denken im Wirtschaftsleben. In den Naturwissenschaften und der Technik herrscht ein auf praktische Erfahrung gegründeter Entdecker- und Erfindergeist vor. Mit Hilfe der Vernunft versucht der Mensch die ihn umgebende Welt methodisch zu erforschen und seinen Zwecken dienstbar zu machen. Auch auf politisch-gesellschaftlichem Gebiet, in der Rechts- und Staatsauffassung zeigt sich der rational-pragmatische Denkansatz. Historische Parallelität zwischen Aufklärung und fürstlichem Absolutismus.

- Die Aufklärung beginnt als Denkbewegung in der westeuropäischen Philosophie des 17. Jhs. und bestimmt den allgemeinen Zeitgeist im 18. Jh. Aber die Aufklärung ist nicht nur eine geistige Bewegung. Gegenüber der »Krise« in der ersten Hälfte des 17. Jhs., die durch Klimaverschlechterungen und Bevölkerungsstagnation gekennzeichnet ist, macht sich seit 1650 ein erheblicher Bevölkerungsanstieg bemerkbar. Aufschwung von Wirtschaft und Handel in Westeuropa.

- Das Neue an der Aufklärung ist ihre konsequente Zukunftsorientierung. Nicht Rückschau in eine bessere Vergangenheit in Antike oder Urchristentum, sondern optimistischer Blick in eine stetig sich verbessernde Zukunft der Menschheit - diese Erwartung einer Vervollkommnung aller menschlichen Geschichte schließt die Heilsgeschichte des Christentums ein. Dadurch erhebliche Spannung zur Geschichtlichkeit der Offenbarung in Jesus Christus: Hauptherausforderung der Aufklärung für Kirche und Theologie.

Die westeuropäische Aufklärung

Holland

- In Holland entstehen die ersten neuzeitlichen philosophischen Systeme. Der Freiheitskampf gegenüber Spanien, der Späthumanismus (»Neustoizismus«) und der wirtschaftliche und kulturelle Aufstieg im reich gewordenen Handelsbürgertum schufen die Voraussetzungen für Gewissensfreiheit und Toleranz. Holland wurde zur »Arche der Verfolgten« in Europa.

- Der Franzose René Descartes (1596-1650) bringt in seiner Philosophie das neuzeitliche Selbstbewußtsein des Menschen zum Ausdruck: mittels der Vernunft vergewissert er sich seiner selbst und versteht die ihn umgebende Welt als Objekt in seiner Verfügungsmacht. Der radikale Zweifel wird zum Erkenntnis- wie Selbsterkenntnisprinzip erhoben: »*cogito ergo sum*«. Die Existenz Gottes ist rational beweisbar. Die Philosophie wird aus der Magd der Theologie (ancilla theologiae) zu einer wissenschaftlichen Grunddisziplin, die sich auf sinnlich erfahrbare Beobachtungen und rationale Prinzipien gründet.

- Bei Baruch Spinoza (1632-1677) zeigt sich der kritische Geist gegenüber der christlichen Tradition. Hauptwerk: »*Tractatus theologico-politicus*« (1670). Christliche Religion gründet sich auf Liebe, Ehrfurcht, Freiheit und Toleranz, nicht auf Dogmen und Wunder. Das AT ist für ihn das Geschichtsbuch des Volkes Israel. Gegenüber dem Dualismus von Geist und Materie bei Descartes identifiziert Spinoza Gott mit der Natur bzw. der Substanz: »*deus sive natura*«. Der Pantheismus Spinozas (Aufhebung des Unterschiedes von Gott und Welt) wurde eine starke kritische Herausforderung für die neuere Theologie- und Geistesgeschichte.

England

- Der neue Geist macht sich hier schon im 17. Jh. bemerkbar: Herbert von Cherbury (1581-1648) legt in seinem Werk »*De veritate*« (1625) die Grundzüge einer natürlichen Religion dar.

- Der Philosoph John Locke (1632-1704) ist der klassische Vertreter der englischen Erfahrungsphilosophie. Sein Christentumsverständnis ist auf Toleranz, Tugend und Moral gegründet. Das Verhältnis von Offenbarung und Vernunft ist harmonisch ausgeglichen: die Glaubenswahrheiten können wohl über-, aber nicht widervernünftig sein.

- Die beiden Haupttendenzen Lockes: Vernünftigkeit des Christentums und seine Rückführung auf die biblischen Ursprünge sind auch die Ziele des englischen Deismus um 1700. Aber die englischen Deisten stoßen zu einer immer schärferen Bibelkritik vor: sie gilt ihnen nicht mehr als Urkunde einer über die Vernunft und die Natur hinausgehenden Offenbarung. Der Deismus hält am Schöpfungsglauben fest, verneint aber das Eingreifen Gottes in den Lauf der Welt.

- Die beiden wichtigsten Schriften des englischen Deismus sind: J. Toland, »*Christianity not mysterious*« (1696) und M. Tindal, »*Christianity as old as the creation*« (1730). Das Christentum enthält nichts Geheimnisvolles, was der menschlichen Vernunft entgegenstünde. Das bedeutet Kritik an den neutestamentlichen Wundern bis zu den Auferstehungsberichten, vor allem auch Kritik am AT. In den deistischen und antideistischen Streitschriften ging es vor allem um das Verständnis der biblischen Wunder, der alttestamentlichen Weissagungen auf Christus und den Begriff des Kanons. Es sind die Hauptproblemstellungen der europäischen Bibelwissenschaft des 18. Jhs.

- In Frankreich und Deutschland war die Wirkung des deistischen Streites wesentlich stärker als in England selbst. Die anglikanische Staatskirche war gefestigt genug, um die radikale Kirchenkritik abzuweisen. In der englischen Theologie konnte sich das geschichtliche Denken früh durchsetzen, weil die Verbalinspirationslehre der Schrift nicht wie in Deutschland vorherrschend war.

Frankreich

- Die französische Aufklärung bricht mit den traditionellen Mächten der absolutistischen Herrschaft und der Kirche am radikalsten. Die enge Verbindung der Kirche mit dem Ancien Régime ließ sie zur Hauptfeindin der französischen Aufklärer werden.

- Der Franzose Pierre Bayle (1647-1706), der nach Holland floh, schrieb eines der kritischen Grundwerke der europäischen Aufklärung: »*Dictionnaire historique et critique*« (1695-97).

- Hauptrepräsentant der französischen Aufklärung ist F.M. Voltaire (1694-1778). Große Wirkung im französischen Bürgertum als Vorkämpfer für Geistesfreiheit, Toleranz und Menschenrechte. Als Anhänger des englischen Deismus brachte er von seinem Englandaufenthalt 1726-1728 die Gedanken des Deismus nach Frankreich und verwendete sie als Kampfmittel gegen die katholische Kirche (»*écrasez l'infâme!*«). Die politische Situation in England stellte er als Vorbild für Frankreich hin. Sein »*Essay über die Sitten*« (1754-58) bricht mit der bisherigen biblisch orientierten Menschheitsgeschichte und stellt in skeptischer Haltung die kulturelle Verschiedenartigkeit heraus, ohne Orientierung an ideellen Maßstäben.

- Die 35bändige »*Enzyklopädie*« (hg. von Diderot und d'Alembert, 1751-1780) vermittelte die aufklärerischen Ideen an das französische Bürgertum. Von der Antikirchlichkeit Voltaires, der an einem allgemeinen Gottesglauben festhielt, schritt man hier zum direkten Atheismus und Materialismus weiter (Diderot, de Lamettrie und Baron Dietrich von Holbach) »*Système de la nature*« (1770).

- Jean Jacques Rousseau (1712-1778) will die aufklärerischen Ziele mit anderen Mitteln erreichen: die Quelle für das Glück der Menschheit liegt nicht in der rationalen Erkenntnis, sondern in den Gefühls- und Gemütskräften des natürlichen Menschen. (Schlagwort »zurück zur Natur!«). Der ursprüngliche Mensch sei von Geburt an gut. Gesellschaft, Kultur, Staat und Religion verbilden die natürliche gute Anlage des Menschen. Im Gewissen des Menschen ist der universale Wille (volonté générale) angelegt.
Mit zwei Schriften erzielte Rousseau eine große Wirkung:
»*Du contrat social*« (1762): Programm einer idealen, natürlichen Staatsordnung.
»*Emile*« (1762): Ideal einer naturgemäßen Erziehung.
Die den Idealen Rousseaus entgegenstehenden Hemmnisse müssen notfalls gewaltsam vernichtet werden. So gilt Rousseau als ein geistiger Vater der Französischen Revolution.

Die Eigenart der deutschen Aufklärung

- Die philosophische und theologische Aufklärung in Deutschland zeigt gegenüber Westeuropa charakteristische Unterschiede. Das Verhältnis von Vernunft und Offenbarung wird nicht durch spannungsvolle Gegensätze, sondern durch harmonische Ergänzung bestimmt. Die aufklärerischen Gedanken sind in Deutschland nicht grundsätzlich andere als in Westeuropa, aber ihnen fehlt die politische Sprengkraft und die kritisch-feindselige Haltung gegenüber der Kirche.

- Für diesen Unterschied gibt es sowohl allgemein- wie theologiegeschichtliche Gründe: durch den Dreißigjährigen Krieg ist die Entwicklung Deutschlands gegenüber Westeuropa weit zurückgeworfen. Die konfessionelle und politisch-kulturelle Zersplitterung bringt es mit sich, daß sich die deutsche Aufklärung vor allem in protestantischen Gebieten, an fürstlichen Residenzen und an den Universitäten ausbreitet. Hauptrepräsentanten

der deutschen Aufklärung sind darum Universitätsprofessoren und die herrschenden Kreise im aufgeklärten Absolutismus.
Pietismus und Aufklärung treten in Deutschland fast gleichzeitig auf. Der Kampf des Pietismus gegen die Orthodoxie hat der Aufklärung in Deutschland in den praktischen Reformzielen wesentlich den Weg geebnet. Die theologische Aufklärung ist in Deutschland weniger ein theoretischer Prozeß, als vielmehr eine praktische Reformbewegung ähnlich dem Pietismus (K. Scholder).

Gottfried Wilhelm Leibniz (1646-1716) und der Beginn der Aufklärung in Deutschland

- Leibniz steht am Beginn der deutschen Aufklärungsphilosophie mit erheblichen Wirkungen auf die Theologie. Mit seinem an Platon orientierten, umfassenden Denken war er ein Philosoph von europäischem Rang (Veranlassung der Gründung der Akademie der Wissenschaften in Berlin und St. Petersburg).

- Leibniz ging es um die Konformität von Glaube und Vernunft. Vernunft und Offenbarung, Philosophie und Theologie, Leib und Seele müssen in ihren harmonischen Zusammenhängen gedacht werden (*»prästabilisierte Harmonie«*).

- Die Bedingung für diese Harmonie ist die Unterscheidung von notwendigen, ewigen Wahrheiten und tatsächlichen Wahrheiten. Zu den ersteren zählt Leibniz die geometrischen Gesetze, aber auch die vollkommene Weisheit, Güte und Macht Gottes. Hier kann es keinen Widerspruch zwischen Offenbarung und Vernunft geben, da die Vernunft diese Wahrheiten als denknotwendig erweist. Freilich ist damit die Offenbarung der Vernunft, die Theologie der Philosophie untergeordnet.
Bei den tatsächlichen Wahrheiten (z.B. Naturgesetze) kann es zur Durchsetzung einer höheren Ordnung, zur Durchbrechung der Naturgesetze kommen. So versucht Leibniz die Übervernünftigkeit der Wunder als denkmöglich hinzustellen.

- Das umfassende Denken von Gott, Welt und Mensch kommt bei Leibniz besonders in seiner Monadenlehre zum Ausdruck. *»Die Monaden sind die wahren Atome der Natur und mit einem Wort, die Elemente der Dinge.«* Im Begriff der Monade faßt Leibniz sowohl Seele, Denken wie auch Kraft, Wirklichkeit zusammen. Die Monaden sind alle miteinander verknüpft, jedoch in verschiedenen Graden. Leibniz kann damit sowohl der mechanischen Naturwissenschaft wie einer philosophisch-idealistischen Weltbetrachtung eine Berechtigung zuerkennen.

- Die göttliche Geistmonade liegt allem Seienden in der Welt zugrunde. Das Problem der Theodizee, die Rechtfertigung Gottes angesichts des Übels in der Welt, löst Leibniz mit der These, daß unsere Welt »*die beste aller möglichen Welten*« ist. Auch das Übel gehört zur Welt, es ist in der Beschränktheit der endlichen Wesen begründet. Die Vernunft vermag jedoch das Gute und Göttliche als die eigentliche Gestalt der Welt zu erkennen. Die optimistische Weltsicht von Leibniz vermochte die Sünde nur als das unvollkommene Gute zu begreifen.

Christian Wolff (1679-1754) und der theologische Wolffianismus

- Der von Leibniz herkommende Philosoph Christian Wolff war ein besonders einflußreicher Denker der deutschen Aufklärung. Seit 1707 wirkte er an der Universität Halle. Die Universitäten Halle und Göttingen sind die geistigen Zentren der deutschen Aufklärung.

- Die Philosophie Wolffs gründet auf klaren Begriffen, logischen Beweisgängen und ihrer vollständigen Verknüpfung. Mit Hilfe des Satzes vom Widerspruch und vom zureichenden Grunde baute er eine umfassende, rationalistische Metaphysik aus, für die seine sog. Demonstrationsmethode charakteristisch ist. Mit Hilfe vernünftiger Einsicht kann die Existenz Gottes bewiesen werden. Die Offenbarung ergänzt die Vernunft, sie kann ihr nicht widersprechen, da sie »übervernünftig« ist. Die inhaltlichen Lehren der Offenbarung tastete Wolff nicht an, aber die Vernunft war es nun, die der Offenbarung ihre Möglichkeiten und Grenzen aufzeigte. Sein Verständnis des Christentums war ganz auf die Stärkung der moralischen Kräfte im Menschen ausgerichtet, einer »übernatürlichen« Offenbarung bedurfte es dazu nicht.

- Die Beweise für die Vollkommenheit Gottes bei Wolff zeigen sich auch in der sog. »Physikotheologie«, in der die ganze Welt als der Spiegel von Gottes Vollkommenheit gesehen wurde. Alle Dinge dieser Welt haben einen von Gott bestimmten Zweck, so daß die Schöpfung die Vollkommenheit des Schöpfers widerspiegelt.

- Der Gegensatz zwischen Aufklärung und Pietismus zeigt sich besonders deutlich bei der Vertreibung Wolffs aus Halle (1723). Am Beispiel der Sittenlehre der Chinesen hatte Wolff in einer Rede nachgewiesen, daß sich die Moral allein auf die Vernunft unabhängig der Offenbarung gründe, was den erheblichen Protest A.H. Franckes hervorrief.

- Die von Wolff beeinflußten Theologen werden dem sog. Wolffianismus bzw. der Übergangstheologie zugeordnet. Es sind Theologen in der ersten Hälfte des 18. Jhs. im Übergang vom Pietismus zur Aufklärung. Sie versuchen sowohl der orthodox-pietistischen Tradition wie auch der Vernunft und der natürlichen Religion gerecht zu werden, wobei die Akzente unterschiedlich gesetzt sind und auch die Stellung zu Wolff verschieden ist.

- Bedeutsam ist S.J. Baumgarten (1706-1757), der Lehrer Semlers in Halle. Baumgarten kam aus dem hallischen Pietismus und bemühte sich um eine vernünftig-logische Darstellung der orthodoxen Dogmatik im Sinne der Demonstrationsmethode Wolffs. An der Lehre von der Verbalinspiration der Schrift hielt er fest, war aber überzeugt, daß die natürliche Gotteserkenntnis auf die Offenbarung hinführe. Mit seinen »*Nachrichten von einer Hallischen Bibliothek*« (1748-1751) machte er die kritischen Werke der westeuropäischen Bibelwissenschaft in Deutschland bekannt.

- Weitere Theologen:
J.G. Reinbeck (1683-1741), Propst in Berlin, einflußreiches Werk über die CA.
J.L. Schmidt (1702-1749), der Verfasser der Wertheimer Bibel. Die alttestamentlichen Weissagungen auf Christus wurden darin bestritten, das löste einen heftigen Streit aus.
H.S. Reimarus (1694-1768), Hamburger Gymnasialprofessor, der durch die Wertheimer Bibel zu seiner höchst kritischen »*Apologie oder Schutzschrift für die vernünftigen Verehrer Gottes*« veranlaßt wurde (Fragmentenstreit s.u.).

- Neben den beiden letztgenannten kritischen Wolffianern stehen Übergangstheologen, die sich von Wolff abgrenzen. Sie sind vor allem mit biblischen und kirchenhistorischen Arbeiten hervorgetreten:
J.F. Buddeus (1667-1729); J.L. von Mosheim (1694-1755), er wirkte in Helmstedt und Göttingen und führte die pragmatische Methode in die Kirchengeschichte ein, womit er der Begründer

der neueren Kirchengeschichtswissenschaft wurde. C.M. Pfaff (1686-1760) und J.G. Walch (1693-1725), bekannt durch die Edition einer großen Lutherausgabe (1740-1753).

Johann Salomo Semler (1725-1791) und die Neologie

- Die Neologie stellt den Höhepunkt der deutschen Aufklärungstheologie in der zweiten Hälfte des 18. Jhs. dar. Im Verhältnis zwischen Vernunft und Offenbarung tritt das Eigengewicht der kritischen Vernunft immer stärker hervor. Sie richtet sich vor allem auf die altprotestantische Schriftlehre.

- Der Begründer der historisch-kritischen Theologie in Deutschland war J.S. Semler. Er ist der bedeutendste Theologe der deutschen Aufklärung. Mit seinem Werk ist die Wende vom Alt- zum Neuprotestantismus markiert. Durch die konsequente Anwendung der Methode der historischen Kritik ist Semlers Theologie von Orthodoxie und Pietismus deutlich abgegrenzt. Aber auch gegenüber der radikalen Aufklärung und dem Naturalismus erhebt der »fromme Aufklärer« Semler Einspruch. Die Eigenart der deutschen Aufklärung kommt somit bei Semler besonders klar zum Ausdruck.

- Hauptwerk Semlers, der seit 1752 in Halle lehrte, ist die »*Abhandlung von freier Untersuchung des Kanon*« (1771-1775). Die Erkenntnis der relativ späten Entstehung und historischen Bedingtheit des neutestamentlichen Kanons führte zur Aufgabe des gesetzlichen Kanonverständnisses und der Verbalinspirationslehre. In der zum Kanon gewordenen Heiligen Schrift ist das Wort Gottes zwar enthalten, aber es darf nicht mit der Schrift identifiziert werden. Bei der Schriftinterpretation sei auch die »Akkomodation« zu beachten, d.h. Jesus und die Apostel hätten sich den religiösen Vorstellungshorizonten der urchristlichen Gemeinden angepaßt. In das junge Christentum sind Einflüsse aus dem Judentum und Heidentum eingegangen.

- Diese historische Arbeit führte Semler zu der Unterscheidung von Theologie und Religion. Beide Begriffe hat er neu bestimmt, was eine wegweisende Unterscheidung für die Arbeit der wissenschaftlichen Theologie seit der Aufklärung wurde. Theologie ist jetzt eine veränderliche, korrekturbedürftige, entwicklungsfähige Fachangelegenheit für Pfarrer und Lehrer. Religion dagegen meint die Zustimmung zu den Grundwahrheiten der biblischen Religion, Frömmigkeit und Nächstenliebe als

Angelegenheit für alle Christen. Semler ging es mit dieser Unterscheidung um ein doppeltes Ziel: Freiheit für die akademische Theologie bei gleichzeitigem Respekt vor der »Heilsordnung« als Inbegriff der göttlichen Offenbarung.

- Die Unterscheidung von Theologie und Religion hat Semler noch weiter in die Unterscheidung von öffentlicher Religion und Privatreligion differenziert. Die öffentliche Religion hat in den Bekenntnisschriften ihre Grundlage, während die Privatreligion die individuelle und private Form des christlichen Glaubens darstellt. Semler ist für die Freiheit der christlichen Privatreligion eingetreten und hat mit seinem *»Versuch einer freieren theologischen Lehrart«* (1777) Freiheit für die theologische Forschung gefordert. Gleichzeitig wollte er aber den christlichen Glauben nicht einem willkürlichen Individualismus ausliefern. So hat Semler dem Wöllnerschen Religionsedikt von 1788 zugestimmt, das die Verpflichtung der Pfarrer und Lehrer auf die Bekenntnisschriften forderte.

- Die Theologen neben Semler nahmen z.T. gegenüber der Tradition eine kritischere Haltung ein, waren sich jedoch in dem Ziel der Förderung eines undogmatischen, moralischen Christentums der allgemeinen Wohltätigkeit und Menschenliebe einig. Die wichtigsten Neologen sind: A.F.W. Sack (1703-1786); J.F.W. Jerusalem (1709-1789) mit seinen *»Betrachtungen über die vornehmsten Wahrheiten der Religion«*; J.J. Spalding (1714-1804) mit seinem einflußreichen Werk *»Nutzbarkeit des Predigtamtes und deren Beförderung«*; J.G. Toellner (1724-1774) und W.A. Teller (1734-1804). Diese meist in kirchlichen Ämtern stehenden Theologen wirkten vor allem durch ihre Predigten im Sinne einer zeitgemäßen, sozialethischen Interpretation des Christentums.

Fragmentenstreit und Kritik an der Aufklärung

- Auch in Deutschland gibt es radikale Aufklärer, die jede übernatürliche Offenbarung ablehnen und vom Rationalismus bis zum Spiritualismus bzw. Spinozismus fortschreiten. Zu ihnen gehören J.H. Schulz (1739-1823) und W.A. Teller in seinen späten Jahren.

- Der radikale Angriff auf das Christentum kommt in Deutschland jedoch vor allem durch die Veröffentlichung der *»Fragmente eines Ungenannten«* zum Ausdruck. Zwischen 1774 und 1778 gab G.E. Lessing aus der Wolfenbütteler Bibliothek Auszüge aus der Schrift des Hamburger Gymnasiallehrers und Orientalisten H.S. Reimarus: »*Apologie oder Schutzschrift für die vernünftigen Verehrer Gottes*« heraus. Der schon 1768 verstorbene Reimarus übte in dieser Schrift scharfe Bibelkritik, hob die Widersprüche innerhalb der Evangelien hervor und stellte die Betrugsthese auf, nach der die Entstehung des Christentums reiner Jüngerbetrug gewesen sei. Jesus sei als politischer Messias gescheitert und seine Jünger hätten nach seinem Tod die Auferstehung fingiert, um auf diesem Wege ihre angebliche Enttäuschung überwinden und Anerkennung in der Welt finden zu können. Lessing wollte mit dieser Veröffentlichung eine Diskussion erreichen über die eigentliche Bedeutung und das Wesen des Christentums. Dazu kam es nicht, die Gegensätze zwischen Spätorthodoxie und idealistischer Aufklärung waren zu tief. Die Veröffentlichung der »*Fragmente eines Ungenannten*« lösten einen heftigen Streitschriftenkrieg aus, an dem sich auch der Hamburger Hauptpastor Goeze und Semler beteiligten und Lessing persönlich angriffen.

- Lessings Position kommt in dem berühmten Satz zum Ausdruck: »*Zufällige Geschichtswahrheiten können der Beweis von notwendigen Vernunftwahrheiten nie werden*« (»*Über den Beweis des Geistes und der Kraft*«, 1777). Hier knüpft Lessing an die Unterscheidung von Vernunftwahrheiten und Tatsachenwahrheiten bei Leibniz an. Die historischen Wahrheiten der Bibel können den Beweis des Geistes und der Kraft nicht führen, denn ihre Wahrheiten leuchten nicht mit unbedingter Notwendigkeit ein. Die positiven Religionen sind Stationen für einen göttlichen Erziehungsprozeß, dessen Ziel die wahre Religion der Liebe und der Vernunft ist (»*Die Erziehung des Menschengeschlechtes*«, 1780). Das kommt auch in der Ringparabel des »*Nathan*« zum Ausdruck. Die scharfe Kritik des Reimarus an der Historizität der Offenbarung des Christentums hatte für Lessing den Sinn, daß nun die eigentliche, entscheidende Religion der Liebe und Vernunft sichtbar werden könnte.

- Mitten im Aufklärungsjahrhundert wird auch die Kritik an der Aufklärung deutlich, die sich nicht aus vergangenen Positionen herleitet. Es ist der neue Geist eines Denkers, der die Fragestellungen der Aufklärung überwindet: Johann Georg Hamann (1730-1788). Das Verhältnis von Vernunft und Offenbarung, Sünde und Gnade wird auf eine völlig neue Stufe gestellt.

Durch intensive Bibellektüre erlebte Hamann 1758 in London eine »Bekehrung«, die ihn zu einer neuen Selbsterkenntnis führt: nicht die abstrakt-theoretische, außerhalb des Glaubens stehende Vernunft entschleiert die Rätsel unseres Daseins, sondern alle unsere Erkenntnis hat ihren Angelpunkt in der Menschwerdung Gottes, in der Herablassung Gottes in die Leibhaftigkeit und Konkretheit der irdischen Existenz. Hamann ist im 18. Jh. derjenige, der sich am intensivsten mit der Theologie Luthers beschäftigt. Seine Schriften haben eine tiefere Wirkung erst im 19. Jh. und bis in unsere Gegenwart gefunden.

Die katholische Kirche zur Zeit der Aufklärung

- Das Papsttum erlebte einen Tiefpunkt seines politischen und geistigen Einflusses. Vor allem der Jesuitenorden wurde durch sein politisches Machtstreben sowohl von den Regierungen wie auch von der Kirche selbst immer mehr als Belastung empfunden.

- In der ersten Hälfte des 18. Jhs. kommt es dennoch zu einigen verspäteten Aktionen im Geiste der Gegenreformation: Verfolgungen der »Kirche der Wüste« in Frankreich und die Vertreibung der Evanglischen aus dem Erzbistum Salzburg 1731. Auch die jansenistischen Streitigkeiten brachen wieder auf. 1713 verdammte eine päpstliche Bulle den Augustinismus. Sie kam unter jesuitischem Einfluß zustande und löste einen Sturm der Entrüstung in Frankreich aus.

- Auch in anderen Ländern wurde der Kampf gegen die Jesuiten immer heftiger, so in Portugal und Spanien. Papst Clemens XIV. mußte schließlich 1773 den Jesuitenorden aufheben.

- Der Begriff »Josephinismus« zeigt jedoch, daß die Aufklärung auch in das Innere der katholischen Kirche einzudringen vermochte. Unter Joseph II. (1780-1790) wurde der Versuch unternommen, die Kirche in Österreich unter die Herrschaft des aufgeklärten Absolutismus zu bringen. Das bedeutete völlige Unabhängigkeit von Rom, Verringerung der Zahl der Klöster, Reform der theologischen Ausbildung des Klerus, Vereinfachung des Kultus im Sinne einer vernünftig-moralischen Frömmigkeit. Durch das Toleranzpatent von 1781 wurde auch den Protestanten die bürgerliche Gleichberechtigung und das Recht auf Religionsausübung verliehen. Später ist dieses nationalkirchliche Reformwerk weitgehend wieder zurückgenommen worden.

- In Deutschland waren vor allem die rheinischen Erzbistümer und das Bistum Würzburg vom Geist der Aufklärung erfaßt. Die Bestrebungen liefen auch hier in Richtung eines volkstümlichen Reformkatholizismus und eines von Rom unabhängigen Episkopalismus. Ein Buch des Trierer Weihbischofs von Hontheim 1763 (Pseudonym Justinus Febronius) stellte folgende Forderungen auf: nur das Bischofskonzil, nicht der Papst ist unfehlbar, päpstlicher Primat hat nur einen Ehrenvorrang, die deutsche Kirche solle von Rom unabhängig sein. In der Emser Punktation (1786) wurden die Reformforderungen zusammengefaßt. Uneinigkeit unter den Bischöfen und fehlende Unterstützung von seiten der katholischen Staaten führte jedoch zum Sieg der römischen Kurie über den Febronianismus.

Literaturhinweise

GERICKE, W., Theologie und Kirche im Zeitalter der Aufklärung (Kirchengeschichte in Einzeldarstellungen, III/2), Berlin 1989, 70-136.
KRUMWIEDE, H.-W., Geschichte des Christentums III. Neuzeit: 17. bis 20. Jahrhundert (ThW 8), Stuttgart ²1987, 73-102.
MOELLER, B., Geschichte des Christentums, 298-325.
WALLMANN, J., Kirchengeschichte, 153-180.
DERS., Der Pietismus (KIG 4, Lieferung O 1), Göttingen 1990, 36-143.

XVIII. Die Situation der Kirchen in der Gesellschaft seit der Französischen Revolution

Einstieg

Die gesamtgeschichtliche Situation vor und nach der Französischen Revolution mit ihren Folgen zeigt so große Wandlungen, daß man mit Recht von der Epoche um 1800 spricht, einer tiefen Zäsur, von der die weitere geschichtliche Entwicklung nachhaltig bestimmt wird.

Der Untergang des absolutistischen Staates und die Ausrufung der Republik durch den Konvent brachte den entscheidenden politischen Umbruch, in dessen Verlauf die Herrschaft im Staate von der Aristokratie auf das Bürgertum überging.

Die revolutionäre Umgestaltung der bisherigen Verhältnisse im staatlich-politischen Bereich muß im Zusammenhang mit dem Wandel gesehen werden, der sich auf wirtschaftlich-sozialem Gebiet schon während des 18. Jhs. vollzogen hatte. Technische Erfindungen schufen die Voraussetzungen für eine industrielle Produktion, die das Leben der Menschen in Stadt und Land tiefgreifend veränderte.

Auch in kulturell-geistiger Hinsicht ist die Französische Revolution für die Gebildeten um 1800 das Ereignis schlechthin, dem entweder in begeisterter Zustimmung oder leidenschaftlicher Ablehnung begegnet wurde. Lange zurückreichende geistesgeschichtliche Traditionen vor ihr, kirchenkritische Strömungen des Mittelalters, Renaissance, Humanismus und europäische Aufklärungsphilosophie, konnten mit dem revolutionären Geschehen in Frankreich in direkte Verbindung treten. Endlich konnten diese Ideen ihre politisch-gesellschaftliche Verwirklichung finden. Aber der Fortgang der Revolution und ihre Folgen, die diktatorische Schreckensherrschaft und die gewaltsame Unterjochung der europäischen Völker unter die Vormacht Frankreichs, riefen vielfältige Gegenreaktionen hervor, die zur Restauration der vorrevolutionären Zustände drängten. Die geistigen Positionskämpfe des 19. Jhs. sind somit wesentlich mit der jeweiligen Stellung zur Französischen Revolution verbunden.

Auch in der Kirchen- und Theologiegeschichte markiert die Epoche um 1800 einen tiefen Einschnitt. Nicht aus der innerkirchlichen Entwicklung selbst, sondern durch das Eigengewicht der politischen, wirtschaftlichen und sozialen Faktoren und ihrer Einwirkung auf Kirche und Theologie, wird die kirchengeschichtliche Epochenwende um 1800 verständlich. Der vielschichtige Prozeß der langsamen, aber unaufhaltsamen Loslösung aller weltlichen Faktoren von dem früher beherrschenden kirchlich-theologischen Einfluß wurde durch die Französische Revolution erheblich beschleunigt und erfaßte vor allem immer breitere Bevölkerungsschichten. Dieser Säkularisierungsprozeß bezeichnet die spezifisch neuzeitliche Situation, in der sich Kirche und Theologie seit spätestens der Aufklärung befinden.

Durch die Industrialisierungswellen des 19. Jhs. mit ihren tiefen Eingriffen in die Lebenssituation der Menschen in den schnell wachsenden Städten waren die Kirchen ganz besonders herausgefordert. Die rasch zunehmende Entfremdung der Kirche in der städtischen Bevölkerung ging mit einer sozialen Entwurzelung einher, auf die die Kirchen in ihrer bisherigen Organisationsstruktur verständlicherweise nur unzulänglich reagieren konnten. Die großen Probleme der Inneren Mission und der sozialen Frage im 19. Jh. sind nur von einzelnen Theologen und vor allem von Laien aufgegriffen worden, die ihren Glauben in praktischer Nächstenliebe bezeugten.

In der Erweckungsbewegung hatte eine enorme Missionsaktivität im 19. Jh. ihren Ursprung, die zunächst von eigenständigen Missionsgesellschaften ausging, seit der Mitte des Jahrhunderts aber auch immer mehr als Angelegenheit der Kirche selbst verstanden wurde.

Durch die Französische Revolution war ein Überlegenheits- und Sendungsbewußtsein Fankreichs entstanden, ein Nationalismus, der durchaus religiöse Züge trug. Dieses moderne Phänomen des Nationalismus konnte sich jedoch auch, anders als in Frankreich, mit der Kirche verbinden, so z.B. in Preußen während der Befreiungskriege gegen Napoleon. Im Kampf für »Gott, König und Vaterland« haben sich dann sowohl der politische Konservativismus wie Nationalismus, aber auch der für eine freie Wirtschaft kämpfende Liberalismus zusammengefunden.

Die neue Wertung der Geschichte schien zunächst die Kirchen im allgemeinen Bewußtsein aufzuwerten, war doch ihre Existenz durch alle Wandlungen hindurch, auch durch die Stürme der Revolution, ein lebendiger Beweis für Kraft und Beständigkeit jahrhundertealter Traditionen. Aber im Rückgriff auf die Geschichte sehnte man sich nicht nur in das christliche Mittelalter zurück oder befriedigte vielfache historische Interessen, sondern mit dem Historismus entstand eine Weltanschauung, die alles Gegebene aus seiner Entwicklung begriff und damit die modernen Phänomene des Relativismus und Nihilismus mit heraufführte. Das geistige Grundproblem des 18. Jhs., das Verhältnis von Glaube und Vernunft bzw. Natur, verwandelte sich nun in das Verhältnis von Glaube und Geschichte. Dieses Problem stellt für die Kirchen und ihre Theologie wohl die schwerste Herausforderung dar, die ihnen seit dem 19. Jh. aufgegeben wurde.

Grundaspekte

Von der Französischen Revolution zum Wiener Kongreß - die Epoche um 1800

Die Französische Revolution

- Der Wechsel vom 18. zum 19. Jh. stellt einen entscheidenden kirchengeschichtlichen Einschnitt dar. Man spricht von der Epoche um 1800.

- Die sozialen Konflikte und die gesellschaftspolitische Sprengkraft der französischen Aufklärung führten zur Französischen Revolution 1789. Mit der Zerschlagung des absolutistischen Staates und der Herrschaftsübernahme durch das Bürgertum war auch die mit dem alten Regime zutiefst verbundene Kirche aus dem staatlich-gesellschaftlichen Leben ausgeschaltet worden. Zum ersten Mal war damit in Europa die jahrhundertealte Verbindung von Staat und Kirche aufgelöst. Im Unterschied zu Frankreich führte die schon vor der Französischen Revolution erfolgte Trennung von Staat und Kirche in den Vereinigten Staaten von Amerika (losgetrennt von England 1776) nicht zu einer kirchenfeindlichen Haltung. Das Christentum und die staatsfreien Kirchen wurden hier vielmehr ein wichtiger Faktor in Volk und Politik.

- Wichtige kirchenpolitische Maßnahmen der Nationalversammlung (1789-1792): Erklärung des Kirchengutes zum Nationaleigentum, Auflösung sämtlicher Klöster und Orden, »Zivilverfassung für die Geistlichkeit«. Inhalt der »Zivilverfassung«: Unterstellung der kirchlichen Verwaltung unter die staatliche; Wahl von Bischöfen und Priestern durch die Bürger; Festlegung der Gehälter für die Geistlichen; Entbindung vom Gehorsam gegenüber einer geistlichen Obrigkeit außer Landes (gegen den Primat des Papstes gerichtet, gallikanische Tradition!); Forderung eines Treueeides auf Nation und Verfassung für alle Geistlichen. Heftiger Widerstand im Klerus gegen diese Anordnungen.

- Kirchen- und christentumsfeindliche Maßnahmen des Konventes (1792-95): Aufhebung der christlichen Zeitrechnung und Verbot der christlichen Feste; Erklärung der Ehe zu einer rein bürgerlichen Angelegenheit; Verwüstung vieler Kirchen, Raub und Zerstörung von Kunstschätzen.

- Unter Robespierre 1794 der neue Kult der Anbetung der Vernunft und des Höchsten Wesens. Die antikirchlichen Maßnahmen fanden im Volk erheblichen Widerstand.

- 1795 wurde nach der Beendigung der Schreckensherrschaft die Religionsfreiheit wiederhergestellt. Aufrechterhaltung der Trennung von Staat und Kirche.

- Napoleon Bonaparte restaurierte die katholische Kirche im Konkordat vom 15. Juli 1801: die katholische Kirche wird als Mehrheitskirche der französischen Bürger staatlich anerkannt, bleibt aber der staatlichen Aufsicht unterstellt. Für das Gehalt der Geistlichen sorgte der Staat, der Papst ernannte die neuen Bischöfe, mußte aber akzeptieren, daß das Kirchengut durch die Revolution verloren war.

Der Reichsdeputationshauptschluß von Regensburg 1803

- Der Umsturz in Frankreich besiegelte auch das Ende des alten Deutschen Reiches und führte zu grundlegenden Veränderungen im Verhältnis der Kirchen zu Staat und Gesellschaft. Ein direktes Übergreifen der Revolution von Frankreich auf Deutschland verhinderte zwar die unterschiedliche Sozial- und Gesellschaftsstruktur (staatliche Zersplitterung und schwächere Position des Bürgertums). Aber durch die Koalitionskriege gegen das revolutionäre Frankreich wurde Deutschland unmittelbar in den Strudel der Veränderungen hineingezogen.

- 1797 mußte das Deutsche Reich das linksrheinische Gebiet an Frankreich abtreten. Das betraf vor allem die drei geistlichen Kurfürstentümer Mainz, Köln und Trier. Für den Verlust ihrer linksrheinischen Gebiete sollten die Fürsten im rechtsrheinischen Gebiet entschädigt werden.

- Dies geschah im Reichsdeputationshauptschluß von Regensburg 1803, der die politischen und rechtlichen Grundlagen des alten Reiches zerstörte: Auflösung fast sämtlicher geistlicher Herrschaften rechts des Rheins und ihre Unterstellung unter die Verfügungsgewalt der Fürsten. Das bedeutet Säkularisierung des Kirchengutes, d.h. Verfügung der Landesherren über die umfangreichen Besitztümer von Klöstern, Stiften und Bistümern; viele Klöster wurden aufgelöst.

- Mit diesen Maßnahmen endet das Institut der geistlichen Fürstentümer, jenes »Ottonische Reichskirchensystem«, das die deutsche Geschichte seit dem 10. Jh. geprägt hat.

- Die Bildung der neuen Territorien löst die bisherige konfessionelle Geschlossenheit der deutschen Staaten auf. Ausdrücklich wurde den Landesherren gestattet, andere Religionsverwandte auf ihrem Territorium zu dulden und ihnen die vollen bürgerlichen Rechte zu gewähren. Diese Entwicklung setzte sich mit den Beschlüssen des Wiener Kongresses fort.

Deutschland unter Napoleon - politische Neuordnung Europas auf dem Wiener Kongreß 1814/1815

- Das Jahr 1806 ragt in der deutschen Geschichte mit drei Ereignissen heraus: Errichtung des Rheinbundes unter dem Protektorat Napoleons; Kaiser Franz II. verzichtet auf die römisch-deutsche Kaiserwürde. Formales Ende des Heiligen Römischen Reichs Deutscher Nation; staatlicher Zusammenbruch Preußens durch die Niederlage von Jena und Auerstedt.

- Die französische Einwirkung führt zur Einführung des Code Napoléon, eine Sammlung der Zivilgesetzgebung (bürgerliche Gleichheit, Religionsfreiheit, Gleichberechtigung der Konfessionen, unkonfessioneller Staat).

- Das Allgemeine Landrecht von 1794 in Preußen begründet Staat und Gesellschaft im Geist der Aufklärung naturrechtlich. Dadurch werden die preußischen Reformen vorbereitet, die nach dem Zusammenbruch Preußens der Freiherr vom und zum Stein als »Revolution von oben« in Gang setzt. Sie betreffen: Aufhebung der persongebundenen Erbuntertänigkeit der Bauern, Selbstverwaltung der Städte, Reform der Verwaltung, Gewerbefreiheit, Steuerreform, bürgerliche Gleichstellung der Juden und Heeresreform.
Unter Wilhelm von Humboldt Bildungsreform im Geist des Neuhumanismus; 1810 Eröffnung der Berliner Universität.

- 1813/14 deutsche Befreiungskriege gegen Napoleon. Dadurch wichtige Impulse für die deutsche Nationalbewegung.

- Auf dem Wiener Kongreß 1814-1815 erfolgt die politische Neuordnung Europas weitgehend im alten Geist der Legitimität und der monarchischen Staatsform. Die nationalen und liberalen Reformkräfte werden abgedrängt. In Deutschland wird der Deutsche Bund errichtet (1815-1866); in den deutschen Staaten sind die Konfessionen vielfach miteinander vermischt.

- Nach 1815 Zeitalter der Restauration (nach dem Juristen

K.L. von Haller, »*Restauration der Staatswissenschaften*« genannt). Man wollte die Situation vor 1792 wiederherstellen, in der »Heiligen Allianz« 1815 hatten die Monarchen Rußlands, Österreichs und Preußens dieser Restauration noch eine religiöse Färbung gegeben. Das »System Metternich« (nach dem Führer dieser Politik, Fürst Lothar Wenzel von Metternich genannt) konnte die Reformkräfte aber nur notdürftig zurückhalten, die schließlich in zahlreichen Aufständen durchbrachen (Julirevolution in Frankreich 1830 und die Revolutionen von 1848/49 in der Schweiz, Frankreich und in den Staaten des Deutschen Bundes sowie in Preußen).

Kirchenreform in Deutschland - die preußische Union und ihre Folgen

- Das Ringen um ein zeitgemäßes Kirchenverständnis und Bestrebungen zur Kirchenreform sind das eigentlich bestimmende kirchengeschichtliche Thema des 19. Jhs.

- Die preußischen Reformen des Freiherrn vom Stein widmeten sich auch der Reform der Kirche. In diesem Zusammenhang unternahm Schleiermacher 1808 einen Verfassungsvorschlag, der die Union zwischen lutherischer und reformierter Kirche in Verbindung mit der Einführung einer presbyterial-synodalen Ordnung und einer Gottesdienstreform vorsah.

- Zum 300jährigen Jubiläum des Thesenanschlages Luthers kam es 1817 zur Union in Preußen. König Friedrich Wilhelm III. rief am 27. September 1817 zur Vereinigung der nur noch äußerlich getrennten protestantischen Konfessionen auf. Der Aufruf des Königs fand starkes positives Echo. In Berlin ist Schleiermacher die treibende Kraft für die Union: gemeinsame Abendmahlsfeier der Geistlichen am Vortag des Reformationsfestes unter seinem Vorsitz.

- Kurz vor der Union in Preußen war im Herzogtum Nassau eine vollständige Vereinigung der beiden Konfessionen vollzogen worden: Verwaltungs-, Kultus- und Konsensusunion (Übereinstimmung in der Lehre).

- Weitere Unionen: 1818 in der Pfalz und in Hanau, 1820 in Anhalt-Bernburg, 1821 in Baden und in Waldeck-Pyrmont, 1822 in Rheinhessen.

- In Preußen ist nur eine Verwaltungsunion geschaffen worden. Die Einführung einer vom König erarbeiteten Agende sollte die liturgische Reform bringen, führte jedoch zu dem heftigen Agendenstreit zwischen 1822 und 1829. Vielfacher Widerstand in der Pfarrerschaft und in den Gemeinden, der schließlich zu einem Kompromiß führt: Agende wird zwar eingeführt, aber jeweils mit angehängten Formularen für die örtlichen Gegebenheiten.

- Der Widerstand gegen die königliche Agende und gegen die Union in einigen Gemeinden, vor allem in Schlesien, führt zu gewalttätigen staatlichen Gegenmaßnahmen. Folge: Tausende von Lutheranern wanderten nach Nordamerika und Australien aus. Die im Land verblieben, verbanden sich zur altlutherischen Kirche. In Preußen wurde sie ab 1841 als freikirchliche Organisation anerkannt.

- Die Auseinandersetzungen um Agende und Union führten schließlich zum Einlenken des Königs. In einer Kabinettsorder von 1834 wird den Konfessionen die Weiterexistenz garantiert. Verwaltungsmäßige und kultische Union bringen nur zum Ausdruck, daß die konfessionellen Unterschiede nicht mehr kirchentrennend seien. Damit hat die Union in Preußen drei verschiedene Gemeinden hervorgebracht: unierte, lutherische und reformierte. Zu einer einheitlichen Unionskirche ist es nicht gekommen.

- Als Reaktion auf die Union in Preußen ist auch der lutherische Konfessionalismus zu verstehen, der sich aus der Erweckungsbewegung heraus entwickelte. Das Signal dazu gab der Kieler Pastor Claus Harms (1778-1855) mit seinen gegen die Union gerichteten Thesen zur 300-Jahrfeier des Thesenanschlags Luthers.

- Wurzeln für die Unionsbemühungen im frühen 19. Jh.: Zurücktreten der konfessionellen Gegensätze und Einigungsbestrebungen zwischen den Kirchen im Zeitalter von Pietismus und Aufklärung.

- Auch das Ringen um eine zeitgemäße Kirchenverfassung verdankt sich aufklärerischen Reformimpulsen nach der Französischen Revolution. Hierbei ging es vor allem um eine größere Unabhängigkeit der Kirche gegenüber dem Staat.

- In der Restaurationszeit nach 1815 wurden die liberal-reformerischen Kräfte für eine unabhängige Kirchenverfassung zurückgedrängt. Ein Kompromiß wurde jedoch in den preußischen Westprovinzen Rheinland und Westfalen erzielt: in der rheinisch-westfälischen Kirchenordnung von 1835. Der Staat akzeptierte hier die im westdeutschen Protestantismus verankerte Presbyterial- und Synodalordnung, die Gemeinden mußten jedoch die Organe der preußischen Konsistorialverfassung (Konsistorien und Generalsuperintendenten) anerkennen. Der Anfang einer eigenen kirchlichen Verfassung war damit gemacht.

- Nach der vom König 1846 einberufenen Generalsynode, die jedoch ohne Folgen blieb, brachte erst die Revolution von 1848 einen Entwurf für eine presbyterial-synodale Kirchenordnung. Über die Situation der Kirchen hieß es in der Paulskirchenverfassung: *»Jede Religionsgemeinschaft ordnet und verwaltet ihre Angelegenheiten selbständig, bleibt aber den allgemeinen Staatsgesetzen unterworfen«* (§ 147).

- Die politische Entwicklung nach der gescheiterten Revolution führte jedoch nicht zu einer eigenständigen Kirchenverfassung. Nur eine verwaltungsmäßige Trennung von Kirche und Staat war mit der Errichtung der Behörde des Evangelischen Oberkirchenrates (1850) erfolgt.

- Eine deutliche Einschränkung des landesherrlichen Kirchenregimentes brachte erst die im Geist des Liberalismus erlassene Kirchengemeinde- und Synodalordnung von 1873. Hintergrund: der liberale Kultusminister Adalbert Falk und Bismarcks Rückgriff auf den Liberalismus. Eine kirchliche Selbstverwaltung war damit bis zu der 1876 geschaffenen Generalsynode weitgehend möglich.

- Im Laufe des 19. Jhs. setzte sich die presbyterial-synodale Kirchenverfassung fast im gesamten deutschen Protestantismus durch. Die politisch-weltanschaulichen Gegensätze verbinden sich mit kirchlich-theologischen Positionen in der Bildung der kirchlichen Parteien: Konservativ-Konfessionelle, Liberale und sog. Mittelpartei.
Erst in der Weimarer Verfassung von 1919 ist das landesherrliche Kirchenregiment an sein endgültiges Ende gekommen.

Innere Mission und soziale Frage im deutschen Protestantismus

- Wie die Gesamtgesellschaft, so standen auch die Kirchen angesichts der radikalen Umgestaltung der Verhältnisse durch die

Industrialisierung vor größten Herausforderungen. In den Kirchen haben nicht wenige einzelne, vor allem Laien, tatkräftig Hilfe praktiziert. Gegenüber der kirchlichen Sozialarbeit in den katholischen Orden war der Protestantismus aus seiner Geschichte auf die Notwendigkeit einer kirchlich verantworteten Sozialarbeit unvorbereitet. Zwar wollte Luther die christliche Liebestätigkeit in der christlichen Gemeinde verankert wissen, aber durch die Geschichte der Reformation kam sie praktisch in die Verantwortung der weltlichen Obrigkeit. Nach dem Dreißigjährigen Krieg entfaltete besonders der Pietismus vielfältige soziale Aktivitäten. Die Franckischen Anstalten in Halle können als das erste Werk der Inneren Mission bezeichnet werden.

- Aus der Erweckungsbewegung kommen die ersten Initiativen zur Hebung der sozialen Nöte: Hans Ernst von Kottwitz (1757-1843) gründet 1807 in Berlin die »Freiwilligen-Armen-Beschäftigungsanstalt«. Möglichkeit zur Selbsthilfe für Arbeiterfamilien.

- Gründung verschiedener Rettungshäuser für verwaiste Kinder: Johannes Falk (1768-1826) gründet den Lutherhof in Weimar (Verbindung mit Goethe, Dichter des Liedes *»O du fröhliche ...«*). Adalbert Graf von der Recke-Vollmerstein (1791-1878) errichtet Haus Overdyk bei Bochum und Düsselthal bei Düsseldorf. Die Deutsche Christentumsgesellschaft veranlaßte die Gründung zahlreicher Rettungshäuser in Süddeutschland. In Hamburg schuf Amalie Sieveking einen weiblichen Verein für Armen- und Krankenpflege.

- Johann Hinrich Wichern (1808-1881): wichtigster Anreger und Organisator der evangelischen Sozialarbeit in Deutschland, begründete den Gedanken der »Inneren Mission«.

- Wichern kommt theologisch von Schleiermacher und der Erweckungsbewegung her, in Hamburg erlebte er die Sozialnöte der Großstadt.

- 1833 gründete Wichern in Hamburg das »Raue Haus«, eine Erziehungsanstalt für verwahrloste Jungen als Ersatz für die Familie. Leiter waren Brüder, die in einer »Gehilfenanstalt« ausgebildet wurden: Beginn der männlichen Diakonie. Eigene Druckerei: »Agentur des Rauen Hauses« und Zeitschrift: *»Fliegende Blätter aus dem Rauen Haus«* (1844).

- Auf dem Wittenberger Kirchentag 1848 hielt Wichern eine

berühmte Rede, mit der er die Arbeit der Inneren Mission als gleichberechtigte Aufgabe der evangelischen Kirche neben der Verkündigung herausstellte. Es kam zur Gründung eines »Centralausschusses für die Innere Mission der deutschen evangelischen Kirche«. Seine Denkschrift: *»Die Innere Mission der deutschen evangelischen Kirche, eine Denkschrift an die Deutsche Nation«* (1849) faßt seine Gedanken zur *»christlichen und sozialen Wiedergeburt des heillosen Volkes«* zusammen.

- Wicherns Anstöße führen mit den Impulsen aus England zu vielen sozialen Einrichtungen in ganz Deutschland: Stadtmissionen, Herbergen zur Heimat, Gefangenenfürsorge.

- Der Gedanke der Inneren Mission ist bei Wichern in die Ordnungen von Familie, Kirche und Staat integriert. Er hoffte auf den »christlichen Staat«, auf eine »christliche Gesellschaftsordnung«. Kirche, Volk und Staat sah Wichern im Zusammenhang. Nach der gescheiterten Revolution 1848 kam er in Kontakt mit den preußischen Konservativen. Furcht vor gewaltsamen gesellschaftlichen Umstürzen und die Hoffnung auf einen »christlichen Staat« waren die Gründe für dieses Bündnis; die Reformimpulse Wicherns lösten keine Veränderungen im gesellschaftlichen Gefüge aus (wie z.B. die Gewerkschaftsbewegung in England).

- Neben Wichern stehen andere bedeutende Gestalten der Inneren Mission:
Theodor Fliedner (1800-1864) gründet 1836 in Kaiserswerth das erste evangelische Diakonissen-Mutterhaus.
Wilhelm Löhe (1808-1872) weiht 1854 in Neuendettelsau die dortige Diakonissenanstalt ein. Löhe wollte im Unterschied zu Wichern, der die Innere Mission auf Vereinsbasis begründete, alle soziale Tätigkeit in der Gemeinde verwurzelt sehen. Zwischen Wichern und Löhe stand ein unterschiedliches Kirchenverständnis.
Friedrich von Bodelschwingh (1831-1910) baute seit 1872 Bethel bei Bielefeld auf, die wohl bekannteste »Stadt der Liebe«. Nicht nur Krankenpflege, sondern gemeinschaftliche Arbeit von Schwachen und Kranken und die Gründung von Arbeiterkolonien und neuen Siedlungsformen waren seine wegweisenden Ziele.

- Weitere Initiatoren in der Geschichte der evangelisch-sozialen Bewegung:

Gustav Werner (1809-1887) mit seinem Versuch einer »christlichen Fabrik«; Victor Aimé Huber (1800-1869) mit seinem Genossenschaftsgedanken und Rudolf Todt (1839-1887) mit seinem Hinweis auf die notwendige Verbindung von Sozialismus und Christentum.

- Adolf Stoecker (1835-1909), seit 1874 konservativer Hofprediger in Berlin, versuchte die tiefe Kluft zwischen Kirche und Arbeiterschaft durch eine Parteigründung zu überwinden: nach der Berliner Eiskellerversammlung (1878) gründete er die »Christlich-Soziale Arbeiterpartei«. Keine Erfolge bei den Arbeitern, höchstens im Kleinbürgertum. Verhängnisvoll war der Antisemitismus Stoeckers.

Stoecker gründete 1890 den »Evangelisch-Sozialen Kongreß«, ein wichtiges Forum von Theologen und Wirtschaftsfachleuten (Teilnahme u.a. von Adolf von Harnack). Vermittlung der christlich-sozialen Gedanken an das gebildete Bürgertum. Konservative Kritik und kirchlicher Parteienstreit führte zu Spannungen in diesem Kreis, vor allem durch den Gegensatz zwischen Stoecker und Friedrich Naumann.

- Friedrich Naumann (1860-1919), zunächst Pfarrer, dann Politiker, zog die Konsequenzen aus dem geringen Einfluß der christlich-sozialen Bewegung: die soziale Not des Industriezeitalters erfordert eine neue Politik, nicht nur eine franziskanische Gesinnung im Geiste Jesu. Die christlich-soziale Bewegung führte unter Naumann, beeinflußt vom Zeitgeist, in die national-soziale Bewegung (1896 Gründung des National-sozialen Vereins, Zeitschrift *Die Hilfe*«). Der Weg Naumanns aus dem kirchlichen Amt in die Politik war von einer Trennung von Religion und Politik bestimmt, wobei er sich in mißverständlicher Umdeutung auf Luthers Zwei-Reiche-Lehre berief (Eigengesetzlichkeit von Politik und Wirtschaft gegenüber der christlichen Ethik). Viele Impulse zur sozialen Verantwortung sind von Naumann und seinem Kreis ausgegangen.

- In der Schweiz begründeten Hermann Kutter (1869-1931) und Leonhard Ragaz (1868-1945) die »religiös-soziale Bewegung«. Zum Sozialismus stand man hier positiv, Unterschied zur christlich-sozialen Bewegung in Deutschland. 1924 bildete sich die Arbeitsgemeinschaft der religiösen Sozialisten Deutschlands.

- Die evangelische Sozialarbeit im 19. Jh. blieb weithin eine bürgerliche Angelegenheit, sie fand kaum Zugang zur Industriearbeiterschaft. Ihren offenkundigen Grenzen stehen aber nicht nur das vorbildliche soziale Engagement einzelner gegenüber, sondern auch die Tatsache, daß die evangelischen Landeskirchen in ihrer Sozialarbeit bis heute weitgehend von den Initiativen des 19. Jhs. leben. Nicht nur in der Mission, sondern auch in der diakonischen und karitativen Tätigkeit wurden nationale Grenzen überschritten und als ureigene kirchliche Aufgabe erkannt.

Die katholische Kirche im 19. Jahrhundert

Gesamtcharakteristik

- Aus schwersten Anfeindungen und tiefgreifenden äußeren Verlusten, die das Papsttum und die katholische Kirche in der Revolutionszeit erleiden mußten, erfolgt im Verlauf des 19. Jhs. trotz vielfältiger Kritik ein stetiger Anstieg von Geltung und Macht des römischen Katholizismus und insbesondere des Papsttums. Die politischen und wirtschaftlichen Grundlagen für die bisherige führende Stellung der Kirchen in Staat und Gesellschaft waren durch die Revolution in Frankreich, die Auflösung der geistlichen Fürstentümer in Deutschland seit 1803 und die Säkularisierung des Kirchengutes zunichte gemacht. Diesem äußeren Verlust geht ein erstaunlicher innerer Erneuerungsprozeß parallel, aus dem dann vor allem das Papsttum wieder erstarkt hervorgeht.

- Der Wiederaufstieg der katholischen Kirche im 19. Jh. verdankt sich drei Hauptfaktoren: religiöse Erneuerung in der katholischen Bewegung, universalkirchliche Politik der Kurie bei gleichzeitiger Neuordnung der Bistümer sowie dem sog. Ultramontanismus (Eintreten für die Freiheit der Kirche gegenüber dem Staat und für die Macht und Würde des Papstes).

- Unter Papst Pius IX. (1846-1878) erreicht der Ultramontanismus seinen Höhepunkt im 1. Vatikanischen Konzil 1869/70. Wichtigstes Ereignis in der Geschichte des neueren Katholizismus: Beendigung des Gegensatzes zwischen Episkopalismus und Kurialismus, bestehend seit Cyprian von Karthago.

- Das erstarkte katholische Selbstbewußtsein im 19. Jh. und die herausragende Stellung des Papsttums in der katholischen Kirche zeigen auf der anderen Seite eine starke Abkapselung von der modernen Welt, die Gefahr einer geistigen und kulturellen

Gettosituation, die zu den Abspaltungen des »Deutschkatholizismus« und der »Altkatholischen Kirche« führten sowie zum Gegensatz der katholischen Kirche zum modernen politischen und geistigen Liberalismus.

Die katholische Bewegung im deutschen und österreichischen Katholizismus

- Im Zeitalter der Romantik und der Restauration nach dem Wiener Kongreß erlebt der deutsche Katholizismus in verschiedenen Zentren eine religiöse Erneuerung. Verbindungen zur gleichzeitigen protestantischen Erweckungsbewegung stehen am Anfang dieses religiösen Aufbruchs um 1800. Die frühromantische Verklärung des katholischen Mittelalters als christlicher Einheitskultur (Novalis: »*Die Christenheit oder Europa*«, 1799) und aufsehenerregende Konversionen zur römischen Kirche förderten das katholische Selbstbewußtsein (z.B. Friedrich Schlegels Konversion 1808).

- In Bayern ist der Theologe Johann Michael Sailer (1751-1832) die wichtigste Persönlichkeit eines frommen, antischolastischen Katholizismus (Universität Landshut), von dem viele Impulse ausgehen, u.a. auch die Allgäuer Erweckungsbewegung.

- In Münster in Westfalen hatte sich um die Fürstin Amalia Gallitzin ein Kreis gebildet, zu dem auch J.G. Hamann gehörte; er gab für die katholische Bewegung im Rheinland wichtige Anstöße.

- In Wien ist der Kreis um C.M. Hofbauer (1751-1820), dem »Apostel Wiens«, von einem immer stärker werdenden kirchlichen Selbstbewußtsein erfüllt. Nur durch ein erstarktes Papsttum könne sich die katholische Kirche erneuern.

- Im Mainz bildete sich ein Kreis um Bischof J.L. Colmar (1760-1818), der den antiaufklärerischen, antiprotestantischen katholischen Kirchenbegriff noch stärker betonte und eine neuscholastische theologische Schule begründete.

- An der Universität München (gegründet 1826) wirkte Joseph von Görres (1776-1848), der für einen selbstbewußten Katholizismus vor allem publizistisch tätig war.

- An der Universität Tübingen ist die »Tübinger Schule« von J.S. Drey (1777-1853) und J.A. Möhler (1796-1838) bedeutsam, da sie sich vom Zeitgeist nicht abkapselte und mit Idealismus und Romantik in Austausch trat. In der »*Symbolik*« (1832) von J.A. Möhler vereinte sich romantisches Organismusdenken mit selbstbewußter Kontroverstheologie: der römische Katholizismus galt Möhler als die vollendetste Gestaltung in der Christentumsgeschichte, da er die wahre Vereinigung aller Gegensätze darstellt.

Organisatorischer Neuaufbau des Katholizismus

- Papst Pius VII. (1800-1823) konnte 1814 nach der Abdankung Napoleons wieder in Rom einziehen. Die Zeit der Demütigung des Papsttums ist damit beendet und der römische Katholizismus beginnt seinen Aufstieg.

- Die politische Reaktion während und nach dem Wiener Kongreß kommt der kirchlichen Reaktion auf die Revolution und die Demütigungen unter Napoleon entgegen.

- Der Kardinalstaatssekretär Consalvi, der schon das Konkordat mit Napoleon 1801 ausgehandelt hatte, erreichte auf dem Wiener Kongreß die Wiederherstellung des Kirchenstaates. Das Papsttum hatte seine politische Bewegungsfreiheit wiedererlangt, an der Kurie setzte sich die universalkirchliche Politik gegenüber allen nationalkirchlichen Tendenzen durch.

- 1814 stellte der Papst in einer Bulle den Jesuitenorden wieder her. Sein Einfluß nahm im Laufe des 19. Jhs. immer mehr zu (Collegium Romanum und Übertragung der katholischen Mission an die Jesuiten).

- Durch Konkordate bzw. päpstliche Erlasse konnte Rom in einer Reihe von Staaten die kirchliche Hierarchie wieder aufbauen und neu gestalten. In Deutschland mußte nach dem Untergang des Alten Reiches mit den Einzelstaaten verhandelt werden. Zunächst 1817 Konkordat mit Bayern, das den Bischöfen erhebliche kirchliche Rechte sicherte, aber auch dem Staat die Nominierung der Bischöfe und das Plazet für alle kirchliche Erlasse einräumte. Bayern wurde in die beiden Erzbistümer München-Freising mit den Bistümern Passau, Regensburg und Augsburg und dem Erzbistum Bamberg mit Würzburg, Eichstätt und Speyer eingeteilt. In Preußen waren die Zentren das Erzbistum Köln im Westen und Posen-Gnesen im Osten. Im Königreich Hannover wurden die beiden Bistümer Hildesheim und Osnabrück neu organisiert.

- In Südwestdeutschland mußte Rom infolge der dort stärker verankerten nationalkirchlichen Traditionen bei der Neuorganisation der Kirchenprovinzen eine stärkere staatliche Kirchenaufsicht hinnehmen.

Ultramontanismus und Kölner Kirchenstreit

- Ultramontanismus bezeichnet eine nach Rom ausgerichtete Haltung (»jenseits der Berge«, ultra montes), die für die Macht und Stärke des Papstes und den Einfluß der katholischen Kirche im gesellschaftlichen Leben eintritt. Sie schließt den Kampf für die Freiheit der Kirche gegenüber dem Staat ein, was den Ultramontanismus bis ca. Mitte des Jhs. teilweise mit dem Liberalismus in Deutschland zusammenführt.

- Die Wurzeln des Ultramontanismus im 19. Jh. liegen in Frankreich als Reaktion auf die Revolution und den Versuch Napoleons, Kirche und Papsttum völlig dem Staat zu unterwerfen. Grundlegendes Werk: Joseph de Maistre, »*Du Pape*«, 1819. Die Unfehlbarkeit des Papsttums ist hier schon deutlich ausgesprochen. Der Ultramontanismus in Frankreich, unterstützt vom Geist der Romantik, zeigt bereits heftige antiprotestantische Züge. Verbreitung des Ultramontanismus durch die Jesuiten, volksmissionarische Aktivität des Klerus und katholische Presse. Neben Frankreich hatte der Ultramontanismus besonders auch in Belgien Erfolg (Trennung von Staat und Kirche), von wo die ultramontanen Tendenzen nach ganz Westeuropa gingen.

- In Deutschland wurde der Ultramontanismus besonders von Görres in München propagiert. Auch der »Mainzer Kreis« nahm die Gedanken von de Maistre auf.

- Besondere Bedeutung erlangte in Deutschland der Kölner Kirchenstreit, wie der spätere Kulturkampf in Preußen aus dem Gegensatz zwischen einer selbstbewußten Kirche und dem preußisch-protestantischen Staatskirchentum erwachsen.
Problemstellung: es ging um die Frage der Mischehen. Das tridentinische Eherecht verbietet jede Ehe mit Nichtkatholiken. Inzwischen hatte sich eine liberalere Praxis durchgesetzt (in Zweifelsfällen sollten die Kinder dem Bekenntnis des Vaters folgen), die aber nun auf die Tendenz zur Rückkehr zum strengen kanonischen Eherecht stieß. Unter Umgehung des Papstes konnte Preußen zunächst von dem Kölner Erzbischof Graf

Spiegel und anderen Bischöfen die liberalere Praxis bestätigen lassen. Aber sein Nachfolger, Freiherr von Droste-Vischering (1773-1845), hielt an der strengen päpstlichen Weisung zum Umgang mit Mischehen fest. Diese Unbeugsamkeit führte zum schweren Konflikt: 1837 erfolgte die Verhaftung des Erzbischofs und seine Abschiebung auf die Festung Minden. Der Erzbischof von Posen-Gnesen erlitt das gleiche Schicksal.

- Folge des »Kölner Ereignisses«: katholische Bevölkerung stand geschlossen hinter der Hierarchie im Kampf gegen den Staat. Mit dem Regierungsantritt Friedrich Wilhelms IV. endet der Streit, die Kirche erlangt in Preußen größere Freiheiten. Errichtung einer katholischen Abteilung im Kultusministerium 1850.

- Zur Stärkung des katholischen Bewußtseins trugen auch das Kölner Dombaufest 1842 (Weiterbau des Domes) und die Wallfahrt zum Heiligen Rock in Trier 1844 bei, unterstützt von einer aktiven katholischen Publizistik.

- In Opposition zum Geist des Ultramontanismus entstanden eine liberale kirchliche Bewegung: der »Deutschkatholizismus« und eine liberalere Richtung in der Theologie: der »Hermesianismus«. Der Deutschkatholizismus strebte die Gründung einer deutschen Nationalkirche in ganz rationalistischem Geist an, geführt von dem suspendierten schlesischen Kaplan Johannes Ronge. Ablehnung von kirchlichem Lehramt, Zölibat und Heiligenverehrung. So rasch die Anhänger im liberalen Bürgertum ab 1845 zunahmen, so schnell ist die Bewegung nach 1848 wieder erloschen.
Georg Hermes (1775-1831), an der Bonner Fakultät lehrend, gibt dem Hermesianismus den Namen, der die katholische Theologie mit Hilfe der Philosophie Kants und des deutschen Idealismus neu sichern wollte, gegen die Neuscholastik der Mainzer Schule.

- Mit dem Ultramontanismus vereint war auch der soziale Katholizismus, der vor allem von dem Mainzer Bischof Freiherr von Ketteler (1811-1877), repräsentiert wird. In einer Reihe von Schriften hat er die soziale Verantwortung der Kirche gegenüber der Arbeiterschaft in heftiger Kritik an den Auswüchsen der liberalistischen Wirtschaftsweise herausgestellt. Bedeutsam sind auch die von Adolf Kolping 1846 gegründeten Gesellenvereine, die den bedrohten Handwerkerstand zu unterstützen versuchten und in der Kolping-Familie sich weit ausbreiteten und bis heute wirken.

Papst Pius IX. (1846-1878) und das 1. Vatikanische Konzil 1869/70

- Das Pontifikat Pius IX. war das längste in der bisherigen Papstgeschichte und das wichtigste in der Geschichte des neueren Katholizismus. Aus den Erfahrungen der Revolution von 1848 machte Pius IX. den Kampf gegen den Liberalismus und Nationalismus zu seinem Programm.

- 1854 verkündete Pius IX. in einer Bulle das erste bedeutende Mariendogma der Neuzeit: die unbefleckte Empfängnis Mariens (»immaculata conceptio«). Das Dogma besagt: Maria wurde im Augenblick ihres Empfangenwerdens im Mutterleib der Heiligen Anna, ihrer Mutter, durch ein wunderbares Eingreifen des Heiligen Geistes von aller Befleckung durch die Erbsünde im voraus befreit. Hintergrund des Dogmas ist der zunehmende Ultramontanismus und eine verstärkte Marienfrömmigkeit der Zeit wie des Papstes selbst (Marienerscheinung von Lourdes 1858). Das Neue des Dogmas: Pius IX. verkündigte es ohne vorausgehenden Konzilsbeschluß. Schon Duns Scotus hatte diese Lehre vertreten, Thomas jedoch nicht.

- 1864 erging die Enzyklika »*Quanta cura*« mit dem Verzeichnis über die Irrtümer der Zeit, die verurteilt werden: »*Syllabus errorum*«. Hier zeigt sich der Ultramontanismus besonders deutlich: Rationalismus, Indifferentismus, Sozialismus, Kommunismus, Bibelgesellschaften und staatliche Kulturhoheit werden als liberale Irrtümer der Zeit verurteilt.

- Diese Entwicklung gipfelt im 1. Vatikanischen Konzil 1869/70. Auch die Bischöfe der Ostkirchen und die Protestanten waren zu diesem ökumenischen Konzil eingeladen, nahmen jedoch nicht teil aus Protest gegen seinen Hauptzweck: die Feststellung der päpstlichen Unfehlbarkeit. Schon im Vorfeld gab es erhebliche Kritik an dieser Absicht, besonders in Deutschland.

- In der »*Constitutio de fide*« (über den Glauben) wurde die Anschauung des Thomas bestätigt, daß Glaube und Vernunft sich nicht widersprechen können. In der »*Constitutio de ecclesia*« wurde der Universalepiskopat des Papstes und die päpstliche Unfehlbarkeit definiert.

Universalepiskopat des Papstes meint die Jurisdiktionsgewalt des Papstes über die Gesamtkirche (Primat). Episkopalismus und Konziliarismus sind damit abgewiesen und der Kurialismus bzw. Papalismus hat den Sieg des jahrhundertelangen Kampfes davongetragen.
Neben dem Universalepiskopat steht die Unfehlbarkeitserklärung: sie besagt, daß der Papst in solchen Lehrentscheidungen unfehlbar ist, die er »ex cathedra« trifft, d.h. in Ausübung seines obersten Lehramtes über Fragen des Glaubens und der Sitten (Infallibilität). Solche unfehlbaren Entscheidungen müssen für die Gesamtkirche getroffen sein und das Glaubensfundament (depositum fidei) *»heilig bewahren und getreulich auslegen«*. In der päpstlichen Entscheidung, nicht in der Zustimmung der Kirche, hat die Unfehlbarkeit einer solchen Lehrentscheidung ihren Rechtsgrund.

- Das 1. Vatikanische Konzil ist der Höhepunkt des Ultramontanismus im 19. Jh. Dennoch gab es nicht wenig Widerstand und Versuche, das Dogma der Unfehlbarkeit abzuschwächen. Der Münchner Kirchenhistoriker Ignaz von Döllinger (1799-1890) hatte in seinem Buch *»Der Papst und das Konzil«* (1869) das Unfehlbarkeitsdogma scharf abgelehnt.

- So kam es nach dem 1. Vatikanischen Konzil zur Abspaltung der »Altkatholischen Kirche« von der römisch-katholischen Kirche. Nach der Exkommunikation Döllingers, der die alte Kirche vor dem Vatikanum wiederherstellen wollte, fand der erste Altkatholikenkongreß in München 1871 statt. Auf dem zweiten Kongreß in Köln wurde ein eigener Bischof gewählt, der von einem Bischof der Kirche von Utrecht geweiht wurde und damit in die apostolische Sukzession eintrat. Die Altkatholische Kirche blieb eine auf das katholische Bildungsbürgertum beschränkte, kleine, jedoch dauerhafte Kirche bis in die Gegenwart.

Vom Kulturkampf bis zum Modernisteneid (1871-1910)

- Der Begriff »Kulturkampf« meint den Zusammenstoß der erstarkten katholischen Kirche mit dem Geist des Liberalismus und Nationalismus im 19. Jh. Im engeren Sinn ist es der Kampf des preußischen Ministerpräsidenten und ersten Reichskanzlers des 1871 gegründeten Deutschen Reiches, Otto von Bismarck, mit der Kurie in Rom.

- 1870 war die katholische Zentrumspartei gegründet worden. In Verbindung mit dem Ultramontanismus fürchtete Bismarck für das neu gegründete Reich einen mächtig gewordenen politischen Katholizismus. Ihm, nicht der katholischen Kirche selbst, galt darum seine Gegnerschaft. Die Kirchen, auch die evangelische Kirche, wollte er jedoch strikt aus Staat und Politik fernhalten und auf den religiösen Bereich beschränkt wissen. 1871-1875 wurden verschiedene Gesetze erlassen, die schließlich weit in den kirchlichen Bereich eingriffen:
gegen den Mißbrauch der Kanzel zu politischer Agitation, Verbot der Jesuiten und verwandter Orden, Schulaufsichtsgesetz (Schulaufsicht des Staates) und die sog. Maigesetze (»Kulturexamen« für Geistliche und ihre Ausbildung an staatlichen Universitäten), Einschränkungen des Kirchenrechtes, Brotkorbgesetz (Sperrung der Staatsleistungen, Einführung der Zivilehe 1875 u.a.).

- Der geschlossene Widerstand der Bischöfe führte zu Verhaftungen und Absetzungen, die katholische Bevölkerung scharte sich um ihre Bischöfe.

- Erst nach dem Tod Pius IX. lösten sich die verhärteten Fronten unter Papst Leo XIII. (1878-1903).

- Bismarck nahm zwischen 1880 und 1887 die Kulturkampfgesetzgebung Schritt für Schritt zurück (außer Zivilehe, Jesuitenverbot und Aufhebung der Religionsartikel in der preußischen Verfassung).

- Diesem Kulturkampf, der auf der ganzen Linie ein Sieg der katholischen Kirche war, folgte ein weiterer Aufschwung des Katholizismus unter Führung des Papstes in der Zeit Kaiser Wilhelms II.

- Papst Leo XIII. verkündete 1891 die Enzyklika »*Rerum Novarum*«. Ausgangspunkt für die neuere katholische Soziallehre mit wichtigen Reformanstößen, z.B. die Entstehung katholischer Arbeitervereine.

- Gegen den strengen Kurialismus versuchte der Reformkatholizismus seit Ende des 19. Jhs. einen größeren Freiraum vor allem auch in der katholischen Theologie zu erkämpfen (z.B. der Würzburger Dogmatiker Hermann Schell, 1850-1906).

- Aber unter Pius X. (1903-1914) wurden solche Bestrebungen als »Modernismus« verurteilt und von allen katholischen Theologen vor Übernahme eines Kirchenamtes der sog. »Antimodernisteneid« verlangt, bei dem von verschiedenen modernen Ideen und wissenschaftlichen Erkenntnissen (z.B. Evolutionstheorie) Abstand genommen werden mußte.

Literaturhinweise

GRANE, L., Die Kirche im 19. Jahrhundert. Europäische Perspektiven, Göttingen 1987, 15-25 u. 156-165.
KRUMWIEDE, H.-W., Geschichte des Christentums, 143-163 u. 163-187.
NIPPERDEY, T., Religion im Umbruch. Deutschland 1870-1918, München 1988, 9-123.
MOELLER, B., Geschichte des Christentums, 326-331.
WALLMANN, J., Kirchengeschichte, 208-219 u. 245-264.

XIX. Frömmigkeits- und Theologiegeschichte im 19. Jahrhundert

Einstieg

Was für die Geschichte im 19. Jh. insgesamt gilt, das gilt auch für die evangelische Frömmigkeits- und Theologiegeschichte: das 19. Jh. begegnet uns als eine sehr komplexe Welt, in der nicht nur die sog. äußere Geschichte mit ihren vielen Einzelphänomenen und Ereignissen höchst vielgestaltig ist, sondern gerade auch die Geschichte von Frömmigkeit und Theologie.

Am Anfang des Jahrhunderts wirkt der Mann, der als »Kirchenvater des 19. Jhs.« bezeichnet wurde: Friedrich Daniel Ernst Schleiermacher. In diesem Titel kommt zunächst die völlig unbestrittene überragende Bedeutung Schleiermachers unter den Theologen des 19. Jhs. zum Ausdruck. Aber auch ein kritischer Aspekt schwingt in diesem vielzitierten Ausspruch mit. Denn je nachdem, wie man zu den theologischen Hauptströmungen des 19. Jhs. steht, kommt auch der große Anreger Schleiermacher zu stehen.

Das vielgestaltige Phänomen der Erweckungsbewegung in der ersten Hälfte des 19. Jhs. wird von der gegenwärtigen Forschung verstärkt in den Blick genommen. Weithin Konsens besteht darüber, daß es sich bei der Erweckungsbewegung um eine »kritische Erneuerungsbewegung innerhalb des gesamten Protestantismus« handelt, die bei allen Unterschieden im einzelnen doch von der gemeinsamen Gegenreaktion auf Aufklärung und Französische Revolution zu verstehen ist (E. Beyreuther). Mit der Betonung der individuellen Glaubenserfahrung und der Verknüpfung von Zeitgeschichte und biblischer Heilsgeschichte sowie mit der ausgeprägten Vereinsmentalität in vielen erweckten Kreisen mit sozialen und missionarischen Aktivitäten steht diese bedeutende Frömmigkeitsbewegung nicht nur mit dem Pietismus, sondern auch mit der Aufklärung in deutlicher Verbindung. Aber auch der Zeitgeist ist in der Erweckungsbewegung zu spüren, so daß sie *»gewissermaßen die Form darstellt, in der die Romantik sich im eigentlich kirchlichen Bereich ausprägte«* (B. Moeller).

Die deutsche evangelische Theologie im 19. Jh. ist ein besonders reiches und vielgestaltiges Gebilde. Theologiegeschichtlich gesehen ist das 19. Jh. das erste Jahrhundert mit einem ausgesprochenen theologischen Pluralismus. Die drei großen geistigen Kräfte der neueren Theologiegeschichte: Orthodoxie, Pietismus und Aufklärung wirken auch in der Theologie des 19. Jhs. vielfältig nach. Aber bestimmend wird doch nun die Individualität, ja Subjektivität der einzelnen Theologen, die mit diesen traditionellen Einordnungen nicht mehr erfaßt werden können. So wird das theologische Gesamtbild erheblich differenzierter und vielgestaltiger. Theologische Gruppierungen sind deshalb nur eine Hilfskonstruktion für die ganz eigen geprägte Biographie und Theologie der einzelnen Theologen. Die Begriffe »Konfessionalismus«, »Liberalismus«, »Kulturprotestantismus« können die differenzierten Gedankengänge vieler einzelner Theologen keinesfalls zusammenbündeln. Der Versuch eines Überblicks über die theologischen Strömungen im 19. Jh. kommt freilich ohne eine gewisse Klassifizierung nicht aus. Insgesamt ist die Beobachtung gewiß richtig und weiter zu bedenken, daß das 19. Jh. theologisch in vielen Punkten weiter und breiter angelegt war, als kirchlich in Anspruch genommen wurde (J. Rogge).

Grundaspekte

Friedrich Schleiermacher - Überblick über Leben und Werk

Herkunft und Jugendentwicklung bis zu den »Reden« (1799)

- Friedrich Daniel Ernst Schleiermacher wurde am 21.11.1768 in Breslau geboren. Er stammt mütterlicher- wie väterlicherseits aus reformierten Theologenfamilien. Der Großvater mütterlicherseits war Hof- und Domprediger in Berlin, der Bruder der Mutter Theologieprofessor in Halle.

Vater und Großvater Schleiermachers hatten schwere religiöse Kämpfe mit einer radikal-pietistischen Gemeinde zu bestehen. Der Vater kam vom radikalen Pietismus zur rationalistischen Theologie der Aufklärung und wurde schließlich überzeugter Herrnhuter. Zur Zeit der Geburt Schleiermachers war der Vater preußischer Feldprediger.

- Schleiermacher wurde im Geist der Herrnhuter Brüdergemeine erzogen. 1783 Eintritt in das Pädagogium in Niesky in der Oberlausitz. Tod der Mutter. Nähere Beziehung zu seinem Onkel Stubenrauch. 1785 Eintritt in das Theologische Seminar der Herrnhuter in Barby bei Magdeburg. Schleiermacher sollte herrnhutischer Prediger werden.

- In Niesky ganz unter dem Eindruck der herrnhutischen Frömmigkeit stehend, löst sich Schleiermacher in Barby unter schweren Kämpfen aus dieser Frömmigkeit. Dokumente dieser Krise sind die Briefe zwischen Vater und Sohn. Grund der Krise: bedrückende Enge des Studienbetriebes und Zweifel an dem stellvertretenden Versöhnungstod Christi. Trotz innerer Zweifel Bitte an den Vater, in Halle Theologie studieren zu können.

- Herrnhut bedeutete für die religiöse Jugendentwicklung Schleiermachers: bleibender Sinn für den Reichtum religiöser Individualitäten und der religiösen Gemeinschaft. In einem Brief an die Schwester bekennt Schleiermacher 1802: »*Ich kann sagen, daß ich nach allem wieder ein Herrnhuter geworden bin, nur von einer höheren Ordnung.*«

- 1787-89 Studium an der Universität Halle. Vor allem philosophische Studien bei J.A. Eberhard (1739-1809). Von ihm angeregt zum Studium der griechischen Philosophie und zur Auseinandersetzung mit Kant, vor allem mit dessen Ethik. Wichtige

Anregungen auch durch den Philologen F.A. Wolf (1759-1824). An der Theologischen Fakultät war J.S. Semler der führende Repräsentant der deutschen Aufklärungstheologie, nicht ohne Eindruck auf Schleiermacher.

- 1790-1793 nach dem 1. theologischen Examen Hauslehrer bei der gräflichen Familie Dohna in Schlobitten/Westpreußen. Glückliche Jahre, Predigten im Geist der Aufklärung, politische Meinungsverschiedenheiten über die Französische Revolution zwischen Schleiermacher und dem Grafen.

- 1793-94 Lehramtskandidat in Berlin und 2. theologisches Examen. Danach Hilfsprediger in Landsberg an der Warthe. Freude am Predigen und Übungen im Predigtstil. Intensive Auseinandersetzung mit Spinoza und Kant.

- 1796 Übernahme einer Predigerstelle an der Berliner Charité. In dieser ersten Berliner Zeit reger Anteil an der philosophisch-literarischen Bewegung der Frühromantik. Freundschaft mit Friedrich Schlegel (1772-1829) und Henriette Herz. Teilnahme an der Geselligkeit der Berliner Salons. Mitarbeit an der Zeitschrift »Athenaeum« (mit den Brüdern Schlegel und Novalis). Im Geist der Frühromantik schrieb Schleiermacher sein erstes epochemachendes Werk: »*Über die Religion. Reden an die Gebildeten und ihren Verächtern*« (1799 anonym erschienen).

Die »Reden über die Religion«

- Mit dem Begriff »Bildung« ist der geistige Ort und die spezifische Zuspitzung des Werkes benannt: die Adressaten sind die philosophisch-literarisch Gebildeten der Zeit, an deren Verachtung der Religion Schleiermacher anknüpft.

- Mit fünf literarisch stilisierten Reden entfaltet Schleiermacher das »Wesen« der Religion gegenüber Orthodoxie, Aufklärung und Pietismus neu.

- In der ersten Rede (»*Apologie*«) bekennt er, daß er aus innerstem Antrieb über die Religion reden müsse, deren Zeit keineswegs vergangen sei. Zwischen nüchterner Aufklärung und schwärmerischer Romantik gilt es sinnvoll zu vermitteln: die Gottheit sendet zu allen Zeiten »*Mittler zwischen dem eingeschränkten Menschen und der unendlichen Menschheit*«. Entgegen der Vermischung der Religion mit der Metaphysik und ihrer Erniedrigung zum moralischen Zweck will Schleiermacher der Religion ihr Recht zurückgeben als »*eigene Provinz*« im menschlichen Geistesleben, als ursprüngliche Anlage im Menschen. Unabhängig von Wissen und Moral ist sie ein drittes Element zwischen Denken und Handeln.

- Die zweite Rede »*Über das Wesen der Religion*« umschreibt die Religion als »*Anschauung*« und »*Gefühl*«, »*Sinn und Geschmack fürs Unendliche*«, »*Anschauen des Universums*«. Für die Theologie des jungen Schleiermacher sind die beiden romantisch gefärbten Begriffe »Universum« und »Gefühl« wichtig. »Universum« meint die Totalität alles Seienden und Geschehenden. Schleiermacher bemüht sich um ein neues Verständnis der göttlichen Offenbarung: »*Das Universum ist in einer ununterbrochenen Tätigkeit und offenbart sich uns jeden Augenblick.*« »Gefühl« meint die Erfahrung der göttlichen Offenbarung in der eigenen Existenz.

- Die dritte Rede »*Über die Bildung zur Religion*« wendet sich daher scharf gegen die aufklärerische Pädagogik und skizziert eine religiöse Erziehungslehre. Über die Erweckung des religiösen Sinnes soll es zu einer eigenständigen religiösen Bildung kommen.

- In der vierten Rede »*Über das Gesellige in der Religion oder über Kirche und Priestertum*« kommt das Kirchenverständnis des jungen Schleiermacher zum Ausdruck. Es lebt aus herrnhutischen Erfahrungen, stellt die wahre Kirche (»*ein priesterliches Volk, eine vollkommene Republik*«) kritisch gegen die Anstaltskirche, ohne diese jedoch aufheben zu wollen. Programm einer Kirchenreform, Forderung der Trennung von Kirche und Staat.

- Die fünfte Rede »*Über die Religionen*« hebt die positiven Religionen des Judentums und Christentums scharf gegen die natürliche Religion der Aufklärung ab. Geschichtliche Religionen sind Gemeinschaften einer gemeinsamen »*Grundanschauung*«. Das Christentum ist die Gemeinschaft der Grundanschauung Christi: »*Das Verderben und die Erlösung, die Feindschaft und die Vermittlung.*« Damit rückt der Gegensatz von Sünde und Gnade seit der Aufklärung wieder ins Zentrum des Christentumsverständnisses. Schleiermacher versteht das Christentum als Kritik aller Religionen: »*die Religion der Religionen*«.

- Die »Reden« hat Schleiermacher noch dreimal überarbeitet herausgegeben: 1806, 1821 und 1831. Im 19. Jh. hat vor allem die vierte Auflage gewirkt, in unserem Jh. die Erstfassung von 1799.

- 1800 erscheinen die »*Monologen*«: Entwurf einer Ethik der Individualität. Leitbegriffe: »*Individualität*«, »*Freiheit*« und »*Bildung*«. Sie trägt autobiographische Züge. Mit der anonymen Schrift »*Vertraute Briefe über Schlegels Lucinde*« verteidigt Schleiermacher den Freund in seiner Kritik an der Ehemoral der Zeit.

- 1802-1804 wirkt Schleiermacher als Hofprediger in Stolp in Hinterpommern. Arbeit an der großen Platon-Übersetzung und kritische Sichtung der ethischen Tradition in dem Werk: »*Grundlinien einer Kritik der bisherigen Sittenlehre*« (1803). 1804 erschienen »*Zwei unvorgreifliche Gutachten in Sachen des protestantischen Kirchenwesens*«. Vorschlag zur Aufhebung der Trennung der protestantischen Kirche und Reformvorschläge für Gottesdienst, Ausbildung und Stellung der Pfarrer.

Schleiermachers Wirken in Halle und Berlin

- 1804 Ruf an die Universität Würzburg. Berufung kam jedoch nicht zustande, statt dessen wurde Schleiermacher außerordentlicher Professor und Universitätsprediger in Halle/Saale.

- Hier hat Schleiermacher die Grundlagen für seine theologischen und philosophischen Vorlesungen gelegt. Zurücktreten des frühromantischen Zeitgeistes.

- 1806 erscheint »*Die Weihnachtsfeier. Ein Gespräch*«. Inhalt: Frage nach Ursprung und Wesen des Christentums und der Bedeutung Jesu Christi. Anhand einer feiernden Geselligkeit und unterschiedlichen Reflexionen in Gesprächen will Schleiermacher zeigen, daß die christliche Gemeinschaft immer mehr ist, als was in theologischen Reflexionen und Kontroversen zum Ausdruck kommen kann. Mit den Standpunkten einer radikalen historischen Kritik, einer Erfahrungstheologie und spekulativen Geschichtstheologie nimmt Schleiermacher Themen und Thesen der späteren christologischen Debatten des 19. Jhs. vorweg.

- In Halle entwickelt sich Schleiermacher zum preußischen Patrioten angesichts der französischen Fremdherrschaft. Nach 1806 wurde Halle von französischen Truppen besetzt, die Universität geschlossen.

- 1807 siedelt Schleiermacher nach Berlin über, zunächst Privatgelehrter ohne Amt. Kontakt mit den preußischen Reformern und patriotische Predigten.

- Ab 1809 reformierter Prediger an der Dreifaltigkeitskirche in Berlin, einer lutherisch-reformierten Simultankirche. Heirat mit Henriette, geb. von Mühlenfels.
- Gründung der Berliner Universität 1810 im Geist des Neuhumanismus. Schleiermacher als Mitarbeiter Wilhelm von Humboldts entscheidend beteiligt. Übernahme einer theologischen Professur an der neuen Universität und erster Dekan der Theologischen Fakultät.

- 1810-1814 ordentliches Mitglied der Unterrichtssektion im Ministerium des Innern. Beteiligung an der Reform des preußischen Schulwesens. Politisch verdächtigt von den Führern der Restauration. Höhepunkt dieser Verdächtigungen nach 1817 und 1823/24.

- Durch das Wirken im Doppelamt als Prediger und Professor gewinnt Schleiermacher großen Einfluß auf die geistige Welt seiner Zeit. Als Mitglied in der Akademie der Wissenschaften zu Berlin hält er auch Vorlesungen an der Philosophischen Fakultät. Neben Lehrtätigkeit in fast allen theologischen Disziplinen (außer AT) wirkt Schleiermacher vor allem durch seine Vorlesungen über die Geschichte der Philosophie, Dialektik, Ethik, Psychologie, Politik, Staatslehre, Ästhetik, Hermeneutik und Erziehungslehre.

- Am 12. Februar 1834 stirbt Schleiermacher in Berlin.

Grundzüge der Theologie Schleiermachers

- Neben Vorlesungen über NT, Hermeneutik, christliche Sittenlehre, Praktische Theologie und Kirchengeschichte sind vor allem zwei Werke bedeutsam: »*Kurze Darstellung des theologischen Studiums zum Behuf einleitender Vorlesungen*« (1811) und das Hauptwerk: »*Der christliche Glaube nach den Grundsätzen der evangelischen Kirche im Zusammenhange dargestellt*« (1821/22).

- Die »*Kurze Darstellung*« ist mit der Entstehungsgeschichte der Berliner Universität eng verbunden. Schleiermacher gibt der Theologie eine neue wissenschaftstheoretische Grundlage und sichert ihr damit die Existenz an den neugegründeten Universitäten des 19. Jhs. Fichte als erster Rektor der Berliner Universität wollte die Theologische Fakultät als religionswissenschaft-

liche Abteilung in der Philosophischen Fakultät aufgehen lassen.
- Mit Hilfe der »*Kurzen Darstellung*« las Schleiermacher über »Theologische Enzyklopädie«. Es ging um formale Zielbestimmung, Aufbau und Zusammenhang der Theologie in ihren Einzeldisziplinen.
- Zwei wichtige Leitsätze:

§ 1. *»Die Theologie ... ist eine positive Wissenschaft, deren Teile zu einem Ganzen nur verbunden sind durch ihre gemeinsame Beziehung auf eine bestimmte Glaubensweise, d.h. eine bestimmte Gestaltung des Gottesbewußtseins, die der christlichen also durch die Beziehung auf das Christentum.«*

§ 5. *»Die christliche Theologie ist sonach der Inbegriff derjenigen wissenschaflichen Kenntnisse und Kunstregeln, ohne deren Besitz und Gebrauch eine zusammenstimmende Leitung der christlichen Kirche, d.h. ein christliches Kirchenregiment, nicht möglich ist.«* (zit. 2. Aufl. 1830)

- Die Theologie ist damit nicht eine reine, sondern positive Wissenschaft, betrieben um eines praktischen Zweckes willen (wie Medizin und Jura).
- Die praktische Aufgabe der Theologie ist »*Kirchenleitung*«. Das meint Aufgaben übergemeindlicher Leitung (Kirchenregiment) wie leitende Tätigkeiten in der Einzelgemeinde (Liturgie, Predigt, Unterricht und Seelsorge). Neben diesen institutionellen leitenden Tätigkeiten tritt die »*freie Einwirkung auf das Ganze*« des einzelnen Kirchenmitgliedes.
- Gliederung der theologischen Wissenschaft in drei elementare Teilbereiche (vgl. mit Wurzel, Stamm und Krone eines Baumes).

1. Praktische Theologie als »*Krone des theologischen Studiums*«. Ihre Aufgabe ist die Zusammenfassung der »*Kunstregeln*« des leitenden kirchlichen Handelns im weitesten Sinne. Die praktische Theologie baut auf der historischen auf. Schleiermacher hat die Praktische Theologie wissenschaftlich neu begründet.
2. Historische Theologie als »*Körper*«. Zu ihr gehören die exegetische Theologie, Kirchengeschichte, Dogmatik und »*Kirchliche Statistik*«. Zwei wichtige Neuerungen: die Exegese gehört zur historischen Theologie, sie ist nicht mehr Hilfswissenschaft der Dogmatik. Die Dogmatik gehört zur historischen

Theologie als »*Kenntnis der jetzt in der evangelischen Kirche geltenden Lehre*«.
3. Philosophische Theologie (neue Begriffsprägung). Sie hat die wissenschaftlich-theoretischen Grundlagen zu liefern als Theorie des Christentums. Vergleichbar den späteren dogmatischen Prolegomena.

- »*Der christliche Glaube nach den Grundsätzen der evangelischen Kirche im Zusammenhange dargestellt*«, kurz »Glaubenslehre« genannt, aus Dogmatik-Vorlesungen hervorgegangen, als Unionsdogmatik konzipiert. Erstmals 1821/22 erschienen, überarbeitete 2. Auflage 1830/31.

- Schon der von Spener herkommende Begriff »Glaubenslehre« deutet die Richtung an, in der hier die systematische Theologie entfaltet wird: nicht als autoritativ abgestützte Lehrsätze, sondern als Ausdruck der Glaubenserfahrung: »*Christliche Glaubenssätze sind Auffassungen der christlich-frommen Gemütszustände, in der Rede dargestellt.*«

- Im Zentrum dieser Glaubenslehre steht der Glaube an Christus als an den Erlöser. Er bildet das »*Prinzip*« des Christentums. »*Es gibt keine andere Art, an der christlichen Gemeinschaft Anteil zu erhalten, als durch den Glauben an Jesum als den Erlöser.*«

- Der Christologie als Mitte der Theologie Schleiermachers geht aber in der »Einleitung« eine Analyse des menschlichen Bewußtseins voraus. Methodischer Grund: gedankliche Verständigung über das Wesen des Christentums für das durch die Aufklärung hindurchgegangene neuzeitliche Denken. Das Wesen der Frömmigkeit wird mit dem »*Gefühl der schlechthinnigen Abhängigkeit*« beschrieben: »*Das Gemeinsame aller frommen Erregungen, also das Wesen der Frömmigkeit ist dieses, daß wir uns unserer selbst als schlechthin abhängig bewußt sind, d.h. daß wir uns abhängig fühlen von Gott*« (Leitsatz zu § 9). Es geht hier um die allgemeine Theorie der Religion, nicht um den speziellen christlichen Glauben.

- Die inhaltliche Glaubenslehre entfaltet Schleiermacher aus der Analyse des christlichen Bewußtseins in Verbindung mit der christlichen Tradition. Aufgabe der bisherigen Anordnung des dogmatischen Stoffes, dafür Gliederung in drei Teile:
1. Das christliche Bewußtsein abgesehen von Sünde und Gnade;
2. das Bewußtsein der Sünde;

3. das Bewußtsein der Gnade.
Da der Mensch sich gegenüber der Welt nur relativ abhängig fühlt, das in seinem Selbstbewußtsein erfahrene Abhängigkeitsgefühl aber schlechthinnig, d.h. absolut ist, so folgert Schleiermacher, daß das »woher« dieses schlechthinnigen Abhängigkeitsgefühls nur Gott sein kann. Die stetige Kräftigkeit des Gottesbewußtseins in Jesus Christus unterscheidet ihn von den Christen. In der geschichtlichen Vermittlung des Gottesbewußtseins Christi an die Gläubigen vollzieht sich die Erlösung. Das unvollkommene fromme Selbstbewußtsein der Menschen (Sünde) ist auf die Erlösung in Christus (Gnade) unmittelbar bezogen. Die Kirche ist die Gemeinschaft der an Christus Glaubenden, von Christus geht der Heilige Geist als der *»Gemeingeist«* aus, er schafft die Einheit der christlichen Gemeinschaft.

- Erst am Schluß erscheint die Lehre *»Von der göttlichen Dreiheit«*. Die Trinitätslehre steht damit für ihn nicht im Zentrum des dogmatischen Denkens.

- Schleiermacher versuchte als ein apologetischer Theologe, die Wahrheit des Evangeliums so auszulegen, daß sie für die Zeitgenossen glaubwürdig und verständlich wird. Berühmt ist seine Frage geworden, in der er die Spannung des christlichen Glaubens mit der ihn umgebenden Welt zusammenfaßt: *»Soll der Knoten der Geschichte so auseinandergehen: das Christentum mit der Barbarei und die Wissenschaft mit dem Unglauben?«*

Die Erweckungsbewegung in Deutschland und der lutherische Konfessionalismus

Allgemeine Charakteristik der Erweckungsbewegung

- »Erweckungsbewegung« meint einen konfessionsübergreifenden religiösen Aufbruch im frühen 19. Jh. Zeitlich gehen der deutschen Erweckungsbewegung die Erweckungen in England und Nordamerika voraus. Im Protestantismus Frankreichs, der Niederlande und der Schweiz spricht man von »Réveil«. Über Länder- und Sprachgrenzen hinweg besteht ein großes Verbundenheitsgefühl.

- Vielgestaltigkeit der Bewegung, doch einige gemeinsame Merkmale: heftiger Gegensatz gegen die Vernunftreligion der Aufklärung; Ernstnehmen der menschlichen Sünde vor Gott, aus der nur die Gnade Christi zu neuem Leben erwecken kann; individuelle, persönliche Erfahrung der Wiedergeburt; die Wiedergeburt des einzelnen soll zur Neugestaltung der Gesellschaft aus dem Geist des christlichen Glaubens führen. Deshalb soziale, weltzugewandte Aktivität und Missionseifer zur Verbreitung des christlichen Glaubens unter den Heiden. Verurteilung des Geistes der Französischen Revolution.

- Nicht nur Theologen, sondern vor allem auch Laien entdekken die Bibel neu und schließen sich in Form der freien Assoziation, des Vereins, zum gemeinsamen Handeln zusammen. Frömmigkeit wird in der Sozietät gelebt und erfahren.

Wurzeln der Erweckungsbewegung

- Für den Protestantismus ist der ältere Pietismus der wichtigste historische Wurzelboden. Vor allem von der Herrnhuter Brüdergemeine mit ihren Diasporapredigern gingen entscheidende Impulse in die Erweckungsbewegung.

- Für die erste Phase der Erweckungsbewegung ist auch Schleiermacher als *»Herrnhuter höherer Ordnung«* ein wichtiger Anreger, z.B. für den Kieler Propst Claus Harms und den Berliner Kirchenhistoriker August Neander. Später jedoch Abgrenzung und Kampf gegen Schleiermacher. Charakteristisch dafür der Ausspruch von Claus Harms: *»Der mich zeugte, hatte kein Brot für mich.«*

- Besonders wichtig für die Erweckungsbewegung wurde die »Deutsche Christentumsgesellschaft«, gegründet 1780 in Basel von J.A. Urlsperger aus Augsburg (1728-1806). Mitglieder: H. Jung-Stilling (1740-1817), J.-F. Oberlin (1740-1826) und J.C. Lavater (1741-1801). Auch die Kritiker der Aufklärung, J.G. Herder (1744-1803) und J.G. Hamann, wirken in die Erweckungsbewegung hinein. Aufklärung und Erweckung können jedoch nicht nur gegensätzlich gesehen werden. Hier wie dort wird Gottes Wirken in Natur und Geschichte schon für die Vernunft erfahrbar. Aber diese Erfahrung wird erst in der christlichen Offenbarung vollendet. Diese Perspektive verbindet die deutsche Aufklärung mit der Erweckung, auch die Frömmigkeitsform des Vereins.

Geschichtliche Entwicklung der Erweckungsbewegung

- In der ersten Hälfte des 19. Jhs. können drei Phasen unterschieden werden:

1. Phase (ca. 1800-1815):
Charakteristisch ist ein konfessionsübergreifendes Erfahrungschristentum in geistiger Weite, beeinflußt von Romantik, Idealismus und nationaler Gesinnung.

2. Phase (ca. 1815-1830):
Durch Erweckungspredigten, Zeitschriften- und Traktatliteratur, Bibel- und Missionsgesellschaften größere Verbreitung in Volk und Kirchen. Die Konfessionen werden wieder wichtiger, Abgrenzung der Protestanten zur katholischen Kirche und gegenüber der Philosophie des deutschen Idealismus sowie Schleiermacher.

3. Phase (ca. 1830-1848)
Entwicklung zum Konfessionalismus. Die Institution Kirche und ihr Bekenntnis treten in den Mittelpunkt. Zurücktreten der Breitenwirkung der Erweckungsbewegung, kirchliche Parteienkämpfe zwischen Rationalismus und Konfessionalismus.

Zentren und Hauptvertreter der Erweckungsbewegung

- Der überkonfessionelle religiöse Aufbruch zeigt sich an der Allgäuer katholischen Erweckung, die durch Schüler von J.M. Sailer, zuletzt Bischof von Regensburg, ausgegangen ist. Von hier verschiedene Wirkungen in den deutschen Protestantismus: vor allem nach Franken, Württemberg, Niederrhein, Teile Westfalens, Berlin, Hamburg, Bremen, Hannover, Schlesien und Pommern.

- Die Erweckung in Franken ging von Nürnberg und der Universität Erlangen aus. Der reformierte Theologieprofessor Christian Krafft (1784-1845) und der Pädagoge Karl von Raumer (1783-1865) sind die Hauptgestalten. Von einem ökumenischen Luthertum ausgehend entwickelt sich die Erlanger Erweckung immer mehr in Richtung eines konfessionellen Luthertums.

- Im Mittelpunkt der pommerschen Erweckung steht der Baron Hans Ernst von Kottwitz. Von der Herrnhuter Brüdergemeine herkommend, Beziehungen zum preußischen Adel, soziale Aktivitäten, Mittelpunkt eines erweckten Kreises in Berlin. Wie die Erlanger Erweckung, so ist auch die Erweckung in Preußen zum lutherischen Konfessionalismus weitergeschritten. Hauptorgan der Erweckung wurde die »*Evangelische Kirchenzeitung*«, 1827 durch E.W. Hengstenberg (1802-1869) gegründet.

Heftige Kämpfe zwischen Erweckung und Rationalismus in dieser Zeitschrift.

- In Württemberg hat die Erweckungsbewegung besonders enge Verbindung mit dem Pietismus, vor allem Johann Albrecht Bengels (1687-1752). Bengel hatte den Beginn des 1000jährigen Reiches auf das Jahr 1836 festgesetzt. Eschatologisch-apokalyptische Stimmungen verbanden sich mit den politischen Unruhen der Zeit. Chiliastisch geprägt waren auch die von J.M. Hahn (1758-1819) ausgehenden Hahnschen Gemeinschaften. Durch J.Chr. Blumhardt (1805-1880) wurde Bad Boll seit 1852 ein Hauptort der schwäbischen Erweckung. Herausragender Erweckungsprediger in Württemberg war L. Hofacker (1798-1828).

- Die Erweckung am Niederrhein steht in Verbindung mit dem reformierten Pietismus dieser Gegend. Für die frühe Erweckung im Siegerland ist H. Jung-Stilling (1740-1817) die prägende Gestalt. Später wirken vor allem im Wuppertal erweckte Prediger, so z.B. H.F. Kohlbrügge (1802-1875). Am Niederrhein war die Erweckung eng mit der dortigen aufstrebenden Industrie verbunden. Die Spannung zwischen schwerer sozialer Not und abgekapselter religiöser Erbauung war hier besonders groß.

- In Bremen wirkte Gottfried Menken (1768-1831) durch erbauliche Predigten. In ihnen zieht er direkte Parallelen zwischen der politischen Geschichte der Zeit und der Heilsgeschichte. Das Jahr 1789 bezeichnet er als Triumph der dämonischen Mächte.

- Wichtige Gestalten der niedersächsischen Erweckung sind L.A. Petri (1803-1873) und der Liederdichter C.J.Ph. Spitta (1801-1859) mit seiner Liedersammlung *»Psalter und Harfe«* (1833). In Hermannsburg wirkte L. Harms (1808-1865).

- In Hessen ist A.F.Chr. Vilmar (1800-1868) ein besonders strenger konfessioneller Lutheraner, der sich vom Individualismus der Erweckungsbewegung distanzierte.

- Aus der Erweckungsbewegung hervorgegangene Bibel- und Missionsgesellschaften:
Württembergische Bibelanstalt, 1804;
Preußische Hauptbibelgesellschaft, 1814;
Baseler Mission, 1815;
Berliner Missionsgesellschaft, 1824;

Rheinische Mission, 1828;
Norddeutsche Missionsgesellschaft und Leipziger Mission, 1836;
Hermannsburger Mission, 1849;
Neuendettelsauer Mission, 1853.

Erweckung in Europa und Nordamerika

England

- Rund 100 Jahre früher als in Deutschland kommt es in England und Nordamerika zu mehreren Wellen von Erweckungsbewegungen. Hintergrund für den ersten religiösen Aufbruch in England bildet die Krise, die die englische Aufklärung in Kirche und Volk verursacht hat. Der englische Deismus hielt nur noch an einem allgemeinen Gottesglauben fest, gerade dadurch war eine religiöse Leere und Gleichgültigkeit entstanden. Die an der Bibel orientierte persönliche Lebensgestaltung wurde tief erschüttert.

- Innerhalb der Staatskirche bildeten sich religiöse Gesellschaften (»religious societies«), die auf die praxis pietatis drängten. Der persönliche Glaube sollte sich im calvinistisch-puritanischen Sinne im Gehorsam gegenüber dem göttlichen Gesetz ausweisen können.

- Im Methodismus kam die Erweckung in England zu ihrem Höhepunkt. Die methodistische Bewegung wurde die letzte große Kirchenbildung in der Geschichte der Christenheit genannt (E. Beyreuther). Gründer ist der anglikanische Geistliche John Wesley (1703-1791), daneben bedeutsam G. Whitefilde (1714-1770) und Charles Wesley.

- Die Brüder Wesley gründeten 1729 einen Studentenverein in Oxford. Das fromme Leben in strengen Regeln führte zum Spottnamen »Methodisten«.

- Durch Bekanntschaft mit der Verkündigung der Herrnhuter und unter dem Eindruck von Luthers Vorrede zum Römerbrief kam es am 24. Mai 1738, abends 8 3/4 Uhr, zur Bekehrung John Wesleys. Sie bildet den Auftakt zu seinen einzigartigen Erweckungspredigten, die ihn zusammen mit seinem Bruder und G. Whitefild durch ganz England, Schottland und Irland führten. Predigten vor Tausenden im Freien. Erneuerung des urchristlichen Wanderapostolats.

- Die methodistische Verkündigung rief zur persönlichen Christusnachfolge auf, zielte auf Bekehrung unter Bußkampf und Gnadenerlebnis und führte in feste Gemeinschaftsformen.

- Charakteristisch für die methodistische Bewegung ist das von Wesley geschaffene Laienpredigeramt. Von hier Anstöße im 19. Jh. in die Gewerkschaftsbewegung und in die Arbeiterpartei. In England deshalb stärker christlich orientierte Sozialpolitik als auf dem europäischen Kontinent.

- Nach Wesleys Tod kam es 1795 zur Trennung des Methodismus von der anglikanischen Staatskirche. Dies geschah jedoch im ökumenischen Geist, ohne strenges Abgrenzungsbedürfnis.

- Durch Wesleys Heiligungslehre (stärkere Betonung der Werke als Bedingung der Rechtfertigung) und Streitigkeiten über die Prädestinationslehre kam es im Methodismus zur Bildung zweier Richtungen.

- Im frühen 19. Jh. erlebte die anglikanische Kirche eine erneute Erweckungsbewegung, die »Low-Church-Bewegung«. Von diesen »Evangelikalen« gingen wesentliche Impulse zur Abschaffung der Sklaverei aus. Der hochkirchliche Anglikanismus griff auch auf die Freikirchen über. 1804 wurde von Freikirchlern und Anglikanern die »Britische und Ausländische Bibelgesellschaft« gegründet.

- In etwa parallel mit dem kontinentalen Konfessionalismus ist die Oxfordbewegung zu verstehen. Hauptgestalt: J.H. Newman (1801-1890). Betonung von Liturgie und Sakrament, von Institution und Amt der Kirche. Erneuerung der Sukzessionstheorie. Diese hochkirchliche Richtung spielt in der anglikanischen Theologie und Kirche bis heute eine wichtige Rolle.

Nordamerika

- Fast gleichzeitig mit der englischen ist die nordamerikanische Erweckungsbewegung aufgebrochen. Hauptgestalt: J. Edwards (1703-1758). Auf calvinistisch-puritanischem Fundament aufbauend, entwickelte er eine Theologie der Evangelisation. Mittelpunkt der Predigt: Aufforderung zur persönlichen Bekehrung. Charakteristisch: Missionseifer in stark eschatologischer Stimmung. Aufforderung zur Evangelisation im eigenen Land und zur Heidenmission in der ganzen Welt.

- Schüler Edwards ist S. Hopkins (1721-1803). Verstärkte missionarische Aktivitäten, kämpfte leidenschaftlich für die Sklavenbefreiung.

- Der sich rasch ausbreitende Methodismus hat die gewaltige Bevölkerungswanderung von der Ostküste nach dem Westen mit Hilfe berittener Reiseprediger begleitet und bei vielen Siedlern ein bibelfestes Christentum verankert.

- In der ersten Hälfte des 19. Jhs. mehrere Wellen von Erweckungsbewegungen, die sog. camp-meetings. Von den Colleges an der Ostküste ging die Revival auf immer weitere Kreise über. Die Erweckungsbewegungen haben den amerikanischen Protestantismus in den Freiwilligkeitskirchen bis heute nachhaltig geprägt: selbstbewußter Missionseifer, aktive Mitarbeit der Laien und vielfältige Verbindung von Religion und Öffentlichkeit bis heute charakteristisch.

Schottland

- Die schottische Erweckungsbewegung wird von Thomas Chalmers (1780-1847) angeführt. Seine Erweckungspredigt rief zu selbstverantwortlicher Hilfe in den sozialen Nöten in Edinburgh um 1845 auf. Er erneuerte den altkirchlichen Diakonat.

- 1843 kam es auch in Schottland zum Bruch mit der Staatskirche, es entstand die »Freie Kirche von Schottland«.

Der Réveil im westeuropäichen Protestantismus

- Die Genfer Erweckung in der Schweiz ging von jungen Theologiestudierenden aus, die den Rationalismus in Staat und Kirche bekämpften. Die Bewegung nahm Einflüsse aus Deutschland, England und Schottland auf. Man wollte zum alten Calvinismus zurücklenken. Ab 1831 evangelistische Arbeit in der Genfer Kirche und in Frankreich.

- Im Waadtland ist Alexandre Vinet (1797-1847) ein bedeutender Theologe, der nur eine vom Staat völlig getrennte Kirche mit seinem Gewissen und dem Evangelium vereinbar sah.

- In Basel gingen von der Deutschen Christentumsgesellschaft wichtige Anstöße nach Süddeutschland aus. 1815 Gründung der Baseler Mission.

- In der französischen Erweckungsbewegung war Adolphe Monod (1802-1856) der bedeutendste Prediger. In Holland ist

Willem Bilderdijk (1759-1831) der umfassend gebildete Führer der Erweckung.

- Auch das lutherische Skandinavien erlebte verschiedene Erweckungsbewegungen. Für die Kirche Dänemarks wurde besonders N.F.S. Grundtvig (1783-1872) bedeutsam. Sein Ziel war eine echte Volkskirche auf der Grundlage des Apostolicums. Gründer der dänischen Volkshochschule. In Norwegen war Hans Nielsen Hauge (1771-1824) ein bedeutender Erweckungsprediger. Charakteristisch für die Erweckung in Norwegen ist der hohe Anteil von Laien und der Zusammenschluß der Frommen in Kreisen innerhalb der Kirche.

Die Erweckung in Schweden war von herrnhutischen und schottischen Einflüssen geprägt. Reichhaltige Verbreitung von Erbauungsliteratur: die lutherische Rechtfertigungslehre wird gegenüber einer zu starken Akzentuierung der Heiligung betont. 1815 schwedische Bibelgesellschaft, 1835 Missionsgesellschaft gegründet.

Überblick über die evangelische Theologie in Deutschland

Der Gegensatz zwischen Hegel und Schleiermacher

- Schleiermacher und Hegel können mit Recht als die Väter der Theologie des 19. Jhs. bezeichnet werden. Ihre differenzierten Wirkungen haben ihren Grund in unterschiedlichen Denkansätzen.

- G.F.W. Hegel (1770-1831) ist neben Fichte und Schelling der umfassendste und tiefgründigste Philosoph des deutschen Idealismus. Während Schleiermacher in seiner Jugend wichtige Impulse vom herrnhutischen Pietismus und aus der Frühromantik empfängt, steht Hegel der Romantik fremd gegenüber. Seine geistige Heimat sind die spekulativ-rationalistischen Traditionen der schwäbischen Geistesgeschichte.

- Hegel steht in Opposition zu Kant und Schleiermacher. Während Kant mit seiner Kritik an der alten Metaphysik und den Gottesbeweisen (»*Kritik der reinen Vernunft*«, 1781) Gott nur noch als Postulat der praktischen Vernunft gelten ließ (»*Kritik der praktischen Vernunft*«, 1788), hatte Schleiermacher Gott als das »Woher« des schlechthinnigen Abhängigkeitsgefühls definiert. Dagegen setzt Hegel Gott als lebendigen Geist, der sich dem Menschen als denkendes Wesen offenbart. Das zum Bewußtsein seiner selbst gekommene philosophische Denken ist die Wirklichkeit schlechthin, »der Geist«, das Absolute.

- Nach Hegel hat das die Gegenstände erkennende Denken letztlich immer nur mit sich selbst zu tun. Es gibt nur diesen denkenden Geist und seine Bewegung. So ist das Wesen des Denkens und das Wesen der Dinge dialektisch zu begreifen. Das Gesetz des Geistes, das alles in Natur und Geschichte erklären kann, ist der dialektische Dreischritt von Thesis, Antithesis und Synthesis. Weil alles in Bewegung ist, existiert das Einzelne letztlich nur durch den Zusammenhang. Das »*Wahre ist das Ganze*«. Diese dialektische Methode ist die Grundlage für Hegels System sowohl bei der Ausbildung des Begriffs wie bei der Erfassung der gesamten Geschichte.

- Das Christentum ist für Hegel die absolute Religion. Gerade in seinem dogmatischen Fundament, in der Trinitätslehre und Christologie, glaubte Hegel mit Hilfe des dialektischen Dreischrittes die tiefste Wahrheit bestätigt zu sehen.

- Das spekulative Denken Hegels hatte jedoch keinen Zugang zu einem Kirchenverständnis, das der real-historischen Situation der Zeit gerecht würde. Hier ist der Hauptunterschied zu Schleiermacher zu sehen. Für Hegel ist der Glaube die niedere Form des Wissens. Dem entspricht die Kirche als die niedere Form des Staates. In der Vorrede seiner Rechtsphilosophie steht der charakteristische Satz: »*Alles Wirkliche ist vernünftig und alles Vernünftige ist wirklich.*« Von hier aus wird verständlich, daß von Hegel sowohl ein Weg zum politischen Konservativismus wie auch zur revolutionären Umgestaltung der Verhältnisse führen konnte.

Theologische Neubesinnung aus dem Geist der Erweckung

- In der Nachwirkung Kants ist der theologische Rationalismus im frühen 19. Jh. weit verbreitet. Kennzeichen dieser spätaufklärerischen Richtung: das menschliche Licht der Vernunft wird zum alleinigen Maßstab für die biblische Offenbarung. An dieser wird festgehalten, aber unter das Kriterium rationaler Einsicht und Beförderung der Moralität gestellt. Hauptvertreter: J.A.L. Wegscheider (1771-1849), Professor in Halle. Weit verbreitetes Werk: »*Institutiones theologiae christianae*«, 1815.

- Gegen den Rationalismus stand die Richtung des Supranaturalismus. Hier wurde das Übernatürliche der Offenbarung verteidigt, wiederum mit rationalen Argumenten.

- Durch Schleiermacher, die Romantik und Erweckung verändert sich diese Ausgangssituation im frühen 19. Jh. August Neander (1789-1850), Kirchenhistoriker und Fakultätskollege Schleiermachers in Berlin, stellte gegen den Rationalismus die fromme, vom Wort Gottes ergriffene christliche Persönlichkeit. Sein Losungswort: »*Pectus est, quod theologum facit*« (Das Herz macht den Theologen, »Pectoraltheologie«). Neander gilt als Begründer der neueren evangelischen Kirchengeschichtsschreibung. Gegen den Rationalismus sieht er die Geschichte des Christentums wesentlich als Frömmigkeitsgeschichte mit dem Ziel der weltüberwindenden Kraft des christlichen Glaubens.
Hauptwerk: »*Allgemeine Geschichte der christlichen Religion und Kirche*«, 1825ff.

- August G. Tholuck (1799-1877), Schüler Neanders, wirkte seit 1826 viele Jahrzehnte in Halle. Einflußreichster und vielseitigster Theologe aus dem Geist der Erweckung. Besonders mit seiner Lehre von der Sünde stellt sich Tholuck scharf gegen den Rationalismus und fortschrittsgläubigen Zeitgeist. Das radikal Böse im Menschen, seine totale Verlorenheit vor Gott, und die Erfahrung der Wiedergeburt durch Gottes Gnade in Jesus Christus sind die beiden Grundpfeiler von Tholucks Theologie (Gen 3 und Röm 7). Der Spitzensatz Tholucks: »*Nur die Höllenfahrt der Selbsterkenntnis macht die Himmelfahrt der Gotteserkenntnis möglich*« zeigt die Tiefe seines Sündenverständnisses, aber auch eine nicht unproblematische Anthropologisierung des NT bzw. der reformatorischen Theologie.
Hauptwerke: »*Die Lehre von der Sünde und vom Versöhner oder die wahre Weihe des Zweiflers*«, 1823 und »*Kommentar zum Römerbrief*«, 1824.
Tholuck wirkte auch besonders durch seine Predigten, vor allem Themapredigten, und seine Seelsorge.

Konfessionelle Theologie außerhalb Erlangens

- Mit der Erweckungsbewegung sind auch alle diejenigen Theologen verbunden, die im 19. Jh. die altprotestantische Theologie, vor allem die Theologie des Luthertums im 16. und 17. Jh., zu erneuern versuchten. Sie werden auch unter den Begriffen »Konservative Theologie«, »Restaurations- bzw. Repristinationstheologie« zusammengefaßt.

- Gemeinsame theologische Grundzüge: Betonung des Sakraments, bes. des Altarsakraments, als Höhepunkt des Erlösungsgeschehens, der Kirche als Institution und ihrem Fundament im Bekenntnis, des geistlichen Amtes, von Christus gestiftet und der Kirche durch göttliches Recht vorgeordnet. Oft nicht hauptamtlich Theologen, sondern in kirchenleitenden Ämtern stehend. Kampf für eine staatsunabhängige Kirche, oft verbunden mit der politischen Reaktion.

- E.W. Hengstenberg (1802-1869), von reformierter Herkunft, Professor für AT in Berlin. Weniger theologisch als kirchenpolitisch einflußreich ist die von ihm mitbegründete »*Evangelische Kirchenzeitung*« als Hauptorgan des theologischen und politischen Konservativismus.

- Weitere konfessionelle Theologen:
A.F.Chr. Vilmar (1800-1868), hessischer Kirchenpolitiker und Theologe in Marburg. Bekannte Schrift: »*Die Theologie der Tatsachen wider die Theologie der Rhetorik*«, 1856.
Th. Kliefoth (1810-1895), kirchenleitend in Mecklenburg tätig, vor allem liturgische Abhandlungen.
F.A. Philippi (1809-1882), wirkte in Rostock. »*Kirchliche Glaubenslehre*«, 1854ff.
W. Löhe (1808-1872), Gründer der Neuendettelsauer Missions- und Diakonissenanstalt. Bedeutsam als Prediger, Seelsorger, Liturgiker und Missionstheologe. Sein Werk »*Drei Bücher von der Kirche*« (1845) zeigt einen selbstbewußten, ökumenisch geöffneten lutherischen Konfessionalismus.
F.J. Stahl (1802-1861), Staatsrechtler, führende Gestalt des politischen Konservativismus. Hauptwerk: »*Die Kirchenverfassung nach Lehre und Recht der Protestanten*«, 1840.

Die Erlanger Theologie

- Die Theologen an der Erlanger Theologischen Fakultät, (»Erlanger Schule«), gehören ebenfalls zu den konfessionell-lutherischen Theologen. Sie ragen jedoch durch ihre Bedeutung und Geschlossenheit über die anderen konfessionellen Theologen heraus.

- Der Begriff »Erlanger Theologie« gründet sich bei aller individuellen Vielfalt auf ein gemeinsames theologisches Fundament. Es ist »*das einzige Zentrum, welches den konfessionellen Aufbruch zu einer eigenständigen Theologie mit wissenschaftlichem Anspruch zu gestalten vermochte*« (K. Beyschlag). Gegen den theologischen Rationalismus stellen die Erlanger ihre Erfahrungstheologie: die persönlich erfahrene Wende von der Sünde zur Gnade als Wiedergeburt wird das entscheidende theologische Erkenntnisinstrument. Durch die Erfahrung der Wiedergeburt werden die objektiven Größen: Bibel, Bekenntnisse und theologische Erkenntnisse, vor allem Luther, neu entdeckt und erschlossen.

- Geistesgeschichtlich steht die Erlanger Theologie in Verbindung mit Schleiermacher, dem deutschen Idealismus, besonders Hegel und Schelling, der Erweckungsbewegung und der Romantik. Wichtiger als diese Verbindungslinien ist aber die Anregung, die J.G. Hamann den Erlangern gegeben hat: Erfahrungsgewißheit, Inkarnation und »Kondeszendenz« (Herablassung Gottes in den Raum der Geschichte) und die Wiederentdeckung Luthers.

- Im Wirken von Adolf Harleß (1806-1879) ab 1833 in Erlangen beginnt die Erlanger Theologie. Seine Theologie ist streng kirchlich orientiert. Seit 1838 erschien unter seiner Leitung die »*Zeitschrift für Protestantismus und Kirche*«. Ab 1852 Präsident des Oberkonsistoriums in München. Hauptwerk: »*Christliche Ethik*«, 1842, große Verbreitung im 19. Jh.

- Johann Christian Konrad von Hofmann (1810-1877), »*eine der eindrucksvollsten Gestalten der Theologiegeschichte des 19. Jhs.*« (K. Barth). In seinem Werdegang von Schleiermacher und der idealistischen Geschichtsphilosophie beeinflußt, geht Hofmann doch seine ganz eigenen Wege. Er geht von der Wiedergeburtserfahrung als einem Tatbestand des persönlichen Glaubens aus: »*Ich, der Christ, bin mir, dem Theologen, eigenster Stoff meiner Wissenschaft.*« Von der individuellen Heilserfahrung erschließt sich ihm die Wahrheit der Bibel und der kirchlichen Bekenntnisse, die er im großen heilsgeschichtlichen Zusammenhang erfaßt. In seiner Schriftauslegung entwickelt Hofmann eine an den württembergischen Pietismus erinnernde heilsgeschichtliche Theologie. Im heilsgeschichtlichen Zusammenhang ist auch seine kritische Stellung gegenüber der traditionellen Versöhnungslehre zu sehen: Gott hat uns durch Christus in seinem gesamten Leben, Leiden und Sterben seinen »*Liebeswillen*« bezeugt, die Versöhnung liegt nicht im isoliert verstandenen stellvertretenden Strafvollzug Jesu am Kreuz. Damit geriet Hofmann in einen heftigen Streit, bei dem er die lutherische Theologie seiner Zeit auf den ursprünglichen Luther zurückverweisen wollte.

Hofmann hat die politische und soziale Verantwortung des Christen in der Gesellschaft nicht nur theologisch gelehrt, sondern auch danach gehandelt. Er arbeitete im Rahmen der liberalen Fortschrittspartei im bayerischen Landtag mit.

Wichtigste Werke:
»Weissagung und Erfüllung im Alten und Neuen Testament«, 1841-44 und *»Der Schriftbeweis«*, 1852-55.

- Weitere bedeutende Erlanger Theologen:
G. Thomasius (1802-175), Dogmatiker. Hauptwerk: *»Christi Person und Werk«*, 1853-61. Thomasius hat die traditionelle »Kenosislehre« (Erniedrigung Christi) so interpretiert, daß Christus bei seiner Menschwerdung auf einen Teil seiner göttlichen Eigenschaften verzichtete.

J.F.W. Höfling (1802-1853), Praktischer Theologe, vor allem Liturgiker.

Th. Harnack (1817-1889), Vater von Adolf von Harnack. Bedeutendes Werk: *»Theologie Luthers«*, 1862-85.

F. Delitzsch (1813-1890), Alttestamentler, bedeutende Kommentare.

H. Schmid (1811-1885), Kirchenhistoriker, wichtiges Werk: *»Geschichte der katholischen Kirche Deutschlands von der Mitte des 18. Jhs. bis in die Gegenwart«*, 1874.

F.H.R. von Frank (1827-1894), Dogmatiker und Ethiker mit umfassenden systematischen Werken u.a. *»Die Theologie der Concordienformel«*, 1858-64.

Die liberale Theologie

- Der Begriff »liberale Theologie« kommt von Semlers *»Versuch einer freieren theologischen Lehrart«* (1777) her. Die historisch orientierte Arbeit der liberalen Theologie hat ihre Wurzeln in der Aufklärung, steht aber im 19. Jh. in zugespitzter Form vor dem Problem von Glaube und Geschichte.

- David Friedrich Strauß (1808-1874), von Hegel beeinflußt, löste mit seinem Werk *»Leben Jesu«* (1835), einen heftigen Streit aus. Grund dafür war die These: die Darstellung Jesu in den Evangelien sei nicht historisch, sondern mythisch. Nachträgliche Legenden hätten sich um die historische Gestalt Jesu

gelegt. Für Strauß war Jesus ein menschlicher Lehrer der Gottes- und Nächstenliebe.
Die Wahrheit des Christentums sah Strauß in der Idee des Gottmenschen, in der Versöhnung zwischen Gott und Mensch. Diese Idee verwirklichte sich im Urchristentum und wurde erst nachträglich produktiv-gestaltend am Leben Jesu veranschaulicht. Dies gilt es jedoch vernünftig aufzuklären: *»Die Idee schüttet ihre Fülle nicht in ein einzelnes Exemplar aus, das Unendliche realisiert sich nicht in einer endlichen Gestalt.«* Die christologischen Aussagen des NT seien kollektiv auf die Entwicklung der Menschheit zu beziehen.

- Das *»Leben Jesu«* von Strauß erfuhr heftigen Widerspruch von allen theologischen Richtungen, der Verfasser auch persönliche Anfeindungen.

- Einen extremen Standpunkt nahm B. Bauer (1809-1882) ein, der die Entstehung des NT erst ins 2. Jh. verlegte und an der Historizität Jesu zweifelte.

- Herausragende Bedeutung in der historischen Erforschung des NT und der Kirchen- und Dogmengeschichte im 19. Jh. hat Ferdinand Christian Baur (1792-1860). Lehrer von Strauß, stark von Hegel beeinflußt, seit 1826 Professor in Tübingen.

- Baur ist insofern der Begründer der neueren historisch-kritischen Theologie, als er die neutestamentlichen Schriften in die historische Situation des Urchristentums einzuordnen versucht. Er geht von dem Grundsatz aus: *»Das Christentum ist alles, was es ist, einzig durch die Person seines Stifters.«* Aus den Synoptikern, nicht aus dem Johannesevangelium, kann ein geschichtlich zuverlässiges Bild Jesu ermittelt werden. Die Predigt der wahren Gerechtigkeit vom Reich Gottes steht im Mittelpunkt der Lehre Jesu, die sich in seiner Person verwirklicht.

- Die Geschichte des Urchristentums erklärt Baur nach der Geschichtsdialektik Hegels: auf das Judenchristentum als Thesis folgt durch das Wirken des Apostels Paulus das gesetzesfreie, universale Heidenchristentum als Antithesis. Gegenüber dem gemeinsamen Feind der gnostischen Richtungen und Marcion entwickelte sich dann die frühkatholische Kirche als Synthesis. Die neutestamentlichen Schriften müßten in diesen Entwicklungsgang eingeordnet werden. Baur forderte darum für das NT eine »Tendenzkritik«.

- Baur begründete auch die neuere Disziplin der Dogmengeschichte. Die Entstehung der Dogmen ordnete er in einen umfassenden geistigen Entwicklungsprozeß ein, der die Wahrheit der altkirchlichen Dogmen ebenso erkennen läßt wie ihre notwendige Fortentwicklung.

Wichtige Werke Baurs:
»Die christliche Lehre von der Versöhnung«, 1838; *»Die christliche Lehre von der Dreieinigkeit und Menschwerdung Gottes«*, 1841-43; *»Die Epochen der kirchlichen Geschichtsschreibung«*, 1852; *»Das Christentum und die christliche Kirche der ersten drei Jahrhunderte«*, 1853.

- Seit ca. 1870 wurde die theologische Landschaft von einem Mann geprägt, der erst lange nach seinem Tod zur liberalen Theologie gerechnet wurde: Albrecht Ritschl (1822-1889). Von Kant, Schleiermacher und Baur in seinem theologischen Entwicklungsgang geprägt, entwickelte Ritschl eine Theologie, die das Christentum als historisches Faktum begreift und auf die persönliche Glaubenserfahrung konzentriert. Das NT bezeugt zuverlässig die wahre Gottesoffenbarung in Christus. Als eine Ellipse mit zwei Brennpunkten hat Ritschl das Christentum beschrieben: das Reich Gottes als sittliches Ziel aller Menschen und die Erlösung als *»Rechtfertigung und Versöhnung«*. Die Umwandlung und Hinwendung des menschlichen Willens zum Willen Gottes, die zur sittlichen Tat drängt, ist Kern der Erlösung des einzelnen wie der Gemeinschaft im Reich Gottes. Ritschls Theologie ist somit wesentlich durch drei Faktoren bestimmt: Betonung der Ethik, Aufweis des historisch Tatsächlichen und die ins klare Bewußtsein gehobene Glaubenserfahrung. In seiner Opposition gegenüber Mystik, Pietismus, Spekulation und katholische Kultfrömmigkeit ist Ritschl der zeitgemäße Theologe des »Kulturprotestantismus«. Seit 1864 lehrte er in Göttingen.

Hauptwerke: *»Die christliche Lehre von der Rechtfertigung und Versöhnung«*, 1870-1874 und *»Unterricht in der christlichen Religion«*, 1875.

- Die Theologie A. Ritschls hatte im ausgehenden 19. Jh. eine führende Stellung inne. Vor allem die Zeitschrift *»Die Christliche Welt«*, seit 1886 von M. Rade herausgegeben, war das Organ der unterschiedlichen Ritschl-Schüler.

- Wilhelm Herrmann (1846-1922), Systematiker in Marburg seit 1879, betonte stärker als Ritschl die persönliche Glau-

benserfahrung angesichts des Eindruckes der Person Jesu. Daraus erwächst auch der sittliche Ernst als Zentrum des christlichen Glaubens.
Hauptwerk: »*Ethik*«, 1901. Sowohl Karl Barth wie Rudolf Bultmann haben bei Wilhelm Herrmann in Marburg studiert.

- Auch der in seiner Zeit berühmteste Theologe, der Kirchenhistoriker Adolf von Harnack (1851-1930), setzt als Historiker der Alten Kirche und Dogmengeschichtler die historisch orientierte Arbeit Ritschls fort. Das zeigt sich schon 1892 im Streit um das Apostolicum, in dem Harnack auf die historische Verwurzelung der Bekenntnisaussagen aufmerksam machte. Das frühe Christentum als historische Erscheinung und die Wahrnehmung der ursprünglichen Verkündigung Jesu führten Harnack zur Forderung eines undogmatischen Christentums. Das altkirchliche Trinitäts- und Christusdogma sah er als Schöpfung des griechischen Geistes auf dem Boden des Evangeliums an.

Harnack wirkte seit 1888 in Berlin. Hauptwerk: »*Lehrbuch der Dogmengeschichte*«, 1885ff.

Die Vermittlungstheologie

- Zwischen dem theologischen Liberalismus und Konfessionalismus versuchten mehrere Theologen im Anschluß an Hegel und Schleiermacher zu vermitteln.

- Von Hegel kamen die beiden spekulativen Theologen K. Daub (1765-1836) und Ph. Marheineke (1780-1846) her.

- Den Namen »Vermittlungstheologen« trugen jedoch vor allem Theologen, die von Schleiermacher beeinflußt zwischen dem Christentum und der modernen Kultur Brücken schlagen wollten. Ihr Organ wurden die »*Theologischen Studien und Kritiken*«, seit 1828.

- Aus der wenig homogenen Gruppe der Vermittlungstheologen, die Anleihen aus verschiedenen Richtungen aufnehmen, ragt Richard Rothe (1799-1867) heraus. Rothe kommt von der Erweckungsbewegung, Schleiermacher und Hegel her. Sein eigenwilliger Grundgedanke: der sittliche Vervollkommnungsprozeß des von Jesus ausgehenden gemeinsamen Lebens in der Kirche findet seine Vollendung im Staat. Kirche und Staat sind nicht als empirische Größen zu verstehen. Er unterscheidet scharf zwischen der Geschichte des Christentums und der Ge-

schichte der Institution Kirche. Das christliche Prinzip soll mit seiner Kraft alle irdischen Verhältnisse durchdringen.
Hauptwerk: »*Theologische Ethik*«, 1845-48.

- C.I. Nitzsch (1787-1868), kämpfte für die Union, wobei er jedoch die Verbindung von Kirche und Bekenntnis für notwendig hielt.
Hauptwerk: »*System der christlichen Lehre*«, 1829 und »*Praktische Theologie*«, 1847-67.

Die biblische Theologie

- Hier sind eigengeprägte Theologen zusammengefaßt, die in unterschiedlicher Weise das biblische Fundament aller Theologie betonen.
- J.T. Beck (1804-1878), seit 1843 in Tübingen lehrend, kommt vom Biblizismus und der heilsgeschichtlichen Theologie J.A. Bengels her. In den biblischen Schriften ist die göttliche Offenbarung grundgelegt, die sich in weiteren Stufen zum Heil der Menschheit entfaltet.
Hauptwerk: »*Die christliche Lehrwissenschaft nach den biblischen Urkunden*«, 1847.

- Martin Kähler (1835-1912), seit 1860 in Halle wirkend, griff das Grundproblem des Verhältnisses von Glaube und Geschichte bahnbrechend auf. 1892 hielt er einen Vortrag mit dem Titel: »*Der sogenannte historische Jesus und der geschichtliche biblische Christus*«. Der Titel zeigt die wichtige Unterscheidung: nicht der historische Jesus, sondern der von der Gemeinde gepredigte und bezeugte Christus ist der Grund des christlichen Glaubens. Die Versuche, ein Bild des historischen Jesus zu zeichnen, gehen in die Irre. Die Evangelien müsse man als »*Urkunde der kirchengründenden Predigt*« verstehen. Freilich war für Kähler der gepredigte Christus kein anderer als der irdische Jesus.

- Schon weit in das 20. Jh. hinein wirkte Adolf Schlatter (1852-1938), seit 1898 Professor in Tübingen. Seine Bedeutung liegt vor allem auf dem Gebiet der neutestamentlichen Wissenschaft und der Erforschung der Religion und Geschichte des antiken Judentums. Bei seiner exegetischen Arbeit geht er von dem sog. »*Sehakt*« und »*Lebensakt*« aus. Er wollte die Exegese vor einer bloßen menschlichen Gelehrsamkeit bewahren und sie ganz auf die Sache beziehen, d.h. auf die »*Geschichte des Christus*«.
Zahlreiche Werke, vor allem neutestamentliche Kommentare.

Die religionsgeschichtliche Schule

- 1892 erschien ein kleines Buch von Johannes Weiß: »*Die Predigt Jesu vom Reiche Gottes*«. Rein exegetisch stellte er fest, daß Jesu Predigt vom Reiche Gottes eschatologischen Charakter trägt, was dem ethischen Entwicklungsgedanken Ritschls diametral entgegenstand.

- Das war der Auftakt für eine Reihe von jüngeren exegetischen Theologen in Göttingen, die Zusammenhänge Israels und des Urchristentums mit der antiken Religionsgeschichte auf der Grundlage der Literarkritik und Formgeschichte zu erforschen. Es waren dies: H. Gunkel, W. Bousset, H. Greßmann, A. Deißmann, W. Wrede.

- Die Erforschung der Zusammenhänge zwischen der biblischen und der außerbiblischen Religionsgeschichte zeigte nicht nur verschiedene Ähnlichkeiten, sondern inmitten des geschichtlichen Prozesses auch die besondere Art der biblischen Religion. Freilich waren die Versuche der liberalen Theologie, von der biblischen Verkündigung unmittelbare Brücken in die Gegenwart zu schlagen, problematisiert. Die Fremdheit der biblischen Botschaft gegenüber modernen Vorstellungen war offenkundig.

- Dies hat vor allem ein Systematiker der religionsgeschichtlichen Schule umfassend reflektiert: Ernst Troeltsch (1865-1923), Professor in Heidelberg, später Philosoph in Berlin.

- Troeltsch ist als Historiker wie als Religionsphilosoph und Religionssoziologe ein Forscher, der mit seinen Anregungen bis in die Gegenwart wirkt. Die Frage nach dem Verhältnis des Christentums zur modernen Kultur, das Verhältnis von Offenbarung und Geschichte, und persönlicher Entscheidungsfreiheit und gesellschaftlicher Bedingtheit vor allem in der Geschichte der Neuzeit - das sind Problemfelder in den Forschungen von Troeltsch.
Für die Kirchengeschichte bedeutsam: seine große Untersuchung »*Die Soziallehren der christlichen Kirchen und Gruppen*«, 1912.

- Eine besondere Stellung nimmt Albert Schweitzer ein (1875-1965), der mit seiner These von der »*konsequenten Eschatologie*« eine lebhafte Diskussion auslöste und die Unmöglichkeit einer historischen Darstellung des Lebens Jesu erwies. Das zeigt besonders sein Werk: »*Von Reimarus zu Wrede*«, 1906.

Literaturhinweise

BEYREUTHER, E., Die Erweckungsbewegung (KIG 4, Lieferung R, 1. Teil), Göttingen ²1977, 1-48.
GRANE, L., Kirche im 19. Jahrhundert, 165-185 u. 242-274.
HÄGGLUND, B., Geschichte der Theologie, 276-307.
WALLMANN, J., Kirchengeschichte, 184-207 u. 220-237.

XX. Kirchen- und Theologiegeschichte seit dem Ersten Weltkrieg

Einstieg

Ein Grundgefühl der Krise erfaßte viele Menschen durch die ganze Zeit der Weimarer Republik, was auf die gewaltigen Erschütterungen hindeutet, die der Erste Weltkrieg auf allen Gebieten des Lebens weltweit hinterlassen hatte. Der Zusammenbruch der äußeren Ordnungen und vor allem der entfesselte Haß zwischen den Industrie- und Kulturnationen Europas und das Massensterben auf den Schlachtfeldern des Krieges zeigten jedem die Abgründe auf, zu denen der Mensch fähig ist.

In Deutschland brachte das Ende des Ersten Weltkrieges auch das Ende der Monarchie. Damit aber war die aus der Reformationszeit überkommene Verfassungsform der evangelischen Landeskirchen, das landesherrliche Kirchenregiment, an sein definitives Ende gelangt. Wie sollte sich nun das Verhältnis von Staat und Kirche gestalten? Es ist verständlich, daß auch in Deutschland Stimmen laut wurden, die auf eine klare Trennung von Kirche und Staat zielten. War doch in Frankreich 1905 und in Rußland durch die Oktoberrevolution 1917 ein solches Beispiel gegeben worden. Aber in der Weimarer Reichsverfassung von 1919 wurde nur erklärt, daß keine Staatskirche bestehe und die Kirchen ihre Angelegenheiten selbständig regeln durften. Die evangelischen Kirchen füllten den gewonnenen Freiraum im Sinne einer landeskirchlichen Struktur und im Geist des deutsch-nationalen Konservativismus. Dieser konservativ-nationale Geist, der den gesamten Protestantismus in seinen verschiedenen Strömungen während der 20er Jahre charakterisiert, ist angesichts des Zäsurerlebnisses des Ersten Weltkrieges immer wieder ein erstaunliches Phänomen.

Von hier aus wird man auf die Verbindungslinien aufmerksam, die aus dem 19. Jh. in die Zeit nach dem Ersten Weltkrieg hineinreichen. Durch das ganze 19. Jh., verstärkt in der Wilhelminischen Kaiserzeit, ist eine geistige Haltung wahrnehmbar, die sich gegen die Aufklärung, gegen den westeuropäischen Rationalismus und gegen die eigene selbstgenügsam-optimistische Lebens- und Weltdeutung des Bürgertums richtete. Am Ende des 19. Jhs. und um die Jahrhundertwende äußerte sich dieser Geist u.a. in der Lebensphilosophie und in der Jugendbewegung. Im »*deutschen Geist*« (E. Troeltsch) vom August 1914 kulminierte diese ältere deutsch-nationale Gesinnung, die sich besonders im Protestantismus ausgebreitet hatte. Das herausfordernde Problem für das liberale Bürgertum war die geistige Verarbeitung der verheerenden, nicht faßbaren Niederlage. Dort, wo man die Niederlage anerkannte, war die geistige Haltung eine andere als da, wo man sie nicht wahrhaben wollte. Die innere Abwehr ließ den Krieg nicht als Ende, sondern als Anfang eines weiteren Kampfes gegen Liberalismus und Demokratie erscheinen. Die neue nationale, antidemokratische Bewegung in den 20er Jahren, die im Bürgertum und vor allem bei der Jugend viel Anklang fand, trägt als »konservative Revolution« eine geistig einflußreiche Strömung in der Weimarer Republik. Als der Nationalsozialismus seine Herrschaft begann, wird verständlich, daß von diesem Gedankengut aus eine rasche, kritische Wahrnehmung gegenüber den Gefahren dieser Ideologie kaum möglich war.

In der Theologiegeschichte des 20. Jhs. ist der Aufbruch der dialektischen Theologie bzw. der »Theologie der Krise« ein herausragendes Ereignis. Auch wenn die Verbindungslinien mit dem Zeitgeist inzwischen immer deutlicher geworden sind, so schmälert dies doch in keiner Weise die enorme theologische Leistung, die hier vollbracht wurde. Sie hat auch wesentlich dazu beigetragen, daß in Kirche und Theologie gegenüber der gewaltsamen Ideologie des Nationalsozialismus nicht unerheblicher Widerstand geleistet werden konnte. Ihre lange, fortdauernde Wirkung bis weit nach dem Zweiten Weltkrieg hat mit dieser Bewährungsprobe in der Zeit des Nationalsozialismus gewiß nicht wenig zu tun.

Im Bereich der deutschen katholischen Kirche war die Zeit nach dem Ersten Weltkrieg eine geistig-religiös besonders fruchtbare und intensive Zeit. Die römische Weltkirche war während der Zeit des Nationalsozialismus rein existentiell nicht so herausgefordert wie der deutsche Protestantismus. In der Weimarer Republik war das katholische Zentrum neben der Sozialdemokratie eine der wesentlichen Stützen der neuen Republik.

Der kirchliche Neuaufbau nach dem Zweiten Weltkrieg hängt eng mit dem kirchengeschichtlich wohl bedeutendsten Ereignis des 20. Jhs. zusammen, mit der Ökumenischen Bewegung. Auch sie hat ihre Wurzeln vor allem im 19. Jh. durch die Zusammenarbeit der Kirchen auf den Missionsfeldern und in der Diakonie. Wenn auch die römisch-katholische Kirche nicht zum Ökumenischen Weltrat der Kirchen gehört, so ist doch das Verhältnis zwischen der katholischen Kirche und den reformatorischen Kirchen im 20. Jh. auf eine Basis gestellt, die im Blick auf die vergangenen Jahrhunderte der Kirchengeschichte trotz vieler bestehender Probleme zu Zuversicht und Hoffnung Anlaß gibt.

Grundaspekte

Neuansätze in der evangelischen Theologie

- Die Theologie Albrecht Ritschls, vor allem die seines Schülers Wilhelm Herrmann, war das gemeinsame Fundament, auf dem sich alle Strömungen evangelischer Theologie vor und nach dem Ersten Weltkrieg zusammenfinden konnten. Zentrale Begriffe dieser Theologie waren »Sittlichkeit« und »Kultur«. Der christliche Glaube war in dieser Welt des liberalen Kulturprotestantismus ganz selbstverständlich die wichtigste Kraft in der Beförderung der Sittlichkeit im einzelnen wie gemeinschaftlichen Leben.

- 1917 erschien erstmals das Werk Rudolf Ottos (1869-1937): »*Das Heilige*«. Bis 1930 erlebte dieses Buch 22 Auflagen, es ist der Auftakt zu einem ganz neuen Gottesverständnis. Schon hier wird Gott als der »*ganz Andere*« gesehen, dem der Mensch im »*mysterium tremendum et fascinosum*« begegnet. Der Abstand zum theologischen Zeitgeist einer rationalen, sittlich-religiösen Christentumsauffassung wurde schlagartig deutlich.

- Im selben Jahr hielt der Berliner Kirchenhistoriker Karl Holl (1866-1926) zum vierhundertjährigen Jubiläum des Thesenanschlags Luthers den berühmt gewordenen Vortrag: »*Was verstand Luther unter Religion?*« Hier wurde ein ganz neues Lutherbild deutlich, das aus strenger historischer Arbeit und systematischer Durchdringung vor allem die Theologie des jungen Luther, seine Kreuzes- und Rechtfertigungstheologie, klar herausstellte. Die liberalen Lutherbilder vom Heroen und nationalen Freiheitskämpfer hatte Holl weit hinter sich gelassen. Mit seinen Forschungen begann die sog. Lutherrenaissance, die auch für die dialektische Theologie der kommenden Zeit große Bedeutung hatte. Holls These, daß die Mitte der Frömmigkeit Luthers die »*Gewissensreligion*« sei und ihr das Bewußtsein des Sollens zugrunde liegt, zeigt freilich auch den Einfluß des Zeitgeistes auf diesen bedeutsamen Neuansatz im Verständnis der gesamten reformatorischen Theologie.

- Der bedeutsamste theologische Neuansatz nach dem Ersten Weltkrieg ist die dialektische Theologie, die mit dem Werdegang und Wirken Karl Barths (1886-1968) eng verbunden ist.
Barth war zunächst von der neuprotestantisch-liberalen Theologie der Vorkriegszeit geprägt, als er 1911 im Kanton Aargau Pfarrer in einer Bauern- und Arbeitergemeinde wurde. Konfrontierung mit der sozialen Frage, Hinwendung zum religiösen Sozialismus. Der Ausbruch des Ersten Weltkrieges erschütterte Barth durch das Versagen seiner theologischen Lehrer gegenüber der Kriegsideologie und auch des religiösen Sozialismus. Zusammen mit seinem Freund E. Thurneysen (1888-1974) kehrte Barth der liberalen Theologie den Rücken und suchte Antwort auf seine Fragen allein beim biblischen Text. Aus der intensiven Beschäftigung mit der Bibel angesichts seines Predigtauftrages entstand der Kommentar zum Römerbrief (1. Auflage 1919).

Der theologische Ansatz der dialektischen Theologie

- Er kommt besonders klar in dem Vortrag Barths zum Ausdruck: »*Der Christ in der Gesellschaft*«, den er am 25.9.1919 in Tambach hielt. Die entscheidende Wendung lautete hier: »*Der Christ ist der Christus*«. Das war die Abwendung von den Christen und den christlichen Kulturgütern für die Gesellschaft, die

Hinwendung zu Christus, die Abwendung vom Menschen hin zu Gott, der sich in Kreuz und Auferstehung Jesu Christi offenbart hat und damit der sog. christlichen Welt radikal und fremd gegenübersteht. Durch alle sog. christlichen Bewegungen geht eine Bewegung »senkrecht von oben« hindurch, »deren Kraft und Bedeutung enthüllt ist in der Auferstehung Jesu Christi von den Toten«.

- Diese Bewegung bedeutet die totale Negation alles Bestehenden, das Ende des sog. »Bindestrich-Christentums«: christlich-sozial, christlich-national, christlich-sittlich etc. Die Sünde des Menschen besteht darin, daß er sich dieser Bewegung »senkrecht von oben« widersetzt mit Mitteln der Religion, z.B. mit der Religion der christlichen Sittlichkeit.

- Die göttliche Negation ist aber zugleich auch Position. Ähnlich dem jungen Luther zeigt Barth, wie Gott, indem er zerstört, aufbaut, indem er Sicherheit wegnimmt, neue schenkt. Diese dialektische Denkstruktur gab der dialektischen Theologie den Namen: »*Positiv ist die Negation, die von Gott ausgeht und Gott meint. Während alle Positionen, die nicht auf Gott gebaut sind, negativ sind.*« Dem radikalen Nein zur Mitarbeit in der christlichen Kulturarbeit stand ein Ja der christlichen Verantwortung gegenüber. Barth konnte deshalb die Mitarbeit in der Sozialdemokratie fordern.

- Aber wie ist ein solches Sprechen von Gott überhaupt möglich, wenn die überkommene Harmonie zwischen Vernunft und Offenbarung, zwischen Kultur und Christentum so radikal zerbrochen ist? Barth gab auf diese Frage in einem Vortrag am 17.4.1920 in Aarau Antwort: »*Biblische Fragen, Einsichten und Ausblicke*«. Barth entdeckte in der Bibel »*eine merkwürdige Sache*«: das Zeugnis eines unerhörten Betroffenseins vom Worte Gottes. Die seit der Aufklärung aufgebrochene Spannung zwischen der Bibel als geoffenbartem Wort Gottes und historischem Dokument hatte Barth mit dem Betroffensein der biblischen Zeugen beantwortet. Die Bibel blieb damit der historischen Kritik geöffnet, ohne daß diese Kritik jedoch an den Grund des Betroffenseins heranreichen könnte. Die Bibel stellt Barth radikal der Welt der Religion gegenüber; nicht in erster Linie die gottlose Welt, sondern die religiöse Welt wird durch die Bibel herausgefordert.

- 1922 erschien die zweite, völlig neu bearbeitete Auflage des

Römerbriefkommentars. Er verschärfte noch den bisherigen Neuansatz, von ihm ging seit den 20er Jahren eine große Wirkung aus. Mitbeteiligt an diesem theologischen Neuansatz war vor allem das Denken S. Kierkegaards (1813-1855), die Kritik am bürgerlichen Christentum durch F. Overbeck, dem Freund F. Nietzsches, und auch der russische Schriftsteller Dostojewskij.

- Neben Barth und Thurneysen gehören zur Gruppe der dialektischen Theologen vor allem: F. Gogarten (1887-1969), der durch ein intensives Studium Luthers zu ähnlichen Einsichten kam; E. Brunner (1889-1966), der vor allem Schleiermacher für die Misere der Theologie verantwortlich machte: *»Die Mystik und das Wort«*, 1924; R. Bultmann (1884-1976), der von der historischen Erforschung des NT aus und der Wiederentdeckung der reformatorischen Theologie, bes. Luthers, zur dialektischen Theologie fand.

- Ein Aufsatz Gogartens in der *»Christlichen Welt«* trug den Titel *»Zwischen den Zeiten«*. Diese kritische Ortsbestimmung der neuen Theologie wurde zum Titel der Zeitschrift, die von 1923-1933 die dialektische Theologie wirkungsvoll verbreitete. Schriftleiter: Georg Merz (1892-1959).

- Die Gruppe der dialektischen Theologen ist 1933 an schon länger sichtbar gewordenen Differenzen auseinandergebrochen: durch die Neigungen Gogartens zu den Deutschen Christen wuchs der Abstand zu Barth. 1934 kam es zum Bruch zwischen Barth und Brunner wegen der Debatte um einen anthropologischen »Anknüpfungspunkt« in der Theologie. Zwischen Barth und Bultmann kam es wegen des Programms der »Entmythologisierung« und Bultmanns begrifflichen Anleihen bei der Philosophie M. Heideggers zu Differenzen zwischen diesen beiden bedeutenden Theologen des 20. Jhs.

Die Kirchen in der Weimarer Republik

- Das Ende der Monarchie und die Ausrufung der Republik am 9. November 1918 bedeutete auch für die Kirchen einen tiefen geschichtlichen Einschnitt. Sie standen nun vor großen politischen, geistigen und rechtlich-organisatorischen Herausforderungen. Aber anders als der Katholizismus war der deutsche Protestantismus mit dem 9. November 1918 auch seiner jahrhundertelangen Ordnungsstruktur enthoben, dem landesherrlichen Kirchenregiment.

- Die entscheidende Frage für die evangelischen Kirchen lautete nun: wie sollte ein eigenes Kirchenregiment gebildet werden, nachdem das staatliche entfallen war? Der Neubeginn stand vor großen Problemen: die national-kaisertreue Gesinnung in der protestantischen Bevölkerung, auch der katholischen; eine fehlende politische Vertretung ähnlich dem katholischen Zentrum; große Unsicherheit in wirtschaftlicher Hinsicht.

- Zwei Vorstellungen über die inhaltliche Neuordnung der evangelischen Kirchen standen sich gegenüber: Martin Rade (1857-1940) forderte die »Freie evangelische Volkskirche«, eine kirchliche Ordnung von unten nach oben, in der »*die Pastorenkirche der Laienkirche, die Konsistorialkirche der Gemeindekirche weichen*« sollte. Dagegen nahmen die kirchenleitenden Behörden und Synoden für sich in Anspruch, die kirchliche Ordnung in Zukunft zu gestalten.

- Die Frage nach der Stellung der Kirchen im neuen Staat war mit der Schulfrage eng verbunden. Zu den gegensätzlichen Positionen der rechts und links stehenden Parteien mußten die Kirchen angesichts der Wahlen zur Nationalversammlung am 19. Januar 1919 Stellung beziehen. Nicht nur von katholischer, sondern auch von evangelischer Seite wurde die Politik der radikalen Trennung von Staat und Kirche abgelehnt.

- Bei den Wahlen zur Nationalversammlung im Januar 1919 war die SPD als stärkste und das katholische Zentrum als zweitstärkste Partei hervorgegangen. Die Haltung der Sozialdemokratie bei den Verhandlungen über die zukünftige Stellung der Kirchen im Staat ermöglichte es beiden Kirchen, in der neuen demokratischen Ordnung konstruktiv mitzuarbeiten.

Die Weimarer Reichsverfassung vom August 1919

- Die geschichtliche Entwicklung hatte schon im 19. Jh. seit dem Wiener Kongreß das Band zwischen Kirche und Staat immer mehr gelockert und zur allmählichen Verselbständigung der evangelischen Landeskirchen geführt. Ausdruck dafür war die Paulskirchen-Verfassung von 1848: keine Trennung von Staat und Kirche, aber klare rechtliche und sachliche Unterscheidung, selbständige Ordnung und Verwaltung der kirchlichen Angelegenheiten.

- Auf diesen Bestimmungen baute die Weimarer Reichsverfassung auf. Artikel 137 lautet: »*Jede Religionsgesellschaft ordnet und verwaltet ihre Angelegenheiten selbständig innerhalb der Schranken des für alle geltenden Rechtes. Sie verleiht ihre Ämter ohne Mitwirkung des Staates oder der bürgerlichen Gemeinde.«* Das bedeutet: grundsätzliche Trennung von Staat und Kirche, jedoch in besonderer Art und Weise.

- Die Kirchen erhielten den Status von Körperschaften des öffentlichen Rechts, die Möglichkeit der Kirchensteuererhebung, Religionsunterricht als ordentliches Lehrfach an den allgemeinbildenden Schulen und das zugesicherte Existenzrecht der theologischen Fakultäten an den staatlichen Universitäten.

- Bedeutung dieser Beschlüsse: die Regelung des Staat-Kirche-Verhältnisses wurde reichsrechtlich vorgenommen, die Kirchen waren somit überall vor radikaleren Entscheidungen geschützt. Die Art der Trennung von Kirche und Staat in der Weimarer Reichsverfassung war sowohl für die Kirchen wie für den Staat von Vorteil.

- Das landeskirchliche Prinzip, vor allem die landeskirchlichen Leitungsorgane, setzten sich gegenüber den liberalen Forderungen nach kirchlichen Urwahlen ebenso durch wie gegenüber dem Ruf nach einer einheitlichen evangelischen deutschen Reichskirche. Diese letzte Forderung erhob z.B. der »Evangelische Bund«, 1886 gegründet und deutsch-national und antikatholisch geprägt. Die alte Spannung zwischen den Interessen der einzelnen Landeskirchen und dem Ruf nach einer gesamtevangelischen Kirche ging eindeutig zugunsten der Landeskirchen aus.

Organisatorische Struktur der Landeskirchen und Vertragsregelungen zwischen Staat und Kirche

- Schon auf dem Dresdener Kirchentag im September 1919 wurde deutlich, daß es nicht zu einem organisatorischen Zusammenschluß aller deutschen Landeskirchen kommen würde. Vor allem die unterschiedliche Bekenntnissituation stand einem solchen Ziel entgegen.

- Im Mai 1922 haben sich die deutschen evangelischen Landeskirchen in Wittenberg zum »Deutschen Evangelischen Kirchenbund« zusammengeschlossen. Die Selbständigkeit und der Bekenntnisstand der Landeskirchen blieben darin unangetastet. Drei Organe hatte dieser Kirchenbund: Kirchentag, Kirchenbundesrat (Vertretung der 28 Landeskirchen) und der Kirchen-

ausschuß. Präsident des Kirchenausschusses war seit 1925 Hermann Kapler.
Der Kirchenbund wurde nach dem Umlageprinzip finanziert, war also finanzell auf die Landeskirchen angewiesen.

- Öffentliche Veranstaltungen des Kirchenbundes zur Zeit der Weimarer Republik: Kirchentag in Bethel 1924, Kirchentag in Königsberg 1927, Gedenktag an die vierhundertjährige Übergabe der CA in Nürnberg 1930. Vom Kirchenbund gingen kaum nennenswerte Wirkungen aus. Immerhin hatte der deutsche Protestantismus eine gemeinsame Vertretung gegenüber Staat und Ökumene.

- Die Grundstruktur der verschiedenen Verfassungen in den deutschen Landeskirchen verlief parallel zum Aufbau des Kirchenbundes: Synode als Vertretung der Kirchenmitglieder, Oberkirchenrat bzw. Landeskirchenrat als Verwaltungsbehörde und öfter ein Kirchensenat, in dem Mitglieder der Synode und der kirchlichen Verwaltungsbehörde zusammenwirkten. Nach unten waren die Kirchenorgane in den einzelnen Landeskirchen verschieden geordnet und wurden vor allem unterschiedlich benannt.

- Die größte Landeskirche war die Evangelische Kirche der altpreußischen Union, die sich 1922 eine Verfassung gab und fast 19 Millionen Mitglieder hatte. Es folgten: Hannover, Württemberg, Bayern, Schleswig-Holstein und Thüringen. Unterschiedlich war nicht nur die jeweilige Größe, sondern auch die konfessionelle Ausrichtung: fünfzehn lutherische, zwölf unierte und eine reformierte Kirche.

- Daß die konfessionellen Unterschiede nicht unerheblich waren, zeigt der Streit über die Erneuerung und Einführung des Bischofsamtes in einigen Landeskirchen.

- Durch zahlreiche Kirchenverträge zwischen den Landeskirchen und den deutschen Ländern wurden verschiedene Angelegenheiten auf der Grundlage der Weimarer Verfassung geregelt: Garantien für den Religionsunterricht und die theologischen Fakultäten an den Universitäten, staatliche Zuschüsse an die Kirchen sowie staatliche Einspruchsmöglichkeit bei der Besetzung von kirchenleitenden Ämtern.
Die Kirchenverträge orientierten sich an den vorangegangenen Konkordaten, den Verträgen der katholischen Kirche mit den deutschen Ländern.

- Diese Entwicklung zur Festigung der evangelischen Landeskirchen spiegelt sich in dem Buch wieder, das der preußische Generalsuperintendent O. Dibelius 1926 veröffentlichte: »*Das Jahrhundert der Kirche*«. Das Vorhandensein einer selbständigen evangelischen Kirche wurde als eine erstaunliche Wendung nach der Novemberrevolution dankbar begrüßt. In dem neuen, religiös neutralen Staat sollte die Kirche nach wie vor die Aufgabe haben, die ethischen Werte zu fördern und gegen Angriffe zu verteidigen. Der Abstand zwischen diesem Buch von Dibelius und der dialektischen Theologie war riesengroß.

Aktivitäten in der katholischen Kirche nach dem Ersten Weltkrieg

- Der Katholizismus nach dem Ersten Weltkrieg kann als »*moderner Katholizismus*« (W. v. Loewenich) bezeichnet werden. Auch für die katholische Kirche bedeutete der Erste Weltkrieg eine wichtige Zäsur. Aber durch die zentrale Leitung der Weltkirche und die Gegnerschaft gegenüber dem modernen Liberalismus, der in die Katastrophe des Ersten Weltkrieges mit hineingehört, war die Gesamtsituation der katholischen Kirche anders als vor allem im deutschen Protestantismus.

- Auf Pius X. (1903-1914), unter dessen antiliberalem Kurs der Antimodernisteneid geleistet werden mußte, folgte Benedikt XV. (1914-1922). Für den Katholizismus nach dem Ersten Weltkrieg wurde vor allem das Pontifikat Pius XI. (1922-1939) wichtig. Unter ihm wurden viele Konkordate abgeschlossen, u.a. das Reichskonkordat Hitlers mit Rom 1933. 1929 kam es zu den Lateranverträgen, dem für die Kirche äußerst günstigen Konkordat mit dem italienischen Staat, womit der langwierige Konflikt zwischen der Kurie und dem faschistischen Italien beendet wurde. Die volle Souveränität von Vatikanstadt wurde hergestellt.

- Pius XI. wurde auch der »Papst der Katholischen Aktion« genannt. Durch eine Aktivierung der Laien unter Führung des Klerus sollte das gesamte gesellschaftliche Leben von katholischen Impulsen erfüllt werden. Die Katholische Aktion zeugt von einem selbstbewußten, tatkräftigen Katholizismus nach dem Ersten Weltkrieg. Auch ein differenziertes Verbands- und Vereinswesen förderte das Wirken der katholischen Kirche in weiten Bevölkerungskreisen. Zeitschriften wie niveauvolle das »*Hochland*« unterstützten die Katholische Aktion.

- Die Aktivierung der Laien wurde besonders in der katholischen Jugendbewegung deutlich, eine religiöse Erneuerungsbewegung, in der Romano Guardini (1885-1968) eine führende Rolle spielte. Katholische Studentenverbindungen und katholische Arbeitervereine förderten die Mobilisierung der katholischen Laien. Das Wesen der Katholischen Aktion zeigt sich besonders in dem Werk R. Guardinis: »*Vom Sinn der Kirche*«, Mainz 1922.

- Auch das Ordensleben erlebte einen erheblichen Aufschwung, man spricht vom »monastischen Frühling«. Viele sozial-karitative und pädagogische Aktivitäten.

- Ein selbstbewußter deutscher Katholizismus präsentierte sich beim Katholikentag 1931 in Nürnberg.

- Besonders in der Bibelbewegung und in der liturgischen Bewegung kommt die lebendige Frömmigkeit des modernen Katholizismus zum Ausdruck. 1933 wurde das »Katholische Bibelwerk« gegründet. Verbreitung und Förderung der Bibel und ihres Verständnisses erhielten durch die Bibelbewegung erheblichen Aufschwung. Ziel der Bibelbewegung war auch die »Una-Sancta-Bewegung« (Förderung des Verständnisses gegenüber anderen Konfessionen).

Die liturgische Bewegung wollte vom modernen Subjektivismus weg zu den Schätzen der alten Kirche zurücklenken. Die Benediktinerklöster Beuron und Maria Laach wurden die Hauptzentren. Pflege des gregorianischen Gesanges und Betonung des Gemeinschaftscharakters der Messe. Die liturgische Bewegung war eng mit der katholischen Jugendbewegung verbunden. Das zeigt die Schrift R. Guardinis, »*Vom Geist der Liturgie*«, 1918. In der Liturgie-Enzyklika von Pius XII. »Mediator Dei« (1947) wurden die Impulse der liturgischen Bewegung bestätigt.

Die Kirchen während der nationalsozialistischen Herrschaft

- Unter dem Begriff »Kirchenkampf« ist nach dem Zweiten Weltkrieg die Geschichte der evangelischen und katholischen Kirche in der Zeit des Nationalsozialismus zusammengefaßt worden. Der Begriff entstand 1933/34 und bezeichnete in der sich bildenden Bekennenden Kirche eine innerkirchliche Auseinandersetzung: das Handeln der Kirche sollte bekenntnis- und evangeliumsgemäß bleiben, Gegner waren die Deutschen Christen (DC). Seit der staatlichen Kirchenausschußpolitik 1935 konnte sich der Begriff zum grundsätzlichen Kampf zwischen der christlichen Kirche und dem Nationalsozialismus erweitern.

– Geschichtliche Voraussetzungen in der Weimarer Republik: die neu gewonnene Selbständigkeit und das Selbstbewußtsein der evangelischen Landeskirchen in den 20er Jahren wirkte nach 1933 in die Auseinandersetzungen zwischen Kirche und Staat wesentlich ein. Von der dialektischen Theologie gingen die entscheidenden Impulse zur Abwehr der nationalsozialistischen Ideologie aus. Die nationalsozialistische Bewegung hatte am Ende der Weimarer Republik in der evangelischen Bevölkerung und in der Pfarrerschaft wachsende Zustimmung gefunden. Das nationalistische Gedankengut im evangelischen Bürgertum verhinderte eine realistische Wahrnehmung der Absichten und Ziele der nationalsozialistischen Bewegung. Das zeigt sich besonders im »Fall Dehn«: der Berliner Pfarrer Günther Dehn hatte mit seinem Vortrag »Kirche und Völkerversöhnung« den nationalgesinnten Protestantismus erheblich herausgefordert, bei seiner Berufung als Theologieprofessor in Halle 1931 kam es zu Tumulten.

– Eine nicht unbedeutende Minderheit in der evangelischen Kirche lehnte aber bewußt die nationalsozialistische Ideologie ab: z.B. die Religiösen Sozialisten, Liberale um M. Rade, die dialektischen Theologen und der lutherische Theologe H. Sasse. In der katholischen Kirche überwog die ablehnende Haltung gegenüber der NSDAP; die Existenz einer politischen Partei, des Zentrums, wirkte sich vorteilhaft für die politische Auseinandersetzung aus.

Die nationalsozialistische Bewegung vor 1933

– Hitlers dualistische Weltanschauung, der Kampf der Arier gegen die Juden, des guten gegen das böse Prinzip, bestimmte wesentlich die Politik der NSDAP. Hitlers Antisemitismus war die entscheidende Triebkraft für die Politik der Partei.

– Die Kirchenpolitik der Partei verfolgte zunächst eine taktisch angelegte Neutralität gegenüber den Kirchen: Art. 24 des Parteiprogramms 1920 lautete: *»Die Partei als solche vertritt den Standpunkt eines positiven Christentums.«*

– Wahlsieg der NSDAP bei den Wahlen im September 1930. Seitdem betont kirchenfreundliche Haltung der NSDAP. Die Nationalsozialisten versuchten, von der kirchlichen Basis aus die

Herrschaft in den Kirchen zu erobern. Frühjahr 1932 Gründung der Deutschen Christen durch den Berliner Pfarrer J. Hossenfelder. Die Richtlinien der DC strebten auf der Grundlage der nationalsozialistischen Ideologie den Zusammenschluß der evangelischen Landeskirchen zu einer evangelischen Reichskirche an.

- Bei den preußischen Kirchenwahlen Ende 1932 bekamen die DC (Nationalsozialisten) ein Drittel aller Sitze.

Hitlers Kirchenpolitik und der Kampf um das Bekenntnis 1933/34

- Hitlers Kirchenpolitik hatte zunächst das Ziel der Gleichschaltung der Kirchen mit dem Staat. In der Politik der Partei und Hitlers selbst war spätestens seit 1938 klar, daß das Ziel die Vernichtung von Christentum und Kirchen in Deutschland war. Die staatliche Kirchenpolitik rechnete dagegen mit der Existenz der Kirchen unter staatlicher Oberaufsicht.

- In seiner Regierungserklärung vom 23.3.1933 bestätigte Hitler die Rechte der Kirchen im neuen Staat und machte ihnen erhebliche Zusicherungen.

- Mit dem Vatikan schloß Hitler am 8.7.1933 das Reichskonkordat ab. Für die katholische Kirche bedeutete dies Rechtssicherheit, der Staat machte ihr große Zugeständnisse, vor allem in der Schulpolitik. Für Hitler war mit dem Wegfall der Zentrumspartei ein wichtiges innenpolitisches Ziel erreicht. Außenpolitisch konnte das Reichskonkordat den Eindruck einer geordneten Kirchenpolitik des neuen Staates erwecken.

- Gegenüber den 28 evangelischen Landeskirchen war die Reichskirche das politische Ziel. Die DC arbeiteten seit Hitlers Machtergreifung massiv auf dieses Ziel hin.

- Auch in den Landeskirchen war die Forderung nach einer Reichskirche populär. H. Kapler unterbreitete Vorschläge (Drei-Männer-Kollegium). Daraufhin berief Hitler den Königsberger Militärpfarrer Ludwig Müller zu seinem Bevollmächtigten für die Angelegenheiten der evangelischen Kirchen.

- Um die Unabhängigkeit vom Staat zu wahren, stellten die evangelischen Landeskirchen mit Friedrich von Bodelschwingh einen eigenen Kandidaten für das Reichsbischofsamt auf. Druck von außen und innere Uneinigkeit führten jedoch zum Rücktritt Bodelschwinghs.

- Daraufhin Ausarbeitung einer Verfassung der DEK unter Leitung Müllers, verabschiedet am 11.7.1933, Reichsgesetz bereits am 14.7.1933.

- Am 23.7.1933 Reichskirchenwahlen. Große Mehrheiten für die DC.

- Am 27.9.1933 wählt die Nationalsynode in Wittenberg Ludwig Müller zum Reichsbischof.

- Das Ziel der Gleichschaltung der evangelischen Kirche schien erreicht. Am Ende des Jahres 1933 hatte sich die Lage jedoch schon wesentlich gewandelt.

- Aus einer Gemeinde- und Pastorenbewegung gegen die Gleichschaltungspolitik des NS-Staates entwickelte sich die Bekennende Kirche. Sie hat im wesentlichen drei Wurzeln: die neue dialektische Theologie Karl Barths u.a., der Pfarrernotbund und der Kampf um eine an das christliche Bekenntnis gebundene Kirche in den Gemeinden und die Bildung freier Synoden. Die an Schrift und Bekenntnis gebundene Kirche konnte sich mit der dialektischen Theologie zu einer gemeinsamen Sprache gegen die NS-Ideologie zusammenfinden.

- Im Sommer 1933 erschien die Schrift Karl Barths *»Theologische Existenz heute!«* Damit stand das christliche Bekenntnis auf der Tagesordnung, nicht Kirchenpolitik.

- Am 6.9.1933 hatte die preußische Landeskirche nach staatlichem Vorbild (7.4.1933) den sog. »Arierparagraph« beschlossen. Pfarrer und Kirchenbeamte jüdischer Abstammung mußten aus ihren Ämtern entlassen werden. Daraufhin gründete Martin Niemöller Ende September 1933 den Pfarrernotbund. Seine Mitglieder verpflichteten sich zur alleinigen Bindung an Schrift und Bekenntnis. Der Arierparagraph bedeutete konkrete Verletzung des Bekenntnisses. In kurzer Zeit über 7000 Mitglieder, fast die Hälfte der deutschen Pfarrer.

- Am 13.11.1933 Kundgebung der DC im Berliner Sportpalast. Hier wurde die Abschaffung des AT und der jüdischen Theologie des Paulus gefordert. Reaktion: breite Abwendung von den DC.

- Dennoch Versuch des Reichsbischofs, die Landeskirchen in

die Reichskirche zu integrieren. Im Laufe des Sommers 1934 wurden die meisten Landeskirchen in die Reichskirche eingegliedert. Bei den noch intakten Kirchenleitungen mit den Landesbischöfen Meiser (Bayern), Wurm (Württemberg) und Marahrens (Hannover) gelang dies nicht. Die Bischöfe wurden von den Gemeinden nachhaltig unterstützt.

- Im April 1934 protestierten gemeinsam die Vertreter der freien Synoden und der »intakten« Landeskirchen gegen die staatlichen Gewaltmaßnahmen (Ulmer Erklärung).

- Ende Mai 1934 fand die 1. Reichssynode der Bekenntnisgemeinschaft der Deutschen Evangelischen Kirche statt. Sie umfaßte Vertreter lutherischer, reformierter und unierter Kirchen, freier Synoden, Kirchentage und Gemeindekreise. Mit dieser Barmer Synode war die Bekennende Kirche Wirklichkeit geworden. Sie verabschiedete eine »Theologische Erklärung«, die in sechs Thesen und Verwerfungen ein Bekenntnis für den Grund des christlichen Glaubens und der Kirche ablegte. Besonders die Theologie Karl Barths ging in dieses Bekenntnis ein: die 1. These lautet: *»Jesus Christus, wie er uns in der Heiligen Schrift bezeugt wird, ist das eine Wort Gottes, das wir zu hören, dem wir im Leben und im Sterben zu vertrauen und zu gehorchen haben. Wir verwerfen die falsche Lehre, als könne und müsse die Kirche als Quelle ihrer Verkündigung außer und neben diesem einen Worte Gottes auch noch andere Ereignisse und Mächte, Gestalten und Wahrheiten als Gottes Offenbarung anerkennen.«*

- Im Herbst 1934 Höhepunkt der Auseinandersetzungen zwischen Reichskirchenleitung, Staat und Partei mit den Landeskirchen Bayern und Württemberg. Die Bischöfe Meiser und Wurm wurden unter Hausarrest gestellt.

- Ende Oktober 1934 fand die 2. Reichsbekenntnissynode in Berlin-Dahlem statt. Endgültige Trennung der Bekennenden Kirche von den deutschchristlichen Kirchenleitungen. Errichtung eigener Kirchenleitungen der Bekennenden Kirche (Bruderräte). Zusammen mit den Kirchenleitungen der »intakten Kirchen« bildeten sie eine »Vorläufige Kirchenleitung der DEK«. Vorsitz: Landesbischof Marahrens.

- Das Scheitern der Kirchenpolitik Müllers war Ende Oktober 1934 deutlich.

Der Kirchenkampf zwischen 1935 und 1939

- Nachdem die Reichskirchenpläne gescheitert waren, ernannte Hitler im September 1935 Hanns Kerrl zum Reichsminister für die kirchlichen Angelegenheiten. Er sollte die evangelischen Kirchen »befrieden«. Persönlich war Kerrl davon überzeugt, daß Nationalsozialismus und Christentum vereinbar seien.

- Kerrl berief einen Reichskirchenausschuß, der die Leitung der DEK übernehmen sollte. Parallel dazu wurden verschiedene Landeskirchen- und Provinzialkirchenausschüsse gebildet. Mit der Einrichtung von Kirchenausschüssen waren sowohl die deutschchristlichen Kirchenleitungen wie die kirchenleitenden Organe der Bekennenden Kirche suspendiert. Über die Politik der Kirchenausschüsse kam es deshalb zur Spaltung der Bekennenden Kirche. In den intakten Landeskirchen und einigen lutherisch geprägten Bruderräten herrschte Hoffnung auf eine Verbesserung der Lage. Der preußische Bruderrat der Bekennenden Kirche lehnte dagegen jede Mitarbeit in den Kirchenausschüssen ab.

- Auf der 4. Reichsbekenntnissynode im Februar 1936 in Bad Oeynhausen scheiterte der Versuch, die Spaltung der Bekennenden Kirche zu überwinden. Zum gemäßigten Flügel gehörten die intakten Kirchen von Bayern, Württemberg und Hannover sowie die Bruderräte einiger lutherischer Kirchen. Sie sahen sich durch den Lutherrat vertreten, der am 18.3.1936 gebildet wurde. Der radikale Flügel der BK (altpreußische Union, Oldenburg, Bremen und Nassau-Hessen) unterstellte sich einer neu gewählten Vorläufigen Kirchenleitung.

- Hinter der Spaltung der Bekennenden Kirche standen vor allem theologische Differenzen: die Frage, was die Kirche zur Kirche macht. D. Bonhoeffer erklärte 1936: »*Wer sich wissentlich von der Bekennenden Kirche in Deutschland trennt, trennt sich vom Heil.*« Im Mai 1936 verfaßte der radikale Flügel der BK eine Denkschrift an Hitler, in der die Verletzungen der Menschenrechte durch den NS-Staat angeklagt wurden.

- Die staatliche Politik der Kirchenausschüsse war mit der Spaltung der Bekennenden Kirche wiederum gescheitert. Im Februar 1937 trat der Reichskirchenausschuß zurück. Zu den von Hitler überraschend in Aussicht gestellten neuen Wahlen für die ganze evangelische Kirche kam es nicht. Statt dessen wurde der staatliche Druck auf die Kirchen immer bedrückender.

- Anfang 1937 veruteilte die päpstliche Enzyklika »*Mit brennender Sorge*« die nationalsozialistische Religions- und Kirchenpolitik. Die Stichworte »Vernichtungskampf« und »öffentliche Vertragsverletzung« (Reichskonkordat) ließen an Deutlichkeit nichts zu wünschen übrig. Die Enzyklika Pius XI. wirkte weit über den Bereich der katholischen Kirche hinaus.

- Im Februar 1938 kam es zum Prozeß gegen Pfarrer Martin Niemöller aus Berlin-Dahlem, dem Symbol des kirchlichen Widerstandes im In- und Ausland. Auf Anordnung Hitlers wurde Niemöller als persönlicher Gefangener des Führers bis zum Kriegsende in den Konzentrationslagern Sachsenhausen und Dachau inhaftiert. Der Fall Niemöller war kein Einzelschiksal. Viele evangelische Pfarrer und katholische Priester wurden verfolgt und kamen in die Konzentrationslager. Der aktive politische Widerstand Dietrich Bonhoeffers führte zu seiner Gefangenschaft in Berlin-Tegel und zu seiner Hinrichtung im Konzentrationslager Flossenbürg.

Der Kirchenkampf während des Zweiten Weltkrieges

- Am Beginn des Krieges steht Hitlers Stillhaltebefehl. Jede Aktion gegen die Kirchen sollte für die Dauer des Krieges verboten sein (»Burgfrieden)«. In beiden Kirchen kam es zu Aufrufen im Geist einer nationalen Solidarität. Der Kampf gegen die Kirchen ging indessen weiter. Die Unterdrückung kirchlicher Tätigkeiten erreichte 1941 einen neuen Höhepunkt.

- Gegen das Euthanasieprogramm, das Hitler im Oktober 1939 befohlen hatte, protestierten vor allem der württembergische Bischof Wurm und der Bischof von Münster, Graf Galen. Diese öffentliche Anklage verhinderte dennoch nicht den Abtransport vieler Tausender geisteskranker Menschen aus den kirchlichen Anstalten in die Gaskammern.

- Am verhängnisvollsten ist das Versagen der Kirchen bei dem Massenmord an den Juden. Die wenigen Hilfsversuche blieben Einzelunternehmungen. In der evangelischen Kirche z.B. durch Pfarrer Heinrich Grüber, in der katholischen Kirche durch Propst Bernhard Lichtenberg. Auch in der Bekennenden Kirche wurde die Bedeutung und Tragweite des nationalsozialistischen Antisemitismus nicht erkannt. Ende Juli 1941 wurde die »Endlösung« der Judenfrage beschlossen, das Tragen des »Judensterns« befohlen. Erst 1943 verurteilten der deutsche Episkopat und die preußische Bekenntnissynode die Tötung Unschuldiger.

- Seit November 1941 versuchte Landesbischof Wurm, die zerrissene evangelische Kirche wieder zur Einheit zu führen. Nach langwierigen Verhandlungen kam es 1943 zur Veröffentlichung von 13 Sätzen über *»Auftrag und Dienst der Kirche«*. Sie fanden breite Zustimmung. Das Einigungswerk von Bischof Wurm war das Fundament, auf dem nach dem Zweiten Weltkrieg die evangelischen Landeskirchen wieder zusammengeführt wurden.

Die Kirchen nach dem Zweiten Weltkrieg

- Die Erfahrungen aus dem Kirchenkampf und seine Konsequenzen in theologischer und kirchenpolitischer Hinsicht prägten die evangelische Kirche nach 1945 bis weit in die 60er Jahre hinein. Auch die unterschiedlichen Positionen in der Bekennenden Kirche wirkten fort. Dennoch waren die Weichen durch das Einigungswerk von Bischof Wurm schon so gestellt, daß sich sowohl die Selbständigkeit der Landeskirchen wie ihre Gesamtvertretung in einem obersten Leitungsorgan abzeichnete.

- Ende August 1945 fand die Konferenz von Treysa statt. Die dort versammelten Kirchenführer verabschiedeten eine »Vorläufige Ordnung der EKD«, der Versuch eines Zusammenschlusses von 28 Gliedkirchen.

- 1948 wurde in Eisenach die Grundordnung der Evangelischen Kirche in Deutschland verabschiedet, die 13 lutherische, 13 unierte und 2 reformierte Kirchen zusammenschloß.
1948 schlossen sich die lutherischen Landeskirchen in der »Vereinigten Evangelisch-Lutherischen Kirche Deutschlands« (VELKD) zusammen.

- Am 18. und 19.10.1945 gabe der neue Rat der EKD in Stuttgart gegenüber Vertretern des Ökumenischen Rates der Kirchen eine Erklärung ab, die Stuttgarter Schulderklärung. Die bekannteste Formulierung: *»Durch uns ist unendliches Leid über viele Länder und Völker gebracht worden. Was wir unseren Gemeinden oft bezeugt haben, das sprechen wir jetzt im Namen der ganzen Kirche aus: Wohl haben wir lange Jahre hindurch im Namen Jesu Christi gegen den Geist gekämpft, der im nationalsozialistischen Gewaltregiment seinen furchtbaren Ausdruck gefunden* *hat; aber wir klagen uns an, daß wir nicht mutiger bekannt, nicht treuer gebetet, nicht fröhlicher geglaubt und nicht brennender geliebt haben.«*

- Die Stuttgarter Schulderklärung war sehr bald heftig umstritten. Auf der Grundlage der Erfahrungen des Kirchenkampfes wurde ein neuer Anfang sowohl innerkirchlich wie auch in der politischen Verantwortung der Kirchen gesucht. Vor allem aber ermöglichte die Stuttgarter Schulderklärung den Brückenschlag der evangelischen Kirchen zur Mitarbeit in der ökumenischen Bewegung.

- Im August 1947 veröffentlichte der Bruderrat der EKD ein Wort zum politischen Weg unseres Volkes (Darmstädter Wort). Hier wurde vor einer besonderen deutschen Sendung und vor dem Bündnis der Kirche mit den konservativen Mächten gewarnt. Auch dieses Wort und die darum geführte kritische Auseinandersetzung ist eine unmittelbare Folge des Kirchenkampfes.

- Von den vielen Denkschriften der EKD zu gesellschaftspolitischen Fragen ragt an politischer Wirkung die Denkschrift über *»Die Lage der Vertriebenen und das Verhältnis des deutschen Volkes zu seinen östlichen Nachbarn«* von 1965 heraus.

- In der Geschichte der katholischen Kirche nach dem Zweiten Weltkrieg ist zunächst die Dogmatisierung der Himmelfahrt Marias in der Bulle *»Munificentissimus Deus«* unter Papst Pius XII. 1950 bedeutsam. Sie schließt sich an das Mariendogma von 1854 an und unterstreicht die große Bedeutung der Mariologie im modernen Katholizismus.

- Das herausragendste Ereignis in der katholischen Kirche des 20. Jhs. ist gewiß das Zweite Vatikanische Konzil von 1962 bis 1965. Das bisher größte Konzil in der Konzilsgeschichte wurde unter dem Pontifikat Johannes XXIII. (1958-1963) begonnen und vollendet unter dem Pontifikat Pauls VI. (1963-1978).

- Die Bedeutung des Konzils kommt in dem Begriff *»aggiornamento«* zum Ausdruck. Es meint die Annahme der Herausforderungen der Zeit und das Eingehen auf ihre Probleme, ohne jedoch Abstriche an der Dogmatik der katholischen Kirche zu machen. Die innere Reform der Kirche hatte sich das Konzil zur Hauptaufgabe gemacht.

- Bedeutsam sind vor allem Aussagen in folgenden Bereichen:
1. Das Kirchenbild des Konzils: Kirche als »Volk Gottes«, als Gemeinschaft des Glaubens, des Opfers, des Gebetes und der Liebe. Die Kirche weiß sich im Dialog mit sich selbst, mit den getrennten Christen und mit der Welt.
2. Erneuerung der Liturgie: Empfehlung der Einführung der Volkssprache im Meßgottesdienst, stärkere Beteiligung der Gemeinde am Gottesdienstgeschehen, in Ausnahmefällen Gewährung des Laienkelches.
3. Verhältnis von Papsttum und Bischofsamt: die Bedeutung des Bischofsamtes und des Bischofskollegiums wird wesentlich gestärkt. In Gemeinschaft mit dem Papst wirken die Bischöfe gemeinsam in der Leitung der Kirche. Das Papstamt bedeutet nicht Herrschaft, sondern Dienst an der Kirche.
4. Das Dekret über den Ökumenismus stellt den Willen zur Gemeinschaft mit den getrennten Christen heraus. Der ökumenische Gedanke fand im Konzil auch durch die Anwesenheit von nichtkatholischen Beobachtern einen Ausdruck.

Die Ökumenische Bewegung

- Bestrebungen zur Wiedervereinigung der getrennten Konfessionen durchziehen die ganze neuere Kirchengeschichte. Vor allem im Zeitalter des Pietismus und der Aufklärung wurden konkrete Pläne entwickelt und Einigungsversuche unternommen.

- Im 19. Jh. ist es besonders die Erweckungsbewegung, die Anstöße zu überkonfessionellen und übernationalen Zusammenschlüssen auf sozialem und missionarischem Gebiet gegeben hat, besonders im englischsprachigen Bereich.

- Probleme der Mission in Afrika und Asien im 19. Jh., die Konkurrenz der Kirchen auf dem Missionsfeld, bereiteten den Boden zu einer neuen Begegnung der Kirchen untereinander. Die Impulse zur ökumenischen Bewegung kommen wesentlich aus dem Missionseifer der englischen und amerikanischen Erweckungsbewegung.

- Auf der 1. Weltmissionskonferenz 1910 in Edinburgh wurde eine gemeinsame missionarische Arbeit im protestantischen Bereich vereinbart. Diese Konferenz gab wesentliche Impulse zur späteren Gründung des Ökumenischen Rates der Kirchen.

- Der Erste Weltkrieg und seine Folgen brachte nicht nur die Missionsgesellschaften, sondern auch die Kirchen einander näher. Theologie und Ethik, nicht nur Fragen der Mission, wurden nun aufgegriffen.
- Zwei Bewegungen laufen zunächst parallel:
1. Die Bewegung für Praktisches Christentum (Life and Work) unter Führung des schwedischen Erzbischofs Nathan Söderblom (1866-1931).
2. Die Bewegung für Glaube und Kirchenverfassung (Faith and Order).
- Am Anfang des Ersten Weltkrieges hatte F. Siegmund-Schultze (1885-1969) den »Weltbund für Freundschaftsarbeit der Kirchen« mitbegründet. Die Bewegung für praktisches Christentum konnte hier anknüpfen. Der deutsche Protestantismus ist jedoch durch innere und äußere Probleme in der ersten Hälfte des 20. Jhs. verhindert, an der ökumenischen Bewegung mitzuarbeiten.
- Die 1. Weltkonferenz für praktisches Christentum fand 1925 in Stockholm statt. Auch eine Delegation vom Deutschen Evangelischen Kirchenbund war dabei. In dieser Bewegung ging es vor allem um Fragen der christlichen Ethik und Förderung von sozialen Problemen des modernen Lebens.
- Die 2. Weltkonferenz für Glaube und Kirchenverfassung fand 1927 in Lausanne statt. Hieran nahmen auch deutsche Vertreter teil, u.a. O. Dibelius.
- Im Jahre 1937 fand die zweite Weltkonferenz für praktisches Christentum in Oxford und die zweite Weltkonferenz für Glaube und Kirchenverfassung in Edinburgh statt. Hier wurde die Zusammenarbeit der beiden ökumenischen Bewegungen und die Bildung eines Ökumenischen Rates der Kirchen beschlossen. Die deutschen Kirchen waren an diesen Konferenzen nicht beteiligt.
- 1948 konstituierte sich in Amsterdam der Ökumenische Rat der Kirchen. Die Vollversammlung stand unter dem Thema: »Die Unordnung der Welt und Gottes Heilsplan«. Die beiden ökumenischen Bewegungen waren nun vereint.
- Auf der 3. Vollversammlung 1961 in Neu-Delhi traten auch die orthodoxen Kirchen dem ÖRK bei.

- Die ökumenische Bewegung hat mit ihren vielen Konferenzen im 20. Jh. wesentliche Anstöße zur Annäherung der christlichen Kirchen gebracht. In der Kirchengeschichte des 20. Jhs. nimmt sie einen hervorragenden Platz ein. Sie hat ein wesentlich gewandeltes Klima zwischen den Kirchen im Vergleich zu früheren Jahrhunderten geschaffen.

Literaturhinweise

HÄGGLUND, B., Geschichte der Theologie, 313-319.

KRUMWIEDE, H.-W., Geschichte des Christentums, 192-242.

MOELLER, B., Geschichte des Christentums, 367-383.

SCHOLDER, K., Die Kirchen im Dritten Reich, in: Die Kirchen zwischen Republik und Gewaltherrschaft. Ges. Aufs., hg. von K.O. von Aretin u. G. Besier, Berlin 1988, 113-155.

WALLMANN, J., Kirchengeschichte, 265-284.

Schwerpunktfragen zur Wiederholung

Schwerpunktfragen zur Alten Kirche

- Charakterisieren Sie die geschichtliche Situation in der Zeit der Apostolischen Väter!
- Nennen Sie drei Schriften der Apostolischen Väter!
- Mit welchen Grundbegriffen würden Sie die Theologie der Apostolischen Väter kennzeichnen?
- Erläutern Sie einige zentrale Denkstrukturen der christlichen Gnosis!
- Welche Gestalten und Strömungen des christlichen Gnostizismus kennen Sie?
- Welches theologische Hauptproblem hat Marcion zum Ketzer werden lassen?
- Nennen Sie einige »Beweise« der Apologeten für die Wahrheit des Christentums!
- Beschreiben Sie die drei Normen im Entstehungsprozeß der katholischen Kirche!
- Was verbindet bzw. unterscheidet die beiden Kirchenväter Irenäus und Tertullian? Wie heißen ihre Hauptschriften?
- Welche Theologen gehören zur sog. alexandrinischen Theologie?
- Mit welchen Grundbegriffen würden Sie diese Theologie zusammenfassen?
- Welcher Kirchenvater wurde in der Mitte des 3. Jhs. Märtyrer und wodurch wurde er für die Kirchengeschichte bedeutsam?
- Nennen Sie die Kontrahenten im sog. Ketzertaufstreit und geben Sie knapp deren jeweilige Positionen an!
- Wie kam es zu den Christenverfolgungen in der Alten Kirche?
- Nennen Sie Perioden bzw. Zäsuren zur Christenverfolgung bis Diokletian!
- Geben Sie stichwortartig einige Auswirkungen der sog. Konstantinischen Wende auf die Kirche des 4. Jhs. an!

- Welche Wurzeln für die Entstehung des Mönchtums können Sie aufzeigen?
- Beschreiben Sie erste Ausprägungsformen und Hauptgestalten des Mönchtums im Osten und Westen bis Gregor d.Gr.!
- Welche theologischen Entwicklungen bereiten die Entstehung des trinitarischen Dogmas bis zum Anfang des 4. Jhs. vor?
- Charakterisieren Sie die erste Phase des arianischen Streites, insbesondere das Gottesverständnis des Arius!
- Geben Sie einen Überblick über die theologischen Hauptlinien des arianischen Streites nach 325!
- Welche Bedeutung kommt Athanasius und den drei Kappadoziern bei der Ausbildung des trinitarischen Dogmas zu?
- Beschreiben Sie die kirchenpolitischen und theologischen Gegensätze der Patriarchate von Alexandrien und Antiochien!
- Nennen Sie die wichtigsten theologischen Positionen im christologischen Streit in der ersten Hälfte des 5. Jhs. bis Chalcedon 451!
- Erläutern Sie einige wichtige Stationen im geistigen Entwicklungsgang Augustins bis zu seiner Bekehrung!
- Um welches theologische Problem geht es bei Augustins Kampf a) gegen den Donatismus? und b) gegen den Pelagianismus?
- Welche Bischöfe von Rom markieren die Entwicklungslinie für die Entstehung des Papsttums?
- Charakterisieren sie die Herrschaft Kaiser Justinians für die byzantinische Reichskirche!
- Kennzeichnen Sie die theologische und frömmigkeitliche Situation in der Ostkirche seit Justinian!

Schwerpunktfragen zur mittelalterlichen Kirchengeschichte
- Wodurch wurden Wulfila und Clodwig für die weitere Kirchengeschichte bedeutsam?

- Geben Sie stichwortartig einige Wandlungselemente zum Thema »Germanisierung des Christentums« an!
- Beschreiben Sie das Wirken des Bonifatius im Frankenreich!
- Worin liegt die kirchengeschichtliche Bedeutung der Regierungszeit Karls d.Gr.?
- Was ist unter dem »Ottonischen Reichskirchensystem« zu verstehen?
- Welche Ziele verfolgte die cluniazensische Reform?
- Um was ging es im sog. Investiturstreit, und wann erreichte er seinen Höhepunkt?
- Welche Gründe führten zur Kreuzzugsbewegung? Schildern Sie einige wichtige Folgen der Kreuzzüge für die westliche Kirche!
- Welche bedeutenden Päpste des Mittelalters kennen Sie? Beschreiben Sie kurz ihren historischen Standort!
- Nennen Sie bedeutende Mönche des Mittelalters im Kontext der Frömmigkeits- und Kirchengeschichte ihrer Zeit!
- Gliedern Sie die Entwicklung der scholastischen Theologie nach ihren wesentlichen Einschnitten!
- Mit welchen zwei Lehren hat Anselm von Canterbury in die weitere Theologie- und Philosophiegeschichte gewirkt?
- Wodurch unterscheiden sich hauptsächlich die Aristoteliker von den Augustinisten im Hochmittelalter?
- Nennen Sie je zwei bedeutende Dominikaner- und Franziskaner-Theologen im Hoch- bzw. Spätmittelalter und beschreiben Sie kurz ihren theologischen Ansatz!
- Was versteht man unter der dominikanischen Mystik des 14. Jhs.?
- Mit welchen Grundbegriffen würden Sie die mystische Theologie kurz charakterisieren?
- Nennen Sie Gründe für die Krise des Papsttums im Spätmittelalter!
- Was versteht man unter dem Begriff »Vorreformation«?

Schwerpunktfragen zur Reformationsgeschichte bis Augsburg 1555

- Welche Entwicklungen haben im Spätmittelalter, insbesondere im 15. Jh., die Reformation in Deutschland mit vorbereitet?
- Welche Ereignisse haben in Luthers Werdegang bis zum Beginn des Ablaßstreites weiterwirkende Bedeutung?
- In welcher Weise behandelt Luther das Thema Ablaß in seinen 95 Thesen?
- Geben Sie einen Überblick über die einzelnen Stadien des römischen Prozesses gegen Luther!
- Um welche theologischen Fragen ging es bei dem Verhör Luthers vor Cajetan in Augsburg und bei der Leipziger Disputation?
- Geben Sie mit kurzen Stichworten die jeweilige Thematik der sog. reformatorischen Hauptschriften des Jahres 1520 an!
- Wie kam es zum Auftreten Luthers auf dem Reichstag in Worms 1521 und wodurch wurde dieser für die weitere Reformationsgeschichte bedeutsam?
- Wie würden Sie die Jahre zwischen dem Wormser Reichstag 1521 und dem Augsburger Reichstag 1530 nach Hauptproblemstellungen gliedern?
- Nennen Sie wichtige Lutherschriften in den 20er Jahren und geben Sie jeweils ihre Hauptthematik an!
- Geben Sie einen knappen Überblick über die Ereignisse der Reformation in Zürich unter Huldreich Zwingli!
- Worin sehen Sie die theologische Mitte in den Werken Andreas Bodensteins, genannt Karlstadt, und Thomas Müntzers?
- Welche theologischen Unterschiede sehen Sie zwischen Karlstadt und Luther bzw. zwischen Müntzer und Luther?
- Welche Gruppierungen gehören zum sog. linken Flügel der Reformation?
- Worin sehen Sie Gemeinsamkeiten und Gegensätze zwischen Erasmus und Luther?

- Nennen Sie Ursachen für die Bauernaufstände im frühen 16. Jh.!
- Mit welchen Schriften hat Luther zum Bauernkrieg 1524/25 Stellung bezogen?
- Vergleichen Sie die beiden Reichstage von Speyer 1526 und 1529!
- Zeigen Sie den Unterschied im reformatorischen Kirchenaufbau zwischen Hessen und Kursachsen auf.
- Worin unterscheiden sich Zwingli und Luther beim Verständnis des Abendmahls?
- Welches Ergebnis brachte das Marburger Religionsgespräch und in welcher kirchenpolitischen Situation fand es statt?
- Worin liegt die Bedeutung des Augsburger Reichstages von 1530 für die deutsche Reformationsgeschichte?
- Wie und wann kam es zur Gründung des Schmalkaldischen Bundes?
- In welchen Territorien hat sich nach dem Nürnberger Anstand die Reformation durchgesetzt?
- Wie kam es zur Krise der Täuferbewegung in den 30er Jahren des 16. Jhs.?
- Wodurch sind die Jahre 1536 und 1537 in der Reformationsgeschichte hervorgehoben?
- Wie kam es zum Schmalkaldischen Krieg und was versteht man unter dem Augsburger und Leipziger Interim?
- Wodurch wurde die Lage der Protestanten nach dem Schmalkaldischen Krieg zu ihren Gunsten verändert und in welchem Vertrag kam dies zum Ausdruck?
- Was wurde auf dem Augsburger Reichstag 1555 beschlossen?
- In welcher Hinsicht stellt der Augsburger Religionsfriede eine wichtige Zäsur in der deutschen Kirchengeschichte dar?

Schwerpunktfragen zum Konfessionellen Zeitalter

- Erläutern Sie den Begriff »Konfessionelles Zeitalter«!
- Um welche theologischen bzw. kirchlichen Fragen ging es in den innerlutherischen Lehrstreitigkeiten bis zur Kondkordienformel von 1577?
- Worin liegt die theologische und kirchliche Bedeutung der Konkordienformel von 1577?
- Welche charakteristischen Grundzüge hatte die Theologie der altlutherischen Orthodoxie?
- Nennen Sie einige bedeutende Vertreter der orthodox-lutherischen Theologie!
- Welche Theologen gehören in den Bereich der Frömmigkeits- und Reformbewegungen im orthodoxen Luthertum?
- Geben Sie einen knappen Überblick über das Leben Johannes Calvins!
- Welche charakteristischen Grundzüge erkennen Sie in der Theologie Calvins?
- Nennen Sie einige wichtige Theologen und theologische Problemfelder im westeuropäischen Calvinismus!
- Worin besteht die kirchengeschichtliche Bedeutung des Konzils von Trient?
- Mit welchen theologischen Entscheidungen hat das Konzil auf die reformatorische Theologie geantwortet?
- Erklären Sie die Begriffe »Katholische Reform« und »Gegenreformation«!
- Wie kam es zur Gründung des Jesuitenordens und welche Bedeutung kommt ihm im 16. und 17. Jh. zu?

Schwerpunktfragen zur Kirchen- und Theologiegeschichte der Neuzeit

- Inwiefern stellt das Zeitalter des Pietismus und der Aufklärung den Beginn der Neuzeit in der Kirchengeschichte dar?
- Zeigen Sie wichtige Wurzeln für die Entstehung des Pietismus in Deutschland auf!

- Wie wird die Frage nach den Anfängen des Pietismus in der neueren Pietismusforschung beantwortet?
- Geben Sie einen knappen Überblick über das Leben und Werk Philipp Jakob Speners!
- Wie sah in den Grundzügen das Kirchenreformprogramm Speners aus?
- Charakterisieren Sie das Wirken August Hermann Franckes in Halle in theologischer und kirchlicher Hinsicht!
- Worin sehen Sie die theologische und kirchliche Bedeutung Nikolaus Ludwig Graf von Zinzendorfs und der Herrnhuter Brüdergemeine?
- In welcher Hinsicht setzte sich der kirchenkritische, seperatistische Pietismus vom kirchlichen Pietismus ab und welche Hauptvertreter dieser Richtung kennen Sie?
- Charakterisieren Sie den Pietismus in Württemberg und am Niederrhein!
- Worin sehen Sie die Bedeutung und Wirkung des Pietismus insgesamt?
- Welche geschichtlichen Wurzeln hatte die europäische Aufklärung im 18. Jh.?
- Welche Veränderung brachte das aufklärerische Denken für das Welt-, Menschen- und Gottesbild?
- Schildern Sie Grundzüge und Hauptvertreter der englischen und französischen Aufklärung im 18. Jh.!
- Worin erkennen Sie Unterschiede zwischen der westeuropäischen und der deutschen Aufklärung?
- Geben Sie einen Überblick über die Hauptvertreter der philosophischen und theologischen Aufklärung in Deutschland und gehen Sie dabei besonders auf die Neologie ein!

Schwerpunktfragen zur Kirchen- und Theologiegeschichte im 19. und 20. Jahrhundert

- Inwiefern stellt der Übergang vom 18. zum 19. Jh. in der neueren Kirchengeschichte Deutschlands eine tiefgreifende Epochenwende dar?

- Welche politischen und kirchlichen Hauptfolgen hatte die Französische Revolution in Frankreich und Deutschland?
- Geben Sie einen Überblick über den geistig-theologischen Entwicklungsgang Friedrich Schleiermachers bis zu seinem Wirken in Berlin ab 1810/11!
- Welches neue Verständnis der Religion, der Theologie und der Kirche hat Schleiermacher entwickelt?
- Was wissen Sie über Ursprünge, Entwicklung, Hauptzentren und Hauptvertreter der deutschen Erweckungsbewegung?
- Welche theologische und kirchliche Bedeutung hat die deutsche Erweckungsbewegung im 19. Jh.?
- Geben Sie einen Überblick über die Erweckungsbewegung in Europa und gehen Sie dabei besonders auf die englische Erweckungsbewegung ein!
- Inwiefern kann man im 19. Jh. von einem Zeitalter der besonders intensiven Suche nach einem neuen Verständnis der Kirche und der Kirchenreform sprechen?
- Inwiefern ist das 19. Jh. das klassische Zeitalter der protestantischen Theologiegeschichte?
- Welche Hauptrichtungen mit ihren Hauptvertretern können in der protestantischen Theologiegeschichte des 19. Jhs. unterschieden werden?
- Geben Sie einen knappen Überblick über Zielsetzungen und Hauptvertreter der Inneren Mission und der evangelischen Sozialarbeit im 19. Jh.!
- Welche Hauptereignisse aus der Geschichte der römisch-katholischen Kirche im 19. Jh. sind Ihnen bekannt?
- Inwiefern stellt der Erste Weltkrieg in der Kirchen- und Theologiegeschichte Deutschlands einen tiefgreifenden Umbruch dar?
- Inwiefern kann man im Zusammenhang mit der dialektischen Theologie der 20er Jahre von einer Wende der evangelischen Theologiegeschichte sprechen?
- Charakterisieren Sie den theologischen Ansatz der dialektischen Theologie und nennen Sie einige Hauptvertreter!

- Wie wurde das Verhältnis von Kirche und Staat in der Weimarer Republik geregelt?
- Beschreiben Sie die Situation der evangelischen Landeskirchen in der Weimarer Republik!
- In welcher Situation befand sich die katholische Kirche nach dem Ersten Weltkrieg, und welche Ereignisse innerhalb der katholischen Kirche sind für die Kirchengeschichte des 20. Jhs. insgesamt wichtig?
- Benennen und charakterisieren Sie die Hauptereignisse im sog. Kirchenkampf der Jahre 1933/34!
- Charakterisieren Sie die Schwerpunkte der Auseinandersetzung zwischen den Kirchen und der nationalsozialistischen Herrschaft zwischen 1935 und 1939 und im Zweiten Weltkrieg!
- Welche wichtigen kirchengeschichtlichen Ereignisse fallen in die Jahre nach dem Zweiten Weltkrieg?
- Geben Sie einen Überblick über Wurzeln, Hauptströmungen und Konferenzen der Ökumenischen Bewegung im 20. Jh.!

Personen- und Sachregister

Abaelard, P. 106
Abendmahlsstreit, *reform.* 144f., 150
Ablaßstreit 128f.
Adiaphoristischer Streit 158
Adoptianismus 52, 58
Agendenstreit 205
Ailly, P. d' 115
Albertus Magnus 108
Albigenserkriege 110
Albrecht von Mainz, *Erzbischof* 129
Alexander d.Gr. 77
Alexander Halesius 108
Alexander III., *Papst* 100
Alexander V., *Papst* 120
Alexander VI., *Papst* 113, 116
Alexander von Alexandrien 55
Alexandrinische Theologie 32ff.
Alexios I. Komnenos, *Kaiser* 98
Alkuin 92, 93
Altkatholische Kirche 216f.
Ambrosius 49, 64f.
Ammonios Sakkas 36
Anachoreten 48
Andreae, J. 159
Andreae, J.V. 163
Angelsachsen 77, 83f. 87
Anselm von Canterbury 106f.
Ansgar 94
Antimodernisteneid 218, 254
Antiochienische Schule 59f.
Antonius 48, 65
Apollinaris von Laodicea 59
Apologeten 17ff.
Apophthegmata patrum 48
Apostolicum 28
Apostolischen Väter 10ff.
Arianischer Streit 54ff.
Arianismus 56, 82ff.

Aristides 17
Aristoteles, *Rezeption* 105, 107, 108, 109
Aristotelismus 106
Arius 54f.
Arminianischer Streit 167
Armutsbewegung 109ff.
Arndt, J. 163, 177, 179, 180
Arnold von Brescia 100, 110
Arnold, G. 182
Athanasius 48, 53, 55ff., 59, 65
Aufklärung 173ff. 186ff.
Augsburger Interim 153f.
Augsburger Reichstag *(1530)* 132, 145
Augsburger Religionsfriede *(1555)* 154ff.
Augustin 49, 62ff., 105f., 128
Augustiner-Eremiten-Orden 112
Averroes von Cordoba 108

Bar Kochba 11
Barmer Synode 259
Barnabasbrief 10
Barth, K. 248ff., 258f.
Basilides 21
Basilius d.Gr. 57, 86
Basilius von Cäsarea 49
Bauer, B. 240
Bauernkrieg 137, 142, 143
Baumgarten, S.J. 193
Baur, F.Chr. 240
Bayle, P. 189
Beck, J.T. 243
Beda Venerabilis 84
Befreiungskriege 203
Beginentum 112
Bekennende Kirche 255, 258, 259ff.
Benedikt von Aniane 94

Benedikt von Nursia 49
Bengel, J.A. 186, 230
Berengar von Tours 106
Bernhard von Clairvaux 99, 107
Betke, J. 163
Bettelorden 110, 112
Biblische Theologie 243
Biel, Gabriel 117, 126
Bilderdijk, W. 234
Bilderstreit 78f.
Bildersturm 136
Bischofsliste, *röm.* 29, 75
Blumhardt, J.Ch. 230
Bodelschwingh, F. v. 208
Bodenstein, A., *gen. Karlstadt* 137, 144
Böhme, J. 164
Böhmische Brüder 120
Bonaventura 108
Bonhoeffer, D. 260f.
Bonifatius 84, 87f.
Bonifaz VIII., *Papst* 114
Brenz, J. 149
Brüder vom gemeinsamen Leben 119
Brunner, E. 250
Bucer, M. 150
Buddeus, J.F. 193
Bultmann, R. 250
Buttlar, E. v. 184
Byzantinische Reichskirche 73, 77f.

Caelestius 69
Cajetan 129
Calixt, G. 161, 162
Calixt II., *Papst* 98
Calov, A. 161
Calvin, J. 164ff.
Calvinismus 166ff.
Canossa 98
Cassianus, J. 49, 70

Celsus 17
Cerularius, M. 97
Chalcedon 61
Chalmers, Th. 233
Chemnitz, M. 160
Chlodwig 83f.
Christenverfolgungen 10, 12, 31, 35, 41
Christianisierung, *Germanen* 80ff.
Christlich-soziale Bewegung 209
Christologie, *altkirchl.* 19, 32, 57
Clarissenorden 112
Clemens von Alexandrien 33f.
Clemens-Brief 10, 13, 14
Clemens II., *Papst* 96
Cluniazensische Reform 95f.
Coccejus, J. 168
Codex Justiniani 77
Coincidentia oppositorum 118
Colmar, J.L. 211
Columban 88
Comenius, J.A. 163
Confessio Augustana 145, 146
Confessio Gallicana 167
Confutatio 145
Consensus quinquesaecularis 162
Constitutio Antoniniana 43
Corbinian 87
Cromwell, O. 168
Cyprian von Karthago 38f., 76

Damasus I., *Bischof* 76
Daub, K. 242
Decius 35f., 40, 42f., 44
Deismus 188ff., 231
Delitzsch, F. 239
Denck, H. 141
Descartes, R. 188
Devotio moderna 119
Dialektische Theologie 246, 248f., 256, 258

Dibelius, O. 254
Didache 11
Dilherr, J.M. 163
Diodor von Tarsus 60
Diokletian 35, 40, 43f., 44, 67
Dioskur 60
Dippel, J.K. 184
Doketismus 28, 30, 58
Döllinger, I. v. 216
Dominikaner 108, 111
Donatismus 45, 67
Drey, J.S. 211
Duns Scotus 116, 117

Eberhard, J.A. 220
Ebioniten 58
Edikt von Mailand 44
Edikt von Nantes 167
Edikt von Potsdam 167
Edwards, J. 232
Einhard 92
Emmeram 87
Emser Punktation 198
Episkopalismus 39, 176, 216
Episkopat, *monarch*., 13, 29, 74
Erasmus, D. v. Rotterdam 121, 141f., 142
Erbauungsliteratur, *luth*. 162
Erbsünde 32, 69, 70
Eremiten 48
Eriugena, J.S. 105
Erlanger Theologie 237ff.
Erweckungsbewegung 205, 207, 211, 227ff.
Eucharistiefeier 46
Eugen IV. *Papst*, 115
Euseb von Cäsarea 35
Euseb von Nikomedien 55, 81
Eustathius von Antiochien 59
Eutychianischer Streit 60

Falk, J. 207
Faustus von Mileve 64
Febronianismus 198
Filioque 93, 97
Fliedner, Th. 208
Formula concordiae 159
Fox, G. 169
Fragmentenstreit 193, 195f.
Franck, S. 141
Francke, A.H. 180ff.
Frank, F.H.R. v. 239
Franz von Assisi 111
Franziskaner 108, 111f.
Französische Revolution 198f., 201f.
Friedrich der Weise, *Kurfürst* 123, 129, 130, 152
Friedrich I., *Barbarossa, Kaiser* 100f.

Gallienus, *Kaisers* 43
Gallus 88
Gegenreformation 170, 172, 197
Gelasius 76
Gerhard, J. 160, 163
Germanenmission 85ff.
Gerson, J. 115
Glaubensregel 28, 29, 52
Gnosis 20, 32
Gnostizismus 16, 20ff., 30f.
Gogarten, F. 250
Goldene Bulle 114
Görres, J.v. 211
Goten 81f.
Gottesbeweise, *bei Anselm* 106f.
Gottesdienstreform, *reform*. 136
Gottschalk 105
Gratian aus Bologna 107
Grebel, K. 140
Gregor von Nazianz 57
Gregor von Nyssa 57
Gregor von Tours 83

Gregor I., *Papst*, 76, 77, 84, 97
Gregor II., *Papst* 88
Gregor III., *Papst* 88
Gregor VII., *Papst* 97, 98, 101
Gregor IX., *Papst* 102, 111
Groote, G. 119
Großgebauer, Th. 163
Grotius, H. 168
Grundtvig, N.F.S. 234
Guardini, R. 255

Hadrian IV., *Papst* 100
Hahn, J.M. 230
Hallischer Pietismus 180f.
Hamann, J.G. 196f.
Harleß, A. 238
Harms, C. 205
Harms, L. 230
Harnack, A. v. 242
Harnack, Th. 239
Hauge, N. 234
Hegel, G.F.W. 234
Hegesipp 29, 75
Heilige Allianz 204
Heinrich I., *König* 94
Heinrich II., *Kaiser* 96
Heinrich III., *Kaiser* 96
Heinrich IV., *Kaiser* 98
Heinrich V., *Kaiser* 98
Heinrich VI., *Kaiser* 101
Hengstenberg, E.W. 229, 237
Heraklius, *Kaisers* 78
Herberger, V. 163
Herbert von Cherbury 188
Herder, J.G. 228
Hermes, G. 214
Herrmann, W. 241, 247
Herrnhuter Brüdergemeine 184ff.
Hieronymus 49
Hildegard von Bingen 107
Hinkmar 93
Hippolyt 20

Hirt des Hermas 11, 14, 28
Hobbes, Th. 176
Hoburg, Chr. 163
Hochenau, Hochmann, E. Chr. v. 184
Hofacker, L. (1798-1828) 230
Hofbauer, C.M. 211
Hoffmann, M. 150
Höfling, J.F.W. 239
Hofmann, J.Chr.K. v. 238
Holl, K. 248
Hollaz, D. 161
Homberger Synode 143
Homoiousianer 56
Homooúsios 37, 54, 56
Honorius, *Kaiser* 67, 70
Hopkins, S. 232
Hosius von Corduba 55
Hrabanus Maurus 105
Huber, V.A. 209
Hubmaier, B. 141
Hugenottenkriege 167
Hugo von St. Victor 107
Humanismus 121f.
Humbert von Silva Candida 97
Hus, J. 115, 120
Hussitenkriege 120
Hutter, L. 160

Ignatius von Antiochien 10
Ignatius von Loyola 172
Ignatius-Briefe 10, 14
Innere Mission 206, 207f.
Innocenz I., *Bischof* 70, 76
Innocenz III., *Papst* 99, 101f., 102, 110
Inquisition 101, 110, 172
Investiturstreit 97f.
Irenäus 11, 20, 29f., 75
Isidor von Sevilla 87

Jansen, C. 173
Jansenismus 172, 174, 177, 184
Jerusalem, J.F.W. 195
Jesuitenorden 172, 197, 212, 217
Johannes von Damaskus 78
Johannes XII., *Papst* 95
Johannes XXII., *Papst* 114
Johannes XXIII., *Papst* 263
Josephinismus 197
Judenverfolgung 119, 261f.
Julian von Eclanum 70
Julian, *Kaiser* 47, 56
Julius II., *Papst*, 116
Jung-Stilling, H. 228, 230
Justin der Märtyrer 17
Justinian, *Kaiser* 77

Kähler, M. 243
Kallist 75
Kanonbildung 23, 24, 27f.
Kappadozier 57
Karl d.Gr., *Kaiser* 89f., 91ff.
Karl V., *Kaiser* 123, 130, 132, 134, 143, 145, 147, 152, 153, 155
Karmeliter 112
Katharer 110
Katholische Aktion 254f.
Katholische Bewegung 211
Katholische Normen 27
Katholische Reform 170
Kerinth 21
Ketzertaufstreit 39, 67, 76
Kirchenkampf 255ff.
Kirchenordnungen, *reform.* 149
Kliefoth, Th. 237
Knox, J. 168
Kohlbrügge, H.F. 230
Koinobitentum 48
Kölner Kirchenstreit 213
Konfessionalismus 227
Konfessionelles Zeitalter 155f., 157

Konkordienbuch 159, 160
Konradin 102
Konstantin I., *Kaiser* 39, 40, 44, 45, 46, 55
Konstantin II., *Kaiser* 47
Konstantinische Schenkung 89, 121
Konstantinische Wende 39ff.
Konzil von Ephesus 60
Konzil von Chalcedon 49, 61
Konzil von Konstantinopel 57
Konzil von Nicäa 45, 46, 55, 56, 57, 76
Konzil von Trient 170
Konziliarismus 113, 115, 116
Kottwitz, H.E. v. 207
Krafft, Chr. 229
Kreuzzüge 98ff.
Kreuzzugsidee 91, 98f.
Kulturkampf 216f.
Kulturprotestantismus 247
Kurialismus 39
Kutter, H. 209
Kyrill von Alexandrien 60

Labadie, J. de 178
Laieninvestitur 96, 97, 98
Laurentius Valla 89, 121
Lavater, J.C. 228
Lehrstreitigkeiten, *luth.* 158
Leibniz, G.W. 191, 192
Leipziger Disputation 130
Leipziger Interim 153
Leo I, d.Gr., *Papst* 61, 70, 76, 80
Leo III., *Papst* 93
Leo IX., *Papst* 96, 97
Leo X., *Papst* 116
Leo XIII., *Papst* 217
Lessing, G.E. 196
Liberale Theologie 239ff.
Liga von Cognac 1526 143
Liturgische Bewegung 255

Locke, J. 188
Logos-Christologie 19, 52, 58
Löhe, W. 208, 237
Lombardus, P. 104
Lucian von Antiochien 54
Ludwig XIV., *König* 176
Luther, Martin 123ff., 132ff., 148, 151
Lutherrenaissance 248

Maistre, J. de 213
Makedonius, *Bischof* 57
Manichäismus 63f.
Mantz, F. 140
Marburger Religionsgespräch *(1529)* 145
Marc Aurel, *Kaiser* 17, 42, 43.
Marcell von Ancyra 55
Marcion 23f.
Marheineke, Ph. 242
Mariendogma 215
Marsilio Ficino 121
Marsilius von Padua 115
Martell, K. 87
Martin von Tours 49
Martin V., *Papst* 115
Maximus Confessor 78
Meister Eckhart 117f.
Melanchthon, Ph. 130f. 160
Melchioriten 150
Melito von Sardes 18
Menken, G. 230
Methodismus 231ff.
Millenarismus 15
Mirandola, P. della 121
Mission, *iroschottische* 84
Missionsgesellschaften, *19. Jh.* 230
Mittelalter, *Frömmigkeit* 103, 119
Modalismus 53
Modernisteneid 216
Möhler, J.A. 211

Monarchianismus 52, 53
Mönche, *iroschottische* 88
Mönchtum, *Entstehung* 41, 47ff.
Monnica 63
Monod, A. 233
Monophysitische Kämpfe 61
Montanismus 25, 31
Moritz von Sachsen 153
Moses Maimonides 108
Mosheim, J.L. v. 193
Müntzer, Th. 124, 136, 138
Mystik 103, 107, 118, 119

Naassenerpsalm 21
Nationalkirchen, *oriental.* 77
Naumann, F. 209
Neander, A. 236
Neologie 194f.
Nestorianischer Streit 60
Nestorius von Konstantinopel, *Bischof* 60
Newman, J.H. 232
Nicolai, Ph. 163
Niemöller, M. 261
Nikolaitismus 96
Nikolaus Cusanus 118
Nikolaus I., *Papst* 93, 97, 101
Nitzsch, C.I. 243
Noëtos 53
Nürnberger Anstand 149

Oberlin, J.-F. 228
Ockham, W. v. 115, 117
Odo, *Abt* 95
Oetinger, F.Chr. 186
Ökumenische Bewegung 247, 264ff.
Ophiten 21
Origenes 32, 35, 54, 58
Orphiker 48
Orthodoxie, *luth.*, 160ff.
Osiander, A. 158

Osiandrischer Streit 158
Ostertermin, *Festlegung* 46
Osterterminstreit 29
Otto, R. 247
Ottonisches Reichskirchensystem 94
Otto d.Gr., *Kaiser* 94f.

Pachomius 48
Papiasfragmente 11
Patripassianismus 53
Paul von Samosata 53
Paulskirchen-Verfassung 206, 251
Paulus Diakonus 92
Paul III., *Papst* 152
Paul VI., *Papst* 263
Pelagianischer Streit 69, 70
Pelagius 69
Petersen, J.E., u. J.W. 184
Petri, L.A. 230
Peutinger, K. 121
Pfaff, C.M. 194
Philipp von Hessen, *Landgraf* 143, 145, 146, 152, 153
Philippi, F.A. 237
Philippisten 158
Philo von Alexandrien 48
Physikotheologie 192
Pietismus 173, 175ff.
Pippinsche Schenkung 88
Pirkheimer, W. 121
Pistis Sophia 20
Pius II., *Papst* 116
Pius VII., *Papst* 212
Pius IX., *Papst* 210, 215
Pius X., *Papst* 217, 254
Pius XI., *Papst* 254, 261
Pius XII., *Papst* 255, 263
Plinius 12
Polycarpbrief 10
Polykarp von Smyrna 42
Prädestinationslehre 71, 105, 165

Prager Manifest 138
Prätorius, S. 163
Praxeas 53
Primatsanspruch 75, 76, 97
Pseudo-isidorische Dekretalen 93
Ptolemäus 22
Puritanismus 168f.
Pythagoräer 48

Quadratus 18
Quäker 169
Quenstedt, J.A. 161

Radbertus, Paschasius 105
Rade, M. 251, 256
Ragaz, L. 209
Raumer, K. v. 229
Recke-Vollmerstein, A. Graf v. d. 207
Reformkatholizismus 198
Reformkonzile 115
Reichsdeputationshauptschluß 202
Reichskonkordat 254, 257
Reimarus, H.S. 193
Reinbeck, J.G. 193
Religionsgeschichtliche Schule 244f.
Religionsgespräche 151
Renaissancepapsttum 116
Repristinationstheologie 237
Reuchlin, J. 121
Réveil 227, 233
Revolution *(1848)* 206
Ritschl, A. 241, 247
Rothe, R. 242
Rousseau, J.J. 190

Sabellius 53
Sack, A.F.W. 195
Sailer, J.M. 211
Säkularisierung 202, 210

Satisfaktionslehre 107
Sattler, M. 141
Saubert, J. 163
Savonarola, Girolamo 120
Schisma, *Papsttum* 115
Schisma, *zw. Ost- und Westkirche* 76
Schlatter, A. 243
Schlegel, F. 221
Schleiermacher, F.D.E. 204, 207, 218ff., 234, 236, 238
Schmalkaldische Artikel 151
Schmalkaldischer Bund 148
Schmalkaldischer Krieg 152
Schmid, H. 239
Schmidt, J. 163
Schmidt, J.L. 193
Scholastik 103ff.
Schriftsinn, *vierfacher* 127
Schulz, J.H. 195
Schupp, J.B. 163
Schütz, J.J. 179, 184
Schweitzer, A. 244
Schwenckfeld, K. v. 141
Semipelagianismus 70
Semler, J.S. 194
Seuse, H. 118
Simon Magus 21
Simonie 96, 97
Simons, Menno 141
Simplician 66
Siricius, *Bischof* 76
Sixtus IX., *Papst* 116
Slawenmission 94, 97
Soziale Frage, *19. Jh.* 206ff.
Spalding, J.J. 195
Spätmittelalter, *Frömmigkeit* 118f.
Spener, Ph. J. 178ff.
Spinoza, B. 188
Spiritualismus, *myst.* 163, 178, 182, 184

Spiritualisten 140, 141
Spitta, C.J.Ph. 230
Staupitz, J. v. 126, 127
Stephan I., *Bischof* 39, 76
Stephan II., *Papst* 88
Stoecker, A. 209
Strabo, Walahfrid 105
Strauß, D.F. 239
Stuttgarter Schulderklärung 262f.
Subordinatianismus 54
Symbolum Romanum 28, 52, 75
Synkretistischer Streit 161f.
Synodalordnung 206

Taboriten 120
Tatian 18
Täufertum 140, 150
Tauler, J. 118
Teller, W.A. 195
Territorialismus 176
Tertullian 17, 20, 29f., 53f., 58
Tetzel, J. 129
Theoderich, *Kaiser* 82f.
Theodor von Mopsuestia 60
Theodoret von Kyros 60
Theodosius I., *Kaiser* 47
Theodosius II., *Kaiser* 60
Theophilus von Antiochien 18
Theotókos 60
Tholuck, A.G. 236
Thomas von Aquin 108f.
Thomas von Kempen 119
Thomasevangelium 20
Thomasius, G. 239
Toellner, J.G. 195
Trajan, *Kaiser* 11, 12, 42
Transsubstantiation 101
Trinitätslehre 32, 51ff., 56
Troeltsch, E. 244

Ultramontanismus 210, 213ff.
Unfehlbarkeitsdogma 215, 216

Union, *preußische* 204f., 243
Universalienlehre 108
Urban II., *Papst* 99
Urlsperger, J.A. 228

Valentin 21, 22
Valerian, *Kaiser* 35, 38, 43, 44
Vatikanum I *(1869/70)* 210, 215f.
Vatikanum II *(1962-1965)* 263
Verbalinspirationslehre 161
Vermittlungstheologie 242f.
Via antiqua / via moderna 117
Victor I., *Bischof* 75
Vilmar, A.F.Chr. 230, 237
Vincentius von Lerinum 70
Vinet, A. 233
Voetius, G. 168
Völkerwanderung 81
Voltaire, F.M. 189, 190
Voluntarismus 108, 116
Vorreformatoren 119f.

Walch, J.G. 194
Waldenser 110
Waldes, P. 110, 120
Wanderasketentum 47
Wegscheider, J.A.L. 235
Weigel, V. 163
Weihnachtsfest, *Festlegung* 46

Weimarer Reichsverfassung 245, 251f.
Weiß, J. 244
Werner, G. 209
Wesley, J. 231
Whitefilde, G. 231
Wichern, J.H. 207, 208
Wiclif, J. 119
Widukind 92
Wiener Kongreß 201, 203, 212
Wiener Konkordat *(1448)* 116
Wilhelm von Aquitanien 95
Wittenberger Kirchentag *(1848)* 207
Wittenberger Konkordie *(1536)* 150
Wittenberger Unruhen 135ff.
Wolf, F.A. 221
Wolff, Chr. 192f.
Wolffianismus 192, 193
Wormser Edikt 130, 134, 143, 145
Wormser Konkordat *(1122)* 98
Wormser Reichstag *(1521)* 132, 134
Wulfila 81

Zinzendorf, N.L. Graf v. 184ff.
Zwei-Naturen-Lehre 61
Zwickauer Propheten 136
Zwingli, H. 139f., 144
Zwölf-Apostel-Lehre 11

Kurt Dietrich Schmidt/Gerhard Ruhbach
Chronologische Tabellen zur Kirchengeschichte

Beigefügt: Synoptische Zeittafeln, bearbeitet von Horst Reller.
5. Auflage 1986. 90 Seiten, 17 Tafeln, kart. ISBN 3-525-52134-0

Die bewährten chronologischen Tabellen zur Kirchengeschichte sind nach der Längsschnittmethode erstellt. Sie werden durch synoptische Zeittafeln sinnvoll ergänzt.
„Dieses Werk zeichnet sich durch Straffheit und Klarheit aus. Der Verfasser hat die seit über 100 Jahren durch die Forschung zutage geförderten Stoffmassen auf ein Mindestmaß reduziert und so einen übersichtlichen Leitfaden der gesamten Kirchengeschichte gegeben." *Das Historisch-politische Buch*

Kurt Dietrich Schmidt
Grundriß der Kirchengeschichte

9. durchgesehene Auflage 1990. 601 Seiten, kart.
ISBN 3-525-52178-2

Bernd Moeller
Geschichte des Christentums in Grundzügen

(UTB Uni-Taschenbücher 905). 5. verbesserte und erweiterte Auflage 1992. 423 Seiten, kart. ISBN 3-8252-0905-9

Eine Darstellung der Geschichte des Christentums in ihrem inneren Zusammenhang. Es geht weniger um Namen, Daten und Einzelfakten als um die elementaren Strukturen und Hauptereignisse. Der Frage nach den Voraussetzungen und Bedingungen der Entwicklung ist besonderes Gewicht gegeben.
In dieser Neuauflage ist besonders die Darstellung des 20. Jahrhunderts erweitert worden.

Vandenhoeck & Ruprecht · Göttingen und Zürich

ZUGÄNGE ZUR KIRCHENGESCHICHTE
Hrsg. von Manfred Jacobs

BAND 2: Manfred Jacobs, **Das Christentum in der antiken Welt.** Von der frühkatholischen Kirche bis zu Kaiser Konstantin. 1987. 202 Seiten mit 4 Karten, kart. ISBN 3-525-33510-5

BAND 3: Manfred Jacobs, **Die Reichskirche und ihre Dogmen.** Von der Zeit Konstantins bis zum Niedergang des weströmischen Reiches. 1987. 182 Seiten mit 10 Karten, kart. ISBN 3-525-33531-8

BAND 4: Wolfgang Hage, **Das Christentum im frühen Mittelalter.** Vom Ende des weströmischen Reiches bis zum westöstlichen Schisma (1054). 1993. 192 Seiten mit Kartenskizzen, kart. ISBN 3-525-33590-3

BAND 10: Reinhard Frieling, **Der Weg des ökumenischen Gedankens.** Eine Ökumenekunde. 1992. 376 Seiten, kart. ISBN 3-525-33582-2

In Vorbereitung:

BAND 1: Gert Jeremias, **Das Christentum im ersten Jahrhundert**

BAND 5: Robert Walton, **Die christliche Kultur im Hochmittelalter, ihre Spannungen und ihre Wirkungen (1054–1500)**

BAND 6: Karl-Heinz zur Mühlen, **Die Kirche und die Konfessionen. Reformation und Gegenreformation – Einheit in Gegensätzen?**

BAND 7: Walter Sparn, **Die Theologie und die Kirche im Zeitalter des Barock und der Aufklärung (bis 1789)**

BAND 8: Manfred Jacobs, **Kirche im gesellschaftlichen Umbruch des 19. Jahrhunderts**

BAND 9: Günter Brakelmann, **Die Kirche während der Weimarer Republik und im NS-Staat**

BAND 11: Register

Vandenhoeck & Ruprecht · Göttingen und Zürich